2020年国家社会科学基金青年项目（批准号：20CJY006）

我国政策性融资担保体系"分级"与"分轨"运行协同机制及政策创新研究

徐 攀　钱冰雪　◎著

Research on the Collaborative Mechanism and Policy Innovation of the "Graded" and "Track" Based Operation of

CHINA'S POLICY FINANCING
Guarantee System

中国财经出版传媒集团

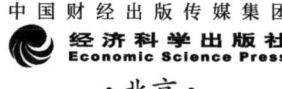

经济科学出版社
Economic Science Press

· 北京 ·

前言
PREFACE

  小微企业和"三农"是吸纳就业、激励创新、带动投资和促进消费的主力军和重要生力军，在经济社会发展中具有极其重要的地位。然而，由于缺信用、缺信息、缺抵押，融资难、融资贵始终是制约小微企业和"三农"发展的突出问题。2018年1月1日新修订的《中华人民共和国中小企业促进法》首次提出"县级以上人民政府应当建立中小企业政策性融资担保体系"，同年9月26日，国家融资担保基金开始运营，这意味着政策性融资担保成为小微企业和"三农"、创新创业型企业成长的重要金融支持系统已经成为共识。2019年2月14日，国务院办公厅印发《关于加强金融服务民营企业的若干意见》，要求银行、险资、交易所全面支持民企融资，充分发挥国家融资担保基金的带动作用，推动各地政府性融资担保体系规范建设和业务拓展。2022年4月19日习近平主持中央全面深化改革委员会第二十五次会议时强调，"加快推进金融支持创新体系建设，发挥保险和融资担保机构风险分担作用"，这标志着政策性融资担保体系成为我国融资担保体系的重要组成，而"分级"与"分轨"协同则是政策性融资担保体系有效运作的前提条件，这既是国家政策的需要，也是我国金融改革的重要内容。例如，融资担保体系中政策性担保业务如何定义、不同层级政府性担保机构职能与考核机制如何设计、不同类型商业性担保机构如何承担政策性担保业务、政策性融资担保体系运行中风险分担及补偿机制如何构建，等等，融资担保机构、金融机构、政府监管部门迫切需要可靠、系统的理论指导这些现实中存在的问题。

  本书针对政策性融资担保体系"分级"与"分轨"并举协同运行的现实需要，遵循应用经济学方法论的"发现问题—分析问题—解决问题"的逻辑过程，在理论回顾与文献述评和借鉴国内外融资担保协同机制经验的基础上，建立研究的概念基点和逻辑起点，进而基于"分级"与"分轨"政府职能与行为动机的相关假设，引入不同政府间委托代理理论模型，构建不同层级的政府性担保机构在风险分担、风险补偿、监管考核等机制上的"分级"协同机制，以及政府性与商业性担保机构在功能互补、优化组合及其有效竞争等机制上的"分轨"协同机制。利用融资担保比较发达的长三角、珠三角地区相关省份地方金融监管局的数据资料，进行实证检验或案例分析，并基于中国政策性融资担保体系的发展历程，进行制度分析，发现"分级"与"分轨"并举运行失调及其原因，形成研究结论，并依此提出对策建议。

本书的创新点，一是将"分级与分轨"置入担保体系运行机制之中研究，选题角度新。研究发现了现行政策性融资担保体系并举运行机制失调导致的后果及制度性原因，针对不同层级政府性担保机构与履行政策性担保业务的商业性担保机构"分级"与"分轨"运行中的政府能级错配、效率损失进行实证研究，较为系统地揭示了普惠金融领域有关政府与担保机构、政府与金融机构、政府层级间等关系及其政府胜任能力的理论整合。二是将"政府与市场"置入融资担保体系协同之中研究，研究方法新。运用新制度经济学和管理学等相关理论以及应用数理分析法、案例分析法、模型构建法等多种研究方法，对政策性担保体系"分级"与"分轨"运行机制下不同层级政府与不同类型市场主体的协同效率进行研究。通过合理选择指标和变量，采用大样本数据进行检验，并利用长三角、珠三角典型样本进行稳健性测试，确保研究结论的客观可靠。

主要内容和重要观点如下。

（1）政策性融资担保有理论基础与政策实践环境。政策性融资担保涉及"社会资本理论""信息不对称理论""交易成本理论""风险传染理论"，这些理论阐释了政策性融资担保存在的必然性、合理性以及发生道德风险的可能性。研究发现：政府性担保机构具有承担政策性担保业务的全部职能，而商业性担保机构也承担着政策性担保业务的部分职能。由于担保机构的资金来源不同，其职能与风险也不相同。政府性担保机构的资金主要来源于财政，不以营利为目的；商业性担保机构的资金主要来源于社会，以盈利为目的，其收取的担保费、管理模式与政府性担保机构有很大的不同。政府性担保机构需要解决"分级"协同问题，而商业性担保机构需要解决与政府性担保机构"分轨"协同问题。也就是说，商业性担保机构承担政策性担保业务时可以获取财政补贴，而政府性担保机构在一定范围内可以承担商业性担保业务。

（2）政策性融资担保体系需要构建"分级"协同机制。研究发现，政策性融资担保体系中不同行政层级、不同职能分工、不同胜任能力政府及不同层级政府性担保机构，存在着不同的职能行为动机、委托代理关系及其职能与治理能力关系的运行制度。目前，"国家—省级—辖级"的三级国家融资担保体系较为合理，省级再担保机构是体系内承上启下的重要枢纽，对上与国家融资担保基金对接，接受国家融资担保基金的管理和再担保增信；对下负责辖内的担保机构合作准入管理、日常监督和省级担保体系建设，并对辖内担保机构进行再担保。国家担保基金与省担保基金主要承担再担保功能，辖区担保机构承担直保业务。因此，不同层级担保机构的衔接需要协同机制，而分级协同程度影响担保体系的运行效率。

（3）政策性与商业性担保机构存在"分轨"协同机制。研究发现，政策性融资担保体系中存在不同经济类型、不同市场能力、不同成长阶段的商业性融资担保机构和商业银行等市场主体，在不同经济领域履行政策性融资担保业务。政策性融资担保体系"分级"与"分轨"并举运行格局中，不同主体行为选择、影响因素、表现形式和后果揭示了"分轨"协同运行的约束条件。商业性担保机构虽然不是政策性担保业务的主要承担者，但是，在减轻财政负担与拓展担保职能、扩大受众范围目标下仍然是重要的补充。当商业性担保机构承担了政策性担保业务，就可以享有财政补贴（风险代偿基金），需要提供理论依据与计算方法、平衡与政府性担保机构的利益关系。规范商业性担保机构的经营范围与经营行为，以及风险分担的程序与模型等问题，需要通过"分轨"协同机制得到解决。

（4）政策性融资担保体系应有合理的风险分担机制。研究发现，由于市场风险与金融机构（银行）的逆向选择，凡有担保业务就有担保风险，担保风险与担保成本成正比，而政银担合作可以减少信息不对称导致的道德风险。如果政策性融资担保业务出现代偿，比较合理的风险分担比例为：辖内融资担保机构承担40%，省担保集团承担30%，合作银行承担20%，当地政府承担10%。通过政银担风险分担机制、再担保机制和财政风险补偿机制进行集成创新，形成了政府—银行—担保—再担保的风险分担模式。该模式以稳定的财政风险补偿政策与合理的担保/再担保绩效考核制度，形成了风险分担均衡框架，使财政政策与金融政策有效地衔接和融合，减轻了担保机构的后顾之忧，增强了风险防御能力。

（5）政策性融资担保体系运行效率受多种因素影响。研究发现，衡量市场交易方式的重要指标就是效率，这不仅是市场选择的依据，也是政府制定政策的重要参考。主要影响因素：一是人力资本水平（QHR）。人力资本越高，机构的管理水平会越高；二是成立年限（YOE）。政府性融资担保机构成立越长，所积累的管理经验可能就会越多；三是业务集中度（PFGI）。政府性融资担保机构业务越集中，管理者的精力就越集中；四是产权比率（ER）。政府性融资担保机构的产权比率越大，说明政府发挥"四两拨千斤"的财政杠杆作用就越强；五是地区金融发展水平（LFD）。金融发展水平越高，金融市场化程度也越高，市场信息相对更透明，担保机构的运行效率也会较高。这些因素对政策性融资担保体系的运行效率存在着不同程度的影响。

（6）政策性融资担保体系依赖可持续的补偿机制。风险补偿分为外部补偿和内部补偿，前者是指外部主体对担保机构的资金补充。包括"各种担保财政补贴、有关各项税收优惠以及金融机构和再担保机构承担担保代偿损失"。后者通常是指担保机构提取的准备金以及盈余转增资本金等。一般来说，注册资本是担保机构弥补代偿损失最基本的底线，担保盈余是担保机构可以依赖的内部资源，也是资产运用有效性的体现，是担保机构可持续发展的重要保障；"三项准备金"是担保机构为可能发生的损失预提的金额，一般来说，"未到期责任准备金"按当年担保费的50%提取，"风险准备金"按年末担保责任余额的1%提取，"保证金"按注册资本的10%提取。补偿机制是政策性担保体系可持续的基础支撑。

（7）"分级"与"分轨"协同运行需要政策创新。一是激励约束政策创新。明确"政府与市场"关系的边界，强化政府性担保机构运行机制的市场竞争导向；提高不同类型商业性担保机构实施财政激励政策的可行性，激励金融机构承担风险的参与力度，优化财政资源配置效率。二是绩效评价政策创新。发挥政府部门配套政策的导向作用，明确担保机构的功能定位，调适不同政府、不同类型担保机构履行政策性担保业务的业绩标准；选择绩效评价指标与方法，调适不同政府、不同类型担保机构履行政策性担保业务目标考核的协同政策。三是风险补偿政策创新。明确政策性融资担保业务的内涵，界定不同性质、不同种类风险补偿的适用范围，以及不同政府、不同类型担保机构风险补偿的依据，提高融资担保风险基金与财政补贴等不同风险补偿方式协同的有效性。不断完善担保机构的风险管理机制，严格业务流程以提高内部管理流程规范性；完善风险预警系统以减少担保机构代偿事件的发生。

本书揭示了政策性融资担保体系"分级"与"分轨"协同机制的构建与评价、信用风险的分担与协同治理等难题，明确了不同经济领域与不同经济类型、不同市场能力、不同成长阶段的市场主体关系，为构建"分级"与"分轨"协同运行体制机制及制度和政策创新提供理论与实证支持。

目录
CONTENTS

第一章

政策性融资担保理论演进历程与实践经验借鉴 ——— 001

  一、政策性融资担保基础理论与脉络梳理　| 001
  二、政策性融资担保实践历程与模式剖析　| 009
  三、政策性担保体系运行状况调查与分析　| 019
  四、国际融资担保成功案例的总结与借鉴　| 046

第二章

政策性融资担保体系"分级"与"分轨"运行机理 ——— 055

  一、政策性融资担保体系制度背景及运行机制　| 055
  二、政策性融资担保体系"分级"运行机理　| 059
  三、政策性融资担保体系"分轨"运行机理　| 064
  四、政策性融资担保体系协同运行约束分析　| 071
  五、政策性融资担保体系协同运行风险度量　| 076

第三章

政策性融资担保体系"分级"与"分轨"运行效率 ——— 125

  一、国内政策性融资担保体系运行协同现状　| 125

二、政策性融资担保体系运行协同效率测算 | 143

三、政策性融资担保体系运行效率要素博弈 | 162

四、政策性融资担保体系运行失调原因分析 | 175

第四章
政策性融资担保体系"分级"与"分轨"运行协同机制　188

一、政策性融资担保体系运行协同可行性分析 | 188

二、政策性融资担保体系多元主体风险分担 | 199

三、政策性融资担保体系风险补偿机制设计 | 212

四、政策性融资担保体系运行监管体系构建 | 216

第五章
政策性融资担保体系"分级"与"分轨"运行协同治理　233

一、强化政策性融资担保体系运行协同目标 | 233

二、平衡政策性融资担保体系多元主体利益 | 243

三、创新政策性融资担保体系运行监管制度 | 248

四、动态完善政策性融资担保体系协同策略 | 254

主要参考文献　| 269

第一章 政策性融资担保理论演进历程与实践经验借鉴

一、政策性融资担保基础理论与脉络梳理

(一) 政策性融资担保基础理论

1. 信息不对称理论

担保是信贷市场普遍存在的现象,如何解释信贷市场需要信用担保,可从信息经济学理论寻求解释。信息不对称理论是指市场经济活动的不同参与个体对市场信息的掌握程度存在差异。阿克洛夫(Akerlof, 1970)在《"柠檬"市场:质量不确定性和市场机制》中,通过旧车市场交易模型分析了在信息不对称情况下交易双方如何博弈,解释了影响交易,直至中止交易的机理。由此推论,担保机制是消除信息不对称的最有效率的制度设计。

在融资市场,企业融资难的根本原因还在于金融机构(银行)和企业之间的信息不对称。信用是金融服务的基石,金融机构对企业贷款意愿低,关键还是因为"不信任"。金融机构(银行)对企业还款能力的考察主要基于企业的财务信息,而许多小微企业及"三农"能够披露的经营信息非常有限,金融机构(银行)主动去获得信息的成本也较高。小微企业及"三农"获得贷款后的资金流向监测也是难题,金融机构(银行)难以

适时监控资金去向，增大了还款风险。这种信息壁垒使金融机构（银行）难以衡量小微企业和"三农"的还贷能力，继而提高了小微企业和"三农"借贷的门槛，即使是有良好的偿债能力和信用水平的企业也难以获得贷款。按照巴罗（Barro，1976）信贷融资担保的交易成本理论，担保机制能够有效解决信息不对称问题。因为，如果借款者发生违约，借款者向金融机构提供的担保品就会转让给金融机构（银行），借款者就会受到损失。因此，担保机制对借款者按期归还款项具有一定的正向激励。

信用担保对信贷配给现象也有一定的缓解作用。当借款者愿意支付规定利率甚至更高利率时，贷款人可能限制发放贷款或发放贷款小于申请贷款额度。如果引入第三方担保，则由低风险借款者和第三方担保者共同提供担保，远优于仅依赖实际可担保财产而提供的担保，由此可见，第三方担保降低了信贷配给的可能性。

2. 委托代理理论

委托代理理论起源于西方新制度经济学的研究，委托人在理性人假设的前提下通过设计制度由代理人行使经营权，且企业的所有权不变。简森和梅克林（Jensen and Meckling，1976）在对企业的研究中形成了委托代理理论的雏形，分析代理人如何通过信息不对称来背离委托人利益、委托人如何监督代理人实现任务目标。近年来，我国学者也从经济学、政治学和公共管理学等多领域对委托代理理论的内涵、基本假设和实践应用作出了分析。在经济学方面，李正图（2020）从委托代理理论的"经济人理性"这一基本假设出发，结合新制度经济学的研究成果，研究"信任"在委托代理关系中的作用，将理论假设拓展为"经济人+社会人"，提升了研究的广度与深度。委托代理关系情境下政府与企业的创新绩效受二者目标不一致和信息不对称的约束，政府支持有可能会降低企业创新效能（魏巍，2021）。在公共管理学方面，周雪光（2017）在国家治理的视角下结合了我国科层制特点，提出在委托方和代理方之外，政府体系中还存在起连接作用的管理方。丁波（2020）在此基础上指出委托方作为科层制组织的上级机构，能够影响代理方和管理方的财政和人事决策。因此，当行政资源过于集中在委托方，可能会降低下级组织的自主性和治理效能，这就要求委托方适当下放权力，减少治理成本。

可见，委托代理理论为讨论我国纵向政府间关系提出了一个有益的视角。它将中央政府视作政策的制定者，扮演着任务"委托人"的角色；地方政府则是政策的执行者，即任务的"代理人"。而现实的政府运行过程往往不止中央政府和地方基层政府这两个角色，位于二者中间层级的省级政府，对上承接中央政府下达的任务，对下向地方基层政府进一步委托，从而形成多层次的委托代理结构。层级制下的中央政府和省级政府分别负责制定任务的战略和策略；市县政府则能在一定程度上选择以何种方式执行任务（许光建，2020）。然而，委托人并不会一次只委托单一任务，也存在代理人接受多项任务且任务目标不完全一致的情况。也就是说，中央政府会向地方同时委托多项工作，如对地方在经济建设、社会管理和生态环境等多方面都设置了任务目标时，地方政府会有所侧重、对各个目标采取不同的关注度。因此，我国中央与地方政府间的政府执行过程是一种多任务、多层次的委托代理结构，存在代理人不完全遵循委托人既定目标的可能性，执行目标所需的资源也随之在不同层级间被分散。在此种情况下，委托人要么将具有冲突性的任务委托给不同的代理人，要么采取激励手段提高其工作积极性，以避免代理人的行为背离委托目标。

3. 信用增进理论

从经济角度来看，信用增进是指在金融活动中个人或小微企业和"三农"由于自身信用等级不够高，需要第三方机构为自己提供增信服务，提高自身信用等级，以便在金融市场上能够顺利筹集有效资金。但是，由于小微企业和"三农"自身担保物不足，担保机构在向金融机构（银行）提供担保时也存在一定的信用风险，这种风险可能会导致担保机构出现集中违约，因此，担保机构又需要再担保机构为其提供担保增信，提升担保机构的信用等级。通过上述操作，形成了一条完整的风险分散分担链条，使小微企业和"三农"信贷风险通过金融机构（银行）、担保机构、再担保机构得到有效分散。

目前，我国大多小微企业和"三农"地理位置偏僻，企业不拥有集体用地、宅基地的土地使用权及处置权，这些有限的不动产资源无法有效地用于担保贷款。担保制度赋予债权人的债权受偿可以超出债务人的财产范围，或者取得对债务人财产的间接支配权，为债权的实现提供了保障。因此，不论借款人或贷款人都需要信用担保机构的介入。

4. 政策损益补偿规律

政策损益补偿规律是指在政策实践过程中经常选择一些能够解决问题的可行性方案，而不是能够兼顾各方利益的最佳方案。可行性方案在实施过程中会满足多数人的利益，但同时也会损害一小部分人的利益。为了保持社会利益关系的平衡，保证公共政策目标的顺利实现，应由其他公共政策对受到损害的利益予以相应补偿。长期以来，小微企业和"三农"由于自身层面、社会层面和金融层面的原因，其融资需求难以得到满足，形成"资金缺乏—业绩恶化—信用差—资金缺乏"的恶性循环。国家出台一系列财政政策引导政府性担保机构、再担保机构为小微企业和"三农"提供增信，改善小微企业和"三农"融资环境。但是，小微企业和"三农"代偿风险较高，政府应当通过资本金补充、风险补偿等方式为政策性融资担保、再担保机构分担一定程度的风险，从而保证政策性融资担保、再担保机构的可持续发展。

5. 风险转嫁理论

风险转嫁的概念在不同的领域有不同的阐释，一般来说，所谓的风险转嫁是指经济行为人将自己本应承担的风险有意识地转移给其他经济主体承担。在经济和金融活动中，由单个个体承担所有的风险，其他参与主体不承担任何风险，会导致独立承担风险的个体由于风险集中度过高而使风险承担能力慢慢下降。融资担保机构介于金融机构（银行）和小微企业和"三农"之间，向小微企业和"三农"收取担保金额1%~2%的担保费，同时为其贷款风险兜底，一旦出现风险，担保机构负责100%代偿，长此以往，很多融资担保机构代偿压力过大，资金链岌岌可危，进入担保行业发展受限的恶性循环。因此，小微企业和"三农"担保贷款的风险防控不能仅依靠担保机构单打独斗，应当遵循风险共担、多方联动的原则，将担保风险分摊到其他合作主体，以达到整体平衡，风险可控的效果。

（二）政策性融资担保相关概念

1. 担保

担保是对债务人偿还债务的保证（于孝建和徐建军，2013）。在缺乏可抵押资产的情况下，企业会利用其社会网络关系寻求第三方担保，即信用担保（曹廷求和刘海明，2016）。信用担保是信誉和资产责任相互印证的中介活动。当债务与债权关系成立时，担保中介可以为债务人提供信誉和资产责任保证，为债务人获得贷款增信。信用担保有两层含义：一是信用担保是自然人或法人的经济行为；二是信用担保是社会制度（赵学军，2014）。信用担保是金融产业专业化分工细化的产物，它分担了传统金融机构的一部分功能，成为专业型的连接金融机构和企业的中介。信用担保具有较强的社会效益目标，即通过向企业提供担保业务，以此带动企业收益、公民就业和税收的增长（文学舟等，2012）。

2. 再担保

再担保是为专业担保机构的担保，当担保机构不能独立承担担保责任时，再担保机构将按合同约定向担保机构提供再担保或连带责任担保，再担保可以增级原担保人的信用或弥补信用损失。也就是说，再担保是对原有担保的担保，当前担保人不能清偿债务时，则由再担保人根据原担保人应承担的责任份额对债务进行清偿（邢秀琴和杨宜，2011）。信用再担保是在政策性导向下，通过契约方式与企业信用担保机构签订的再担保合同，通过一种制度安排，由再担保机构为信用担保机构提供增信和分散风险。信用再担保不以营利为主要目的，再担保的担保费率同样要体现政策性，并可以获得财政预算、税收优惠、贴息贷款等政策支持（汪辉和邓晓梅等，2016）。

3. 融资担保

融资担保是由第三方担保机构为一笔债务融资增信，当被债务人不能履行偿债责任时，担保人应依法履约担保责任。也就是说，作为银行和企业的中介，融资担保既要为小微企业和"三农"提供增信服务，也要为银行金融机构分担风险。担保关系主要涉及四类主体：担保机构、企业、金融机构（银行）、再担保机构。金融机构（银行）和企业因为借款等行为形成借贷关系，担保机构作为第三方与企业和金融机构（银行）建立担保关系，此外，担保机构为分散风险，也与再担保机构合作，按比例一起承担业务风险。

4. 政策性融资担保

政策性融资担保是将政府所具备的宏观调控职能与信用担保机构的中介职能有机联系到一起，是通过各级政府投资或控股的政府性担保机构来解决企业的融资问题（田娟娟等，2016）。政策性融资担保作为政策金融的一种重要形态，起着沟通普惠金融和目标主体的"桥"和"船"的作用，既可以为企业提供增信服务，又能为金融机构（银行）提供风险分担（钱力，2017）。

5. 政府性融资担保机构

政府性融资担保机构是依据《国务院关于促进融资担保行业加快发展的意见》，以政府出资为主，通过新设、控股、参股等多种方式设立的融资担保机构，依政策要求服务小微企业和"三农"。政府性融资担保机构坚持"政策化资金、法人化管理、市场化运作"的基本原则，避免直接行政干预，并逐步将政府性担保机构的担保基金委托给专业机构来管理和运作（梁军峰，2017）。政府的作用是监督和引导，使其业务的发展符合国家政策导向和要求，经营中的合理风险由财政最终承担（罗贤东，2017）。

政府性担保机构主要是由地方金融管理部门会同财政、银行等共同组建，资金来源和业务经费以政府预算拨款为主，实行市场化运作并接受政府部门的监管（罗建华，2012）。政府性担保机构包括信用融资担保机构、出口信用担保机构、中低收入家庭住房置业担保机构、待业人员小额贷款担保机构、农业信用担保机构等（陈秋明，2011）。政府性融资担保机构可以是承担对企业扶持政策职能的国有企业，故在有关文献中也多称之为

"政策性融资担保机构"。政府性担保机构为政府主导发起,先期由政府投入资金等发起设立,对符合政府扶持的行业、具有发展潜力的企业融资进行担保。政府性担保机构的目标为企业贷款规模最大化(马松,2014)。政府性融资担保机构不能以营利为主要目的,通过为企业提供信用增级,实现信用共享与风险分担(李江源等,2017)。

6. 政策性融资担保体系

国家融资担保体系作为各项政策落地的核心与载体,承载着融资担保行业转型优化、集中管理的使命,融资担保体系运行质量关乎整个行业未来的发展质效(吴晓冀,2020)。

1999年,《关于建立中小企业信用担保体系试点的指导意见》中确立了中国融资担保体系的架构:由城市(含地区、自治州、盟,下同)、省(含自治区、直辖市,下同)、国家三级机构组成。形成了"一体两翼三级"的担保体系。"一体"是指由市(县)担保机构、省(区、市)再担保机构和国家再担保基金组成的政府性融资担保体系;"两翼"是指商业性担保和民间集群互助担保体系;"三级"指国家、省(区、市)、市(县)多层级担保机构,其中,市(县)面向辖区内承接直保业务,国家和省(区、市)担保机构主要为直保机构提供再担保(张婷,2012)。政策性融资担保体系建设依托"一体两翼",先强"体",即建立完备的政府性担保机构与信用保证基金;再壮"翼",即规范发展商业性担保机构与新型互助性担保机构,从而有效构建起具有中国特色的信用担保体系(梁积江,2020)。

7. 政策性融资担保模式

政策性融资担保模式是一种协调政府、担保机构和金融机构(银行)三方之间信息资源、协同管理信贷风险、分担违约责任的制度安排。2015年8月,《国务院关于促进融资担保行业加快发展的意见》(以下简称"43号文"),提出要发挥政府性功能,提高担保机构服务能力,构建政银担三方共同参与,具有优势互补、责权统一特征的可持续商业合作模式(黄惠春,2019)。该模式是由各级政府出资设立的不以营利为目的的国有独资或控股、参股的融资担保机构(董裕平,2009),以再担保、代偿风险基金等方式直接或间接地进入信用供给市场,引导融资担保行业发生结构性变化(杨松,2018)。例如,广东"0123"银担合作模式,即零保证金,银行承担10%以上的风险比例、担保本金和正常利息,代偿宽限期不少于3个月。山西"2242"风险分担模式,即担保机构、金融机构(银行)、再担保机构、国家担保基金分别承担40%、20%、20%、20%的风险比例。①

政银担模式赋予了政府在制定引导政策、参与贷款服务和提供资金支持等方面的职责,但在具体运作上,各地政府发挥的作用存在较大的差别。目前,政银担模式可分为银担主导与银政主导两种类型。前者是指担保机构和金融机构(银行)在授信环节中起决定性作用,政府处于辅助作用;后者是指政府和金融机构(银行)在授信环节中起决定性作用,担保机构处于辅助作用(黄惠春和范文静,2019)。

8. 政策性融资担保分级协同与分轨协同

"协同"概念在学术上来源于哈肯(1977)创立的"协同学",指系统中各子系统在普遍的规律之下自发的、有序的集体行为,是对事物间协调合作关系的理论研究。《辞源》对协同的解释为"和合、一致",即各要素彼此处于有序合作的态势(何九盈等,2017)。但在公共行政领域,协同的概念与协同学和词语的一般释义相比稍有差别,主要指政府部门与市场、社会等其他治理主体在现行法律法规的约束下,通过配合、协调形成多元力量以实现公共利益的最大化(颜佳华等,2015)。协同涉及来自政府内外、不同部门的多元主体,本书中"分级协同"的概念将协同的范围限定在政府系统内部,协同对象是不同层级的政府及其管理部门。具体来说,层级协同强调中央、省市级政府与基层政府之间,中央垂直管理部门及其驻地工作机构与地方政府之间的沟通合作。而"分轨协同"概念则是指政府性与商业性担保机构之间如何进行功能互补、优化组合及其有效竞争。尽管本书的研究重点不在于横向的跨部门、跨区域的政府合作,但由于协同工作的整体性、系统性,层级协同的效能仍会受到横向协同的影响。

---

① 封北麟. 精准施策缓解企业融资难融资贵问题研究——基于山西、广东、贵州金融机构的调研[J]. 经济纵横,2020(4):110-120.

二、政策性融资担保实践历程与模式剖析

截至2020年末，全国融资担保行业的机构总数为5459家，融资担保在保余额3.79万亿元。由于资金来源、经营目标的不同，目前承担我国小微企业和"三农"的政策性融资担保业务的融资担保机构主要分为三类，分别为政府性、商业性和互助性融资担保机构。政府性担保机构主要是为贯彻政策性目标而设立的，不以营利为目的，其资金主要由政府出资。商业性融资担保机构是指以营利为目的，资本金由企业或个人出资成立的融资担保公司。互助性融资担保机构是指处于一定区域或产业集群内的小微企业，为缓解自身贷款难而自发组建的担保公司，主要由参与组建的企业出资，实行自我管理，不以营利为目的。

（一）政策性融资担保实践历程

小微企业作为我国国民经济组成的一个重要部分，对我国的经济发展起着重要作用，可其仍然是一个特殊的弱势群体，融资难已经成为小微企业向前发展的瓶颈。要有效解决这个问题，目前而言，最重要的就是继续完善我国政策性融资担保体系。

1993年我国开始试点实施信保基金，并在1999年正式提出建立和健全小微企业的信用担保体系，虽然起步比较晚，但发展速度较快。大致经历了三个发展阶段。

1. 初创阶段：1992～1995年

该阶段的主要特点是企业互助资金为主，地方财政资金为辅。1992年，为了解决贷款难问题以及防止由担保导致的连带债务问题，重庆、上海等地的企业自发组织建立"互助担保基金会。"1994年，广东、四川等地商业担保机构开始出现，也面向企业提供服务。由于担保具有地域性，没有地方性银行和非国有银行的支持，担保功能无法发挥作用。此阶段，

商业性融资担保虽有所增加，但不以营利为目的的政策性担保仍占据着主导地位。

2. 发展阶段：1996~2014 年

该阶段的主要特点是区域性担保相继出现，政府性担保体系初见端倪。《国家发展计划委员会关于当前经济形势和对策建议》、《国务院关于鼓励和促进中小企业发展的若干政策意见》以及《中华人民共和国中小企业促进法》的出台，都表明了政府对中小企业的重视和支持。其中，《国家发展计划委员会关于当前经济形势和对策建议》明确提出建立以中小企业特别是科技型中小企业为主要对象的信用担保体系。这意味着政府将加大对中小企业的信用支持力度，帮助他们更好地获得融资和发展。同时，《国务院关于鼓励和促进中小企业发展若干政策意见》也要求加快建立中小企业信用担保体系，以更好地支持中小企业的发展。这一政策的出台，对于中小企业来说是一次重要的利好消息。此外，《中华人民共和国中小企业促进法》也明确规定国家设立中小企业发展基金，支持建立中小企业信用担保体系。这意味着政府将通过基金的设立，为中小企业提供更多的融资渠道和信用支持，为他们的发展提供坚实的保障。因此，政府应加快建立以中小企业特别是科技型中小企业为主要服务对象的中央、省地（市）信用担保体系，并设立基金支持。这将有助于中小企业更好地获得融资和发展，促进我国经济的稳定和持续发展。另外，国家相继发布了一系列如《国务院办公厅关于进一步明确融资性担保业务监管职责的通知》《国务院办公厅转发银监会发展改革委等部门关于促进融资性担保行业规范发展意见的通知》《财政部 工业和信息化部关于印发〈中小企业信用担保资金管理办法〉的通知》等担保文件肯定了政府担保的作用。由此引导担保机构数量激增，但因缺乏政策与市场的及时规范，致使国家政策实施的有效性和风险分散的信任度不足（梅强和杨娅媛，2012）。为了应对此问题，2014 年 12 月 18 日，中共中央发布了重要批示，旨在加强对融资担保和再担保机构的政策支持，改进银行和担保机构的合作机制，扩大小微企业和"三农"担保业务规模，对融资成本进行有效降低。

自此，全国各地纷纷设立担保资金或组建独立担保机构，试图缓解小微企业和"三农"融资难问题。这一阶段，经济发达省份已经出现成熟型担保模式，政府尝试通过担保机构扶持小微企业和"三农"。各种融资担保机构如雨后春笋而生，商业性担保机构数量达到前所未有的高度，担保行业迎来了飞跃发展时期。根据2011年中国银行业监督管理委员会负责人就融资性担保行业发展等答问中提供的信息，截至2011年末，全国融资性担保行业共有法人机构8402家，其中民营及外资控股的担保机构数量为6834家，占全行业机构数量的81.3%。这一阶段经济高速增长所掩盖的融资担保风险逐渐显现，违约率及代偿率剧升，大量商业性担保机构破产或业务终止，金融机构（银行）贷款风险也随之加剧。2014年，"非融资性担保机构规范"行动清理了无证运营的担保机构，由此，融资担保行业进入规范发展期。

3. 规范阶段：2015年至今

这个阶段的主要特点是企业信用担保体系进入制度化、规范化。政府在出台相关实施办法和担保行业发展规划方面也发挥了重要作用。政府对担保行业的支持和监管加强，为担保行业的发展提供了有力支持和保障。此外，决策层对融资担保行业的重视也是融资担保行业加快发展的重要推动力。在《国务院关于促进融资担保行业加快发展的意见》中，政府提出了一系列措施，包括加强对担保行业的支持、促进担保行业的市场化发展、加强对担保行业的监管和服务等。这些措施为担保行业的发展提供了有力保障和支持。另外，各级政府也先后出台相关实施办法及担保行业发展规划，探索"银担"合作模式，其中安徽省的"4321"模式在全国成为典范。《关于有效发挥政府性融资担保基金作用，切实支持小微企业和"三农"发展的指导意见》解决了政策性融资担保在发展过程中出现的融资担保业务聚焦不够、担保能力不强、银担合作不顺、风险分担及补偿机制不完善等问题。从此，我国政策性融资担保行业开始进入稳步有序的发展，银担合作模式也进入转型期。如表1-1所示。

表1-1　2015年后我国政策性融资担保相关文件

制定或发布时间	政策名称	主要内容
2015.03.18	《关于进一步促进中小企业信用担保机构健康发展的意见》	大力发展国有及国有控股担保机构，建立国有资本补充和增长常态化机制，提高国有资本的引导性和控制力。鼓励省、市、县等不同层级国有及国有控股担保机构相互参股，抱团增信，形成合力，带动商业性担保机构共同服务小微企业
2015.08.13	《国务院关于促进融资担保行业加快发展的意见》	设立国家融资担保基金，实现政府主导的省级再担保机构基本全覆盖，形成国家融资担保基金、省级再担保机构、辖内融资担保机构的三层组织架构体系，充分发挥再担保作用
2017.08.21	《融资担保公司监督管理条例》	提倡建立政府支持的融资担保机构，实现政府、融资担保机构、金融机构"三农"和"三农"融资担保业务的规范，并确保费率水平较低
2018.04.02	《关于印发〈融资担保业务经营许可证管理办法〉即四项配套制度的通知》	根据规定，制定了《融资担保责任余额计量办法》《银行业金融机构与融资担保机构业务合作指引》即4项配套制度
2018.10.15	《关于对小微企业融资担保降费奖补政策的通知》	认真贯彻落实党中央、国务院相关决策部署，按照市场主导、政府扶持、结果导向的原则，支持引导更多金融资源配置到小微企业，进一步拓展小微企业融资规模，降低小微企业融资费率水平
2019.02.14	《国务院办公厅关于有效发挥政府性融资担保基金作用切实支持小微企业和"三农"发展的指导意见》	对我国融资担保行业担保能力不强、业务聚焦不够、风险分担补偿机制有待完善、银担合作不畅等问题，采取了相关措施：坚持聚焦支持小微企业和"三农"的融资担保主业；合理分担风险的银担合作机制；综合融资成本；建立政府性融资担保机构与要供融资担保行业金融机构共同参与
2020.03.27	《关于充分发挥政府性融资担保基金作用为小微企业和"三农"主体融资增信的通知》	推动融资担保基金加快开展股权投资，帮助企业更好地解决融资难题。另外，财政部还计划支持小微企业支农支小支效明显的地市级政府性融资担保机构，并要求这些地市级政府性融资担保在提供融资担保时，除此之外，地方各级政府性融资担保机构在新冠疫情期间对小微企业减半收取融资担保费、再担保费，再担保机构综合融资担保费降至1%以下，降低企业融资成本，提高融资效率
2020.05.22	《关于印发〈政府性融资担保、再担保机构绩效评价指引〉的通知》	主要包括：政府性融资担保、再担保机构绩效评价指引；政府性融资担保、再担保机构绩效评价相关指标计算公式

续表

制定或发布时间	政策名称	主要内容
2020.07.03	《工业和信息化部 国家发展和改革委员会 科学技术部 财政部 人力资源和社会保障部 生态环境部 农业农村部 商务部 文化和旅游部 中国人民银行 海关总署 国家税务总局 国家市场监督管理总局 国家统计局 中国银行保险监督管理委员会 中国证券监督管理委员会 国家知识产权局 关于健全支持中小企业发展制度的若干意见》	坚持"政府+市场"的模式，建立健全中小企业信用信息归集、共享、查询机制，依托全国信用信息共享平台，及时整合共享各类涉企公共服务数据
2020.07.14	《中国银保监会关于印发融资担保公司非现场监管规程的通知》	为明确融资担保机构非现场监管的职责分工和工作内容，规范非现场监管的程序，报告路径和方法，提高非现场监管的工作质量和效率，完善融资担保机构监管报表制度，根据《中华人民共和国银行业监督管理法》和《融资担保公司监督管理条例》等法律法规，制定本规程
2020.08.05	《中国银保监会等七部门关于做好政府性融资担保机构监管工作的通知》	省级财政部门会同省级融资担保监督管理部门开展政府性融资担保机构确认工作，旨在加强对政府性融资担保机构的监督和管理。同时，为了更好地维护小微企业和"三农"主体的融资担保需求，建立政府性融资担保机构名单，对政府性融资担保机构进行管理和监督，以确保其合法性和规范运营
2020.08.12	《国务院办公厅关于进一步做好稳外贸稳外资工作的意见》	鼓励有条件的地方支持政府性融资担保机构参与风险分担，对出口信用保险赔付额以外的贷款分担，进行一定比例的担保，商业银行在"信保+担保"条件下，合理确定贷款利率
2021.04.25	《关于继续实施小微企业融资担保业务降费奖补政策的通知》	做好"六稳"工作，落实"六保"任务，按照市场主导，政策扶持，结果导向的原则，进一步支持扩大小微企业融资担保业务规模，降低小微企业融资担保费率，引导更多金融资源配置到小微企业，激发市场主体活力
2022.04.08	《中国银保监办公厅关于2022年进一步强化金融支持小微企业发展工作的通知》	地方法人银行要坚守定位，将服务小微企业作为自身改制化险、转型发展的重要战略方向，切实加大信贷投放力度，着力提高普惠型小微企业信用贷款占比。开发具有自身特点的小微企业信贷业务模式，政策性银行要继续深化完善与商业银行合作的小微企业转贷款业务，并根据自身战略定位和业务特点，稳妥探索开展小微企业的直贷业务

（二）政策性融资担保模式与经验

2018年，国家融资担保基金成立后，以省（区、市）为单位，存量吸收为主，新建为辅，整合资源，由底层向上层归并，形成国家—省级—市（县）三级担保体系。在该体系中，国家融资担保基金并不直接与金融机构（银行）开展担保业务合作，而是在现有各省（区、市）（再）担保体系的架构基础上，通过增加国家融资担保基金再担保实现对下一级担保机构和业务的增信，具体的担保业务由体系内的担保机构与金融机构（银行）对接。省（区、市）级再担保机构是体系内重要的承上启下枢纽，对上与国家融资担保基金对接，接受国家融资担保基金的管理和再担保增信；对下负责辖内的担保机构合作准入管理、日常监督和省（区、市）级担保体系建设，并对辖内担保机构进行再担保。国担体系的运行需有对内、对外的风险分担机制，即将风险分散给每个业务参与方承担，任一参与方均不承担100%风险责任，承担的部分按比例确定。出现风险后，各方只对规定的比例承担相应责任及损失。担保机构与银行之间通过直接约定担保比例实现。担保体系内部也按约定再担保比例实现。通过风险分担可以有效降低担保机构担保代偿责任。

1. 浙江省政府资金池模式

2016年，浙江省发布《浙江省政策性融资担保体系建设工作指导意见（试行）》，提出利用现有资源推进全省政策性融资担保体系建设、引导政府性担保机构为小微企业和"三农"提供服务。目前，浙江省已形成以省担保集团为龙头、市（县）政府性融资担保机构为主体、商业性融资担保机构为补充的统一、联动的政策性融资担保体系。建立了省担保集团（再担保）、市（县）融资担保机构（直保）、金融机构（银行）三方风险分担机制，风险分担指导比例为4:4:2。作为省级再担保机构的省担保集团发挥了分险和稳定器作用，有效增强了全省融资性担保行业抗风险能力。

2017年以来，省担保集团利用自身平台、专业、人才等优势，充分发挥自身力量及协同作用，支持地方创新驱动战略实施和全省绿色金融改革创新试验区建设。会同江山中小保、安吉国信担保机构、新昌兴财担保机构、乐清农信担保机构等市县融资担保机构及有关银行，联合创设了"智能制造""绿色保""专利权质押""小微创业贷"等多项专项再担保业务，重点服务于地方特色产业、园区的小微企业。

根据各市（县）政府关注的重点工作，省担保集团创新"开放式、封闭式风险资金池"以及"资金池+再担保"的业务模式。风险资金池业务是由政府、市（县）担保机构、银行按一定比例分别出资共同设立的风险基金，由省担保集团与市（县）担保机构签署专项的再担保协议，合作方按4∶2∶2∶2的比例分担最终风险。目前，已与杭州市西湖区科技局、杭州未来科技城管委会、杭州下沙经济开发区管委会开展合作；与温州市瓯海经济开发区管委会、温州市金投融资担保有限公司开展"风险池+再担保"合作，提供承担连带责任的比例再担保，分担50%信用损失，提升其抗风险能力。风险资金池是政府直接与金融机构（银行）的合作，不是法律意义上的保证金，可以自由使用。尽管政府、担保机构、金融机构（银行）三方对资金的使用、监管事先有协议约定，但从法律角度看，对金融机构（银行）债权的保护存在瑕疵。例如，在贷款追偿后的权利分配上，优先保障担保机构权利，导致金融机构（银行）的风险敞口不能被完全覆盖（吴晓冀，2014）。

2. 安徽新型政银担模式

安徽省率先推出了一种新型的政银担合作模式，称之为"4321"模式。该模式的推出旨在解决当前融资担保发展低迷、服务小微企业及"三农"功能不足等问题。"4321"模式是再担保机制、风险补偿机制与风险分担机制的集成创新。这意味着政府性担保机构可以实施政银担合作机制，实现"资源共享，风险共管，优势互补"。在风险共担机制中，再担保责任比例、财政风险补偿机制、银担分担机制三位一体，体现了该模式创新的核心内容。"安徽担保模式"扶小微、低费率、广覆盖、控风险、可持续，政府、银行、担保机构风险共担经验成为全国样本。这种模式的优势在于可以帮助小微企业和"三农"实现融资难、融资贵的问题，同时又能够保证风险控制和可持续性发展。此外，该模式还可以促进政府、银行和担保机构之间的合作，实现资源共享和优势互补，从而更好地服务于实体经济的发展。

这个担保体系的特点是政府持续注资参股、建立风险补偿基金、建立多层次、多功能的再担保体系、实施正向激励考核机制，以及金融机构与担保体系的"总对总"对接。第一，政府持续注资参股是安徽担保模式的核心特征之一。政府持续注资参股，意味着政府将不断地为担保机构提供资金支持，确保其能够持续开展业务。这样做的好处是，政府的持续资金投入可以提高担保机构的资本实力，也可以提高市场对担保机构的信任度。第二，建立风险补偿基金是安徽担保模式的另一个特点。风险补偿基金是由政府出资设立的，用于为担保机构提供风险补偿保障。如果担保机构因为业务原因出现亏损，风险补偿基金可以为其提供一定的补偿，帮助其渡过难关。第三，安徽担保模式建立了多层次、多功能的再担保体系。这个再担保体系不仅包括政府与担保机构之间的再担保，还包括担保机构与其他担保机构之间的再担保。这样做的好处是，可以提高担保机构的风险承受能力，进一步增强市场对担保机构的信任度。第四，实施正向激励考核机制是安徽担保模式的又一个特点。这个机制可以激励担保机构积极开展业务，提高服务质量，同时也可以提高市场对担保机构的信任度。第五，金融机构与担保体系的"总对总"对接是安徽担保模式的最后一个特点。这个对接可以提高金融机构与担保机构之间的合作效率，避免重复办理手续，提高小微企业的融资效率。

具体来看，安徽担保模式集中体现为"四个一"。一是串起了一根风险分担链条。"4321 政银担"模式实现了政府、金融机构（银行）、担保机构三方权责对等和优势互补，分担了企业融资风险，为担保模式创新提供了可借鉴的方案。二是编织了一张担保体系网络。在全国率先建立起覆盖国家、省（区、市）、市（县）的三级政策性担保体系，对上，省担保集团与国家融资担保基金合作，获得授信额度 1000 亿元，国家融资担保基金按照担保业务融资金额的 20%，分担省担保集团的再担保责任。对下，构建起覆盖全省的担保网络，省担保集团以再担保业务为纽带，参股 129 家市（县）担保机构。为了防止风险向上层层归集，省担保集团对体系内的担保机构"参股不控股",平均股比为20%,并建立熔断机制,对代偿率超过5%的地方,停止担保机构新业务合作。三是打通了一套信息集成系统。集成担保机构数据,建立安徽担保网,对接各类信用信息数据。四是构建了一个灵活运作机制。设定不同的考核标准,注重实施员工激励,鼓励企业多元化运作。

该模式的优势体现在,首先,稳定的财政风险补偿政策。安徽"4321"模式的"3",表面看是由省担保集团(省再担保)承担,实际上《安徽省省级融资担保风险补偿专项基金管理暂行办法》规定每年安排3亿元的财政预算,用于弥补省担保集团应承担"3"部分的责任。其次,合理的担保/再担保绩效考核制度。除了有稳定的财政风险补偿政策以外,安徽省政府对安徽担保集团的考核制度也导向明确。安徽省担保集团由政府100%持股,由财政厅直接进行考核管理,不考核经济效益,主要考核政策性担保业务(主要是2000万元以下"4321"新型政银担业务)的完成情况,使安徽担保集团能够心无旁骛地做好政策性业务。最后,集团对担保机构的有效管理。安徽省担保集团参控股100多家担保机构,由集团派出地区业务总监进行分片区管理。安徽的"4321"新型政银担模式创新了风险分担均衡机制,并且规模稳定持续,实现了财政与金融政策的有效融合。

3. 广东股权换担保模式

2009年2月28日,广东省深圳市政府批准成立中小企业信用再担保中心,注册资本10亿元,其中财政承担6亿元,金融机构(银行)和担保机构承担4亿元。采用"会员制"的管理模式(谢科,2016)。深圳模式具有以下四个特点。[①]

第一,会员制是一大突出亮点。政府、金融机构(银行)、担保机构是再担保中心的会员,通过认购保证金形成的再担保资金采取分账核算。会员制运作灵活,特别是在防范风险方面作用明显,能确保个别会员的风险不会影响再担保中心的正常运营。通过融资服务,搭建中小企业金融服

---

① 谢科. 广西融资再担保体系构建研究 [D]. 南宁:广西大学,2016.

务创新生态圈。该集团打通38家银行的资金渠道，总授信额度450亿元，超过1000家合作网点遍布深圳各区。①

第二，具有股权换担保的风险投资特点。具体做法是贷款者以股权质押获得信用担保机构的担保。贷款者提出担保申请时，担保机构要求贷款者将相应的股权质押给担保机构，防范信用担保风险。以此方式获得担保的贷款者，一旦发生代偿风险就有可能失去企业控制权，因此，股权换担保方式会迫使企业为保障贷款安全而努力追求业绩。股权质押操作具有创新性，但担保机构有风险投资机构的嫌疑，其好处是担保机构通过股权质押掌握企业的偿债能力，有机会监督企业的经营行为，减小担保机构信用风险发生的概率。如果贷款者发生偿债危机，信用担保机构可以股东的身份出售资产，从而弥补代偿经济损失（梅金品，2011）。

第三，实行与银行风险共担合作机制。合作中采用"一票否决、三项担保、六月代偿、八二分担"，即中心与合作银行互相推荐项目、独立审核，对项目是否担保贷款双方均有一票否决权；中心仅承担担保贷款未受偿部分的本金、利息、逾期利息；对逾期项目设置六个月的缓冲期，以便采取有效的风险处置措施；出现最终风险损失时，与银行按"80%∶20%"比例分担风险。② 具体措施：政府决定设立30亿元总规模的中小微企业融资担保基金，这个基金将为中小微企业提供融资担保，帮助他们获得更多的融资机会，实现企业的发展和壮大。此外，政府还设立了初始规模为20亿元的中小微企业贷款风险补偿资金池，为中小微企业发放3000万元以下规模贷款形成的不良贷款实行风险补偿。这个资金池的补偿比例最高不超过不良贷款本金的50%。③ 这意味着，如果一家中小微企业无法按时偿还贷款并产生了不良贷款，该企业可以向政府申请一定的风险补偿，使中小微企业的贷款风险得到缓解。这两项政策将为中小微企业和创业创新企业提供更多的融资机会，缓解他们的融资

---

① 谢科. 广西融资再担保体系构建研究 [D]. 南宁：广西大学，2016.
② 公言磊，孙小茹，池国华. 深圳信用担保中心的"四全"风险管理体系及其启示 [J]. 财务与会计，2010（5）：13-15.
③ 深圳市人民政府关于印发强化中小微企业金融服务若干措施的通知 [EB/OL]. 深圳市人民政府网站，2018-09-13.

压力。同时，这些政策还有助于促进融资担保行业的发展，使更多的中小微企业能够得到更好的服务和支持。与此同时，深圳担保集团坚持政策性收费标准，有效平抑和引导了中小微企业融资担保的整体收费水平，整个深圳地区中小微企业融资担保保费标准均为2%，降低了区域中小微企业的融资成本。

第四，缓解科技型企业融资痛点。例如，"科技通"产品根据制约科技型中小微企业融资的"高技术、轻资产"特点，"科技通"首次提出了科技型中小微企业"免抵押、免质押、免留置"的纯信用担保业务模式，可广泛适用于众多科技型中小微企业。该类项目中，中小担集团采取2%的担保费收费标准。为推动"科技通"业务发展，"科技通"产品的风险容忍度较传统业务品种更高，但在项目受理、项目预审、项目评审及项目保后跟踪四个阶段确保自身风险可控。项目受理阶段，要求项目经理必须加强对企业的调研，深入了解企业核心技术，严格把控企业实际控制人及管理团队的资质条件；项目部门预审过程中，部门审核负责人进一步严格审核客户企业资质条件以确定专项评审会上会项目；项目评审阶段，为"科技通"产品设置了专项评审会，优化评审委员会的组成，评审委员会中包含担保部门和创投部门资深从业人员，以确保对于客户企业资质和发展前景的准确判断；保后跟踪阶段，"科技通"项目设立专门台账，对在保项目进行日常监管。

三、政策性担保体系运行状况调查与分析

（一）政策性融资担保体系的内涵界定、现实需求

1. 政府性融资担保体系的内涵界定

融资担保体系是由政府性融资担保机构、商业担保机构和互助担保机构等不同层级以及不同投资主体的融资担保机构组成的，采用市场化的操作手段。其目的是为市场主体从金融机构贷款融资进行担保形成的体系。在我国，信用担保体系已形成了"一体两翼三级"的非常完善的结构布

局。"一体"是指以政府性担保机构为主体,强调"资金多元化、管理企业化、运作市场化、扶持绩优者"。政府性融资担保机构多由政府直接或间接出资成立,具有政策性目的,主要服务于国家重点支持的领域和企业。这些机构的最大特点是资金来源较为充足,能够为企业提供较高的担保额度和较低的担保费率,对于企业的融资需求有着重要的支持作用。"两翼"是指互助担保机构和商业担保机构。这两种机构也可以从事政策性融资担保业务,但相比市(县)级政府性融资担保机构,以商业化运营为主。商业担保机构是指以营利为目的,依靠自有资金或向金融机构融资来进行融资担保业务的机构。互助担保机构是指由符合条件的市场主体自愿组成的、以互助为宗旨、风险共担的社会组织。这两种机构的优势在于灵活性强、服务范围广、担保费用低、风险分散等。"三级"是指融资担保体系的服务层级。第一级是中央政府性融资担保机构,如中国担保、中国融资担保等。第二级是地方政府性融资担保机构,如省、市、县级政府性融资担保机构。第三级是商业担保机构和互助担保机构,如招商信诺、中诚信担保等(见图1-1)。市(县)政府性担保机构以小微企业和"三农"为直保对象;省级再担保机构以市(县)政府性担保机构为再担保服务对象;国家信保基金以省级信用担保机构为再担保服务对象。本书研究的政府性融资担保层级是指从市(县)、省级再到中央政府所构成的三级担保机构。

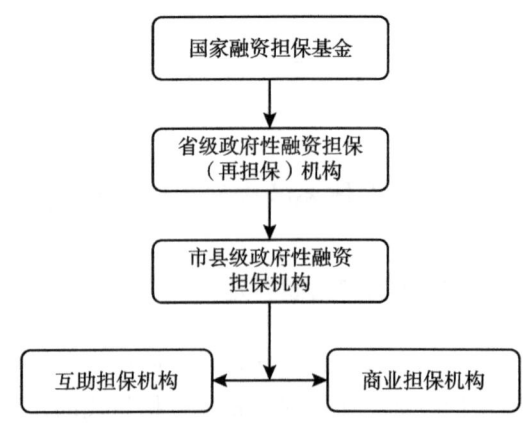

图1-1 国内信用担保体系

我国政策性融资担保体系层级如图1-2所示。其中，政策性融资担保体系的主导机构是国家融资担保基金（2018年7月底注册成立），由中央财政联合银行、保险等20家金融机构共同出资设立，财政部为第一大股东（持股比例为45.39%），采取有限责任公司形式，首期募集资金规模达661亿元，于2018年9月26日正式启动运营。国家融资担保基金被定位为半公共性金融机构，其主要业务模式包括再担保和股权投资。以"政策导向、市场化运作"为手段，旨在缓解小微企业、农村和创新型企业面临的融资难、融资贵问题。国家担保基金资金量大、规范性高，可以发挥引导作用，带动更多的资本参与其中，从而推动整个体系建设和行业的发展，以期形成一个政府主导的全覆盖的担保体系。国家融资担保基金在现有各省（区、市）（再）担保体系架构的基础上，通过增加国家融担基金再担保实现对下一级担保机构和业务的增信，具体的担保业务由体系内的担保机构与金融机构（银行）对接并约定担保比例。

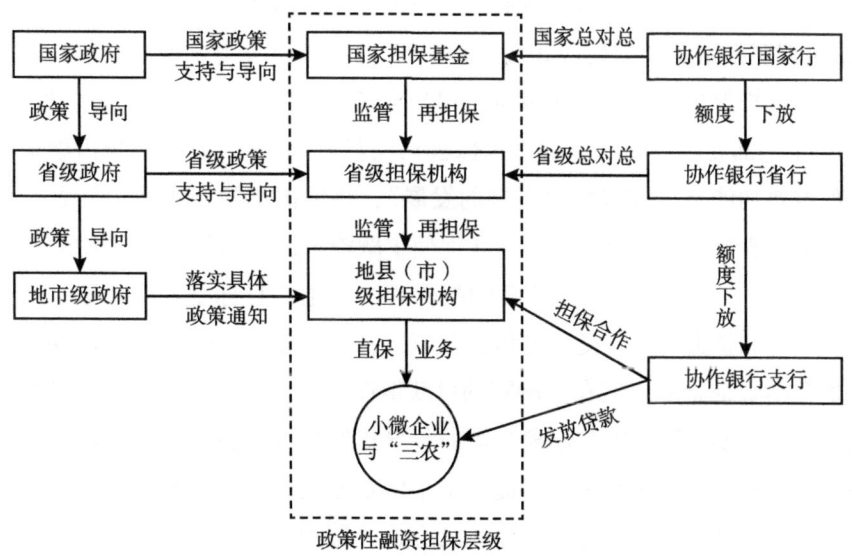

图1-2 政策性融资担保体系层级

资料来源：笔者整理自国家融资担保基金（https://www.gjrdjj.com）、国家企业信用信息公示系统（https://www.gsxt.gov.cn/index.html）。

省级再担保机构的主要业务是再担保，它们与国家融资担保基金和地方担保机构合作，发挥承上启下的作用。对上与国家融资担保基金对接，接受国家融资担保基金的管理和再担保增信,再担保机构向其缴纳担保费;对下负责辖内的担保机构合作准入管理、日常监督和省(区、市)级担保体系建设,并对辖内担保机构进行再担保,向担保机构收取再担保费(吴晓冀,2020)。当前,大部分省(区、市)成立了省级再担保机构,并建设了省级再担保体系,例如,浙江省担保集团有限公司牵头的浙江省再担保模式,安徽省信用担保集团有限公司牵头的"4321"模式等。

组成市(县)级担保体系的是各地市级、县级政府性担保机构直接开展业务(也称直保业务),优质的商业性担保机构也承接部分政策性担保业务(即面向小微企业和"三农"等国家扶助的对象);市(县)级业务独立不交叉,两级之间不存在上下级隶属关系。

2. 政策性融资担保体系目标扩展的现实需求

2015年《国务院关于促进融资担保行业加快发展的意见》出台,强调了发挥融资担保"稳增长,调结构"的功能。2015年12月国务院印发《推进普惠金融发展规划(2016—2020年)》,提出大力发展以政府注资为主的融资担保机构、再担保机构,以重点支持小微企业和"三农"融资。2017年七部委联合印发《融资担保公司监督管理条例》,明确指出融资担保的首要功能是"支持普惠金融的发展",将助推小微企业和"三农"融资作为其直接目标。这些系列变化促使了融资担保目标和功能的扩展。

"银担"合作注重民法范畴的担保理念,主要目标是控制风险,努力降低风险和扩大利益,交易过程强调双方独立自治。"银担"合作的目的是提升小微企业及"三农"融资的可获得性,但在实际运行中效果没有达到预期。主要原因是宏观调控政策的传导机制还没有得到发挥,商业银行与担保机构仍然注重盈利性,提高了小微企业及"三农"融资门槛,担保费偏高。在这一时期,盈利及降低风险是"银担"合作的主要目的,提升小微企业及"三农"贷款的可得性体现不够充分。

融资担保经济有效调控的功能促使"银担"合作向政银担合作模式转变。首先,政府性融资担保机构与政府信息交流的机制更加适配,政银担合作有利于清晰识别政策目标及重点领域;其次,政策性融资担保体系的主导地位,有利于小微企业及"三农"融资增信服务。因此,政策性融资担保机构体系能够发挥政府经济调控的规模性作用。最后，担保贷款资金投向是否符合国家经济调控政策，将成为担保机构、再担保机构及代偿风险基金是否有效开展合作的重要审核标准之一。政银担合作的机理就是通过审核约束机制，传导国家导向到担保机构，确保政策目标的实现。

（二）政策性融资担保体系的职能划分

1. 国家融资担保基金职能界定

国家融资担保基金通过与省级再担保机构以及辖内融资担保机构等合作，带动地方再担保机构和融资担保机构的活力，这种政策导向性体现了"准公共金融机构""不以营利为目的""以信用担保为主"的定位。国家融资担保基金以资金和股权为纽带，构建了以政府性担保机构为主体，以互助担保与商业性担保机构为补充的融资担保体系。这个体系设计不仅层级清晰、权责分明，而且由于资金和股权关系的存在，使直接融资和间接融资更精准地投向政策导向领域，并能保障融资担保成本有效降低。

国家融资担保基金的主要职责是落实国家扶持政策，制定再担保业务标准，提供业务指导与规范指引。同时，该基金还负责提出可行的代偿风险分担比例和再担保费率，以确保风险得到有效控制。为了提高信贷支持农业的覆盖面，国家融资担保基金还研究开发农业信贷担保产品。这些产品旨在为农业企业提供更多的融资支持，同时保证风险得到有效控制。与银行等金融机构签订总对总的战略合作协议，建立风险补偿和风险救助机制也是国家融资担保基金的职责之一。这些机制旨在为金融机构提供更多的信心和支持，同时确保融资项目的风险得到有效控制。为了实现担保项目评审和风险控制等线上高效服务，国家融资担保基金建立了统一规划、统一标准的数据信息系统。这个系统能够为基金工作人员提供更多的信息和数据支持，同时也能够提高担保项目的效率和准确性。

2. 省级政府性融资担保机构职能界定

省级政府性融资担保机构是省政府出资成立，代表地方财政调节管理本省担保行业，承担着再担保的职责，是体系内重要的承上启下枢纽。对上与国家融担基金对接，接受国家融担基金的管理和再担保增信；对下负责辖内的担保机构合作准入管理、日常监督和省（区、市）级担保体系建设，并对辖内担保机构进行再担保，充分发挥增信和分险作用，帮助市（县）担保机构提升担保能力，分散担保业务风险，提供担保业务设计、业务指导、政策对接和监督管理等服务。

银行在"银担"合作中往往处于强势地位，且缺乏贷后管理和尽职调查的积极性。担保机构也会下意识地要求企业提供反担保物，并收取高额担保费率，其后果是限制了担保机构的授信放大倍数，制约了行业规模化发展。而省级担保机构的承保能力、议价能力、风控能力都远大于其他担保机构，并且以政府信用作为背书，为市（县）级担保机构分担风险，提供损失赔付、提高代偿效率，有效为市（县）级担保机构增信扩能，增强债权人合作的意愿。

3. 市（县）级融资担保机构职能界定

市（县）级政府性融资担保机构由当地政府出资成立，接受省级再担保机构的监督。市（县）级政府性融资担保机构属于直保机构，职能主要以直保业务为主，负责辖内的小微企业和"三农"融资担保。在市（县）级担保体系中，各市（县）级担保机构与省级再担保机构、金融机构（银行）和小微企业和"三农"开展合作：省级再担保机构为市（县）级担保机构提供再担保服务，担保机构向其缴纳再担保费；担保机构提供担保服务，向其收取担保费益（马国建和李沛然，2019）。

市（县）级政府性融资担保机构能否获得比金融机构（银行）更多的信息优势、能否高效运转，是决定其能否发挥职能作用的关键。在市（县）级担保机构设立过程中，财政作为大股东，吸引金融机构、民间资本、被担保人出资入股，建立具有合作互助、利益共享、风险共担的基层担保机构，以充分发挥不同渠道的信息与资源优势，从而替代传统抵押品。此外，被民间资本、担保人入股可以降低被担保人的道德风险。

4. 商业性融资担保机构职能界定

商业性融资担保机构作为政策性融资担保体系的补充，能够满足市场中多样化的融资需求。政策性融资担保体系鼓励商业性融资担保机构开展政策性业务，并对其实施差异化管理。商业性融资担保机构以营利为目的，遵循市场化原则运作，自负盈亏、风险自担。商业性融资担保机构服务对象不仅包括小微企业和"三农"主体，还涵盖其他各类企业和项目，尤其是那些不符合政策性担保条件或需要更高灵活性的融资需求。其主要职能是通过专业化的风险评估和管理，为各类企业提供融资担保服务，以获取经济效益。

商业性融资担保机构可以与政策性担保机构合作，共同分担风险。另外，在政策允许的范围内，商业性融资担保机构可以探索创新的业务模式，如与股权投资机构联动，为科技型企业提供投、担、贷一体化服务，满足高风险、轻资产企业的融资需求。

（三）政策性融资担保体系的目标定位及功能的扩展

1. 政策性融资担保的目标定位

2015 年出台的《国务院关于促进融资担保行业加快发展的意见》是一个里程碑式的文件，它强调了融资担保的"稳增长，调结构"功能。这个意见的出台，标志着融资担保行业进入了一个新的阶段。在这个新的阶段，融资担保行业不再只是为企业提供融资担保服务，而是要承担更多的社会责任，支持小微企业和"三农"融资。2015 年 12 月国务院《推进普惠金融发展规划（2016—2020 年）》提出大力发展政府注资为主的融资担保机构，支持小微企业和"三农"融资。该规划的出台，进一步强调了融资担保行业的重要性，也为融资担保行业的发展提供了新的机遇。在这个规划的指引下，融资担保机构逐渐成为小微企业和"三农"融资的重要渠道。2017 年七部委联合印发《融资担保公司监督管理条例》明确指出融资担保的首要功能是"支持普惠金融的发展"，将助推小微企业和"三农"融资作为其直接目标。该条例的出台，进一步明确了融资担保行业的使命和目标，也为融资担保行业的发展提供了更加明确的方向。在该条例的指引下，融资担保机构逐渐成为小微企业和"三农"融资的主力军。上述政策导向的变化推动了融资担保目标和功能的扩展，融资担保行业不再只是为企业提供融资担保服务，而是要承担更多的社会责任，支持小微企业和"三农"融资。在这个过程中，融资担保机构不断创新，探索出了一系列适合小微企业和"三农"融资的产品和服务。这些产品和服务，不仅满足了小微企业和"三农"融资的需求，也为融资担保行业的发展提供了新的动力。目前，由市（县）信用担保、省再担保和国家再担保构成的三级信用担保体系成为担保行业的支柱。政府性融资担保机构扮演明显的政府扶持角色，主要资金来源于各级财政预算拨款，市场化运作，不以营利为目的。

（1）组织架构层面。在政策性融资担保体系中，国家融资担保基金并不直接与金融机构（银行）开展担保业务合作，而是在现有各省（区、市）（再）担保体系架构的基础上，通过增加国家融担基金再担保实现对下一级担保机构和业务的增信，具体的担保业务由体系内的担保机构与金融机构（银行）对接。省（区、市）级再担保机构是体系内重要的承上启下枢纽，对上与国家融担基金对接，接受国家融担基金的管理和再担保增信；对下负责辖内的担保机构合作准入管理、日常监督和省（区、市）级担保体系建设，并负责对辖内担保机构实施再担保。市（县）为辖区内的企业提供直接担保服务业务。

（2）政策扶持层面。政府出台扶持小微企业及"三农"发展担保机构的法律法规和政策措施，如对合规的信用担保、再担保机构实行税收优惠政策等。财政安排预算资金，用于支持担保机构、再担保机构增强业务能力，改善小微企业及"三农"融资环境。资金主要采取业务补助、保费补助、资本金投入三种支持方式。同时，鼓励地方财政持续加大支持担保机构的力度，持续完善风险分担和补偿机制，逐步建立多层级、多元化的信用担保体系。

（3）风险分担层面。整个政策性融资担保体系运行建立在对内、对外的风险分担基础上。风险分担，即将风险分散给每个业务参与方承担，任一参与方均不承担100%风险责任，承担的部分通过比例确定，各省（区、市）确定的比例不尽相同。出现风险后，各方只对分配给本方的比例承担相应责任及损失。对外，担保机构与银行之间，通过直接约定担保比例实现，称为"银担风险分担"。对内，担保体系内部，通过约定再担保比例实现,称为"再担保分担"。通过风险分担可以有效降低担保机构担保代偿责任。

2. 政策性融资担保的功能扩展

银行与担保机构的合作,是为了在民法范畴内实现担保理念,控制风险,降低风险和扩大利益,同时强调双方独立自治。这种合作模式被称为"银担"合作,目的是提升小微企业及"三农"融资的可获得性。然而,在实际运作中,这种合作模式的效果并没有达到预期。主要原因是,商业银行与担保机构仍然注重营利性,提高了小微企业及"三农"融资门槛,担保费偏高。为了解决这些问题,"银担"合作已经向政银担合作模式转变。政府性融资担保机构与政府信息交流的机制更加适配,政银担合作有利于清晰识别政策目标及重点领域,政策性融资担保体系的主导地位,有利于小微企业及"三农"融资增信服务。

在这种合作模式下,担保贷款资金投向是否符合国家经济调控政策,将成为担保机构、再担保机构以及代偿风险基金是否有效开展合作的重要审核标准之一。这种合作模式的目的是让政府更好地发挥宏观调控政策的传导机制,以确保小微企业及"三农"融资的可获得性。政府性融资担保机构的主导作用可以帮助银行更好地理解政策目标和重点领域,从而更好地为小微企业及"三农"提供融资服务。同时,政府性融资担保机构可以发挥信用担保的作用,降低小微企业及"三农"融资的风险,从而降低担保费用,提高融资的可获得性。

目前,比较典型的政银担合作模式有安徽模式与广东江门模式。安徽省实行政银担模式,通过设立省担保集团、参股市(县)政府性融资担保机构、建立多级联动的持续注资机制等基本做法,形成了一体化的政府性融资担保体系。其中,省担保集团作为再担保机构,对市(县)政府性融资担保机构的代偿风险提供再担保。同时,中央和省级财政共同出资设立代偿补偿资金,由省担保集团专户管理,弥补辖内担保机构代偿的部分损失。此外,各基层政府财政每年必须安排预算,以持续注资的方式承担基层政府性担保机构的风险补偿。通过上述制度安排,2017年,安徽省市(县)担保贷款放大倍数分别达到5.13倍、3.38倍,远高于全国平均水平的 1.05 倍。同时，平均代偿率仅为 1.83%，远低于 3% 的全国平均代偿率。① 这意味着，在安徽省实行政银担模式的支持下，市（县）两级担保贷款的风险得到了有效控制，同时政府性担保机构的风险补偿也得到了充分保障。这不仅有助于促进地方经济发展，还有助于提高金融机构对小微企业的信贷支持力度。"4321" 模式是安徽省政银担模式的核心，即担保机构、再担保机构（省担保集团）、金融机构（银行）、基层政府风险分担的责任风险比例。这一模式明确了各方的责任和风险分担比例，有利于形成合理的风险防范机制，确保政府性担保机构不会成为金融风险的源头。同时，这一模式也有助于提高金融机构的风险意识和风险管理水平，促进金融机构与政府性担保机构的合作，形成双赢的局面。广东江门模式是一种由政府、银行和保险公司共同合作的风险担保模式。该模式是由江门市经济和信息化局主导成立的"政银保"项目工作组，其职责是审核担保风险金的筹集、日常管理及损失代偿。工作组的成立，为江门市的企业提供了更多的融资渠道，同时也为银行和保险公司提供了更多的投资机会。在广东江门模式中，风险担保资金以质押担保的形式存入合作银行进行专户管理。三方共同协议监管，即经济和信息化局、财政局与合作银行共同监管。当债务违约发生时，风险担保资金、合作银行和融资担保机构按照 2∶1∶7 的比例分担损失。这种分担方式，既能保证银行和保险公司的利益，也能保证政府的风险担保能力。此外，风险担保资金的风险补偿不超过年度累积计算的存入单个合作银行的风险担保资金池余额。这意味着，政府在进行风险担保时，也要考虑到自身的风险承受能力，不能过度承担风险。

对比发现，安徽模式和江门模式是两种不同的普惠金融模式，它们采用不同的运作方式和风险分担模式。安徽模式是由省政府注资成立省担保集团，采用体系化方式运作。在这种模式下，政府信用供给比例较大，金融机构承担的风险比例较高。这种模式更能激发商业银行的合作意愿，更有利于普惠金融政策的落实。由于安徽省担保集团的信用度较高，商业银

---

① 杨松，张建. 我国"政银担合作"模式的逻辑基础及制度完善 [J]. 辽宁大学学报（哲学社会科学版），2018，46（5）：96–107.

行更愿意与其合作，从而为贫困人群和小微企业提供更多的贷款。江门模式是由公私主体联合成立工作组，采用分散化方式运作。在这种模式下，政府信用供给较小，合作银行承担风险较小，担保机构承担的风险较大。这种模式依赖于信用度高的合作担保机构，不利于扩大政银担合作的覆盖面。由于江门市政府注资少，商业银行不太愿意与其合作，从而导致贫困人群和小微企业融资难的问题得不到解决。总体来说，安徽模式更为成功。由于政府信用供给比例较大，商业银行更愿意与省担保集团合作，从而为贫困人群和小微企业提供更多的贷款。此外，安徽省担保集团的信用度较高，商业银行更愿意与其合作，从而扩大了政银担合作的覆盖面。相比之下，江门模式的成功率较低，商业银行不太愿意与其合作，从而导致贫困人群和小微企业融资难的问题得不到解决。

（四）政策性融资担保体系"分级"运行现状分析

1. 政策性融资"分级"运行机制的形成

（1）国家层级。国家融资担保基金是由财政部与金融机构（银行）共同出资，为有限责任公司形式，主要业务模式是再担保和股权投资，以期形成一个政府主导的担保体系（周颖刚和陈亚建，2020）。在国家融资担保体系中，国家融资担保基金在现有各省（区、市）（再）担保体系架构的基础上，通过增加国家融资担保基金再担保实现对下一级担保机构和业务的增信，具体的担保业务由体系内的担保机构与金融机构（银行）对接并约定担保比例。截至2021年末，国担基金新增业务规模7542.15亿元，同比增长78.63%，户数72.49万户，同比增长164.69%。2018年以来累计开展再担保业务1.46万亿元，户数118.10万户。2021年末合作机构覆盖25个省（区、市），5个计划单列市，担保机构1203家。[①]

当前，政府性融资担保机构的发展还面临着不少困难，如持续盈利难度大、完善机制之路漫长、治理结构存在先天性缺陷（任键，2018），与

---

① 国家融担基金再担保合作业务继续快速发展 [EB/OL]. 国家融资担保中心官网，2020 - 01 - 20.

发达国家相比，我国融资担保体系的放大倍数和覆盖面过低（张承慧，2019），与金融机构（银行）的合作关系不够密切（文学舟和吴永顺，2014），对金融机构（银行）的挤压可能导致逆向选择（吴晓冀，2020）等。国家融资担保基金在推进和支持政策性融资担保体系建设中发挥积极作用，一方面通过股权的纽带作用，构建起一个以政府性担保机构为主体的融资担保体系，并进行业务指导和规范指引；另一方面通过为省级机构提供再担保，并建立银担风险共担机制。总之，国家融资担保基金的成立有助于解决政府性融资担保机构可持续发展所面临的困难。

（2）省级层级。从政策性融资担保体系来看，省级再担保体系的功能主要有四个。一是政策导向功能。以再担保机构为主体的信用再担保体系，主要由地方财政出资成立，因此政策导向性明显，国家产业政策和经济政策应充分体现落实，处于国家政策鼓励行业的小微企业和"三农"将因此获得极大帮助。二是信用增进功能。信用再担保不同于信用担保，尽管只提供再担保而不直接参与担保业务，但以其特殊的国资背景和资金实力与担保机构合作，以及监管授权，也能实现为担保机构增信，增加担保机构的放大倍数，扩大担保覆盖范围与影响的功能。三是风险分担功能。信用担保属于高风险行业，承担的通常是风险，出售的是信用，收获的却只有微薄利润。一旦遇到坏账，单笔代偿金额就有可能导致担保机构的损失甚至倒闭。责任与收益的不匹配，会造成担保机构产生惜保行为。而通过加入信用再担保体系，一旦发生代偿，担保机构只承担合同约定内的损失，超出合同约定的金额则由再担保机构承担，这无形中减轻了担保机构承担风险的压力。四是行业规范功能。信用再担保体系为担保机构提供审查、筛选标准，对担保机构风控能力、资金规模等进行评估、考核。在合作过程中，对业绩差以及违规的担保机构及时提出整改。代偿预警制度、重大事项报告制度等都将使担保机构全方位提升业务服务水平。

从市场化理论分析，再担保体系建设至少解决以下几个问题。一是再担保应具有市场化特征。在信息不对称的交易市场中，政府资源，尤其是财政补贴、补助等各种扶持资金应该通过市场化方式进入，通过市场来调节经济运行和资源优化配置，达到帕累托最优状态。因此，再担保机构必须是市场主体，最佳方式就是企业化运作，通过契约关系来规范经济行为，通过市场调节解决银保之间的信息不对称问题。二是再担保具有准公共产品的特性。从再担保的实质来看，它是一种公共产品。但鉴于公共资源的有限性，提升公共服务的有效性需要采取市场化策略。这意味着应有选择性地利用市场化契约工具，重点支持那些能够最大程度发挥资金杠杆效应的优质担保机构，以及符合政策导向的优质小微企业和"三农"领域，从而实现资源的优化配置和高效利用。三是再担保应有效解决逆向选择问题。"逆向选择"现象是指在交易过程中，由于信息不对称导致市场参与者无法准确评估交易对象的真实价值，进而出现"劣币驱逐良币"的现象。这种现象进一步导致市场质量下降，进而催生了逆向选择担保理论的发展。例如，银保合作中的逆向选择，基于风险考虑，银行一般都要求担保人提供足额甚至超额的担保品，接受较高的贷款利率，给担保机构以及小微企业和"三农"带来高昂的融资成本。再如，担保再担保合作中的逆向选择，担保机构只有在担保风险过大时才会申请再担保，这无疑增加了再担保风险。

从全国范围来看，全国大部分省份均成立了省级再担保机构，并建立了各自的运作模式，例如，浙江省担保集团有限公司牵头的浙江省再担保"4222"模式、安徽省信用担保集团有限公司牵头的安徽省"4321"模式等。省级再担保体系主要是依靠政府有形之手，通过政策导向，改进金融系统服务，提升小微企业和"三农"融资效率。其作用的发挥主要是通过地方政府的政策引导，整合银行、保险、证券等各种金融资源；通过再担保体系龙头机构的风险管理技术，增强地方担保机构、小微企业和"三农"的信用等级，从而搭建起小微企业和"三农"金融服务平台，拓宽融资渠道，降低融资成本，管理融资风险。省级再担保机构在省级再担保体系中，对上接受国家融资担保基金的管理和再担保增信，再担保机构向其缴纳担保费；对下负责辖内的担保机构合作准入管理、日常监督和省（区、市）级担保体系建设，并对辖内担保机构进行再担保，向担保机构收取再担保费（吴晓冀，2020）。

目前，省级再担保体系建设缺少成熟的运作模式，政策支持还不能满足需要，再担保机构可持续发展动力不足，其存在问题主要表现在以下四个方面。

一是对再担保体系的认知和接受程度不高。再担保理论研究严重缺失，影响了再担保业务创新和效率提升。要么资金需求端的小微企业和"三农"不了解再担保，要么专业的金融机构对再担保运作也没有专门的研究，造成社会认可接受度不高。

二是再担保业务的盈利模式还未建立。从全国范围来看，再担保收费极其低廉，主要依靠政策扶持和财政补贴。实际上，在税收方面，还存在担保费、再担保费重复纳税的问题。在财政扶持方面，再担保机构还不能享受担保机构设立的补贴、担保费补贴等政策优惠。再担保风险补偿、资本金补充等机制还有待完善。

三是再担保行业发展环境还不够宽松。金融机构（银行）是再担保的主要合作平台，但金融机构（银行）仅将再担保机构看作风险的承接者，凭借资金供给端的优势地位，不断挤压再担保机构的业务领域和盈利空间。免保证金、风险共担等优惠政策不能得到全面有效落实。担保机构与金融机构（银行）的不平等合作，影响了再担保风险分担机制的建立和完善。在信贷收紧时，金融机构（银行）不断通过提高合作门槛制约着担保机构的担保能力。

四是行业管理失序阻碍再担保的发展。大多信用担保机构货币资本占比小，特别是商业性担保机构，往往以不能变现的土地、不动产、机器设备作为注册资本，由于资源匮乏，非法抽逃资本的现象时有发生。仍然有一些担保机构从事拆借、搭桥贷款、高风险投资等违规活动，积累了机构自身潜在的经营风险。还有些信用担保机构收取企业高比例保证金，削弱了政府性担保机构的竞争优势，影响了信用担保机构的市场形象。

（3）市（县）层级。组成地辖级担保体系的是各市（县）级担保机构，直接开展担保业务（也称直保业务）；目前，市（县）级业务独立不交叉，两级之间不存在上下级隶属关系。在市（县）级担保体系中，各市（县）级担保机构与省级再担保机构、金融机构（银行）、小微企业和"三农"进行合作：省级再担保机构为市（县）担保机构提供再担保，担保机构向其缴纳再担保费；担保机构为受保企业提供担保服务，向其收取担保费用（马国建和李沛然，2019）。

当前，市（县）级政府性担保机构在业务开展方面积累了一定经验，如台州信保基金。但各地方的政策性担保基本上都各自为政，大多以地方财政局为主管部门，难以形成规模，"小、散、多"的特点较为突出，担保能力弱，政策性融资担保覆盖面不广，放大倍数低且难以突破等情况。主要问题是，银担合作基础薄弱，担保资源存在地区分布不均，政府注资及信用支持不够，超低的费率不能覆盖全部信贷风险，政企不分易导致决策失误。

2. 政策性融资"分级"运行机制的缺陷

政策性融资担保体系在运行中逐步反映出一些问题，例如，在国家层级方面，比较突出的有财政的支持力度、体系管理，对下级的监管等；在省级方面，比较突出的有政银担合作、政府干预过多；在市（县）级方面，主要是机构小、弱、散、同问题，机构专业人员缺乏等。根据对江苏、山东和四川三省36家担保机构进行的问卷调查可知，我国政府性信用担保机构在支持小微企业和"三农"融资过程中存在的现实限制，包括政府扶持力度不足、与银行的合作关系不够紧密、风险分担机制不完善等（文学舟和吴永顺，2014）。另外以创业板中小上市企业数据及上市银行数据为对象的研究结果表明，政策性担保能够有效弥补中小企业的信用缺口，但政策性担保存在潜在的道德性风险（叶莉等，2016）；政府性融资担保机构要实现可持续发展仍然面临不少困难，如持续盈利难度大、完善机制之路漫长、治理结构存在先天性缺陷等（任键，2018）；以甘肃省再担保体系为研究对象，发现存在的问题有再担保体系尚不健全，规模偏小、抗风险能力弱，配套政策支持不到位，导致作用发挥不明显等（魏少贤，2019）。

（1）横向（多元）协同存在的问题。金融机构合作动力不足。一是金融机构（银行）放贷担保有多种选择方式。政策性融资担保业务只是其中的一个选择方式，政策性担保必然限制金融机构（银行）贷款利率，无形中有可能压缩了贷款的利益空间，由此导致银行对小微企业和"三农"业务的拓展动力不足。二是代办手续规范难、代偿追偿难。政策性融资担保业务有明确的规定，而对不符合要求的担保业务，代偿责任的认定非常困难。特别是在后期追偿上，金融机构（银行）和政府性融担机构对追回款项的再分配认定也缺乏法律依据。三是政府性担保机构只能与当地商业银行合作。由于各地的商业银行分支机构没有权限决定责任比例和优惠贷款利率，因此，政府性担保机构大多与城市商业银行或者农村商业（合作）银行开展合作，尤其是在小微企业和"三农"的授信覆盖面、单户授信和贷款规模、风险控制等方面具有优势。但自2017年政府加强对金融机构（银行）的监管之后，中小银行又面临较大的生存压力，一定程度上制约了信贷投放。

政府部门行政干预过多。由于外部监管机制不健全，加之行业协会等自律组织发展不足，以及担保机构自身管理和风险内控机制的问题，担保机构尤其是政府性担保机构运行中，政府干预的问题在总体上比较严重，"关系担保"和"命令担保"的现象时有发生，助长了担保机构融资担保行为的短期化和非规范化，增加了形成担保决策失误的可能性。每年省级财政用于政策性融资担保体系建设的资金预算，可能直接转移支付于市（县）财政，要求市（县）财政等比例配套。这些行政干预因地而异，难以形成制度规则，随意性较大，担保资金无法得到保障。

政银担合作缺乏指导。政银担合作是指政府性融资担保机构与银行之间的合作关系，旨在支持小微企业的融资需求。然而，当前政银担合作存在一些问题，导致缺乏有效的指导，制约了政府性担保机构的发展。第一，政府性担保机构缺乏长效资金补充机制。这导致政府性担保机构在面对大量融资需求时难以满足企业的融资需求，从而影响了政银担合作的效果。第二，政府性融资担保机构在扩面与风控平衡上难以合理把握。政府性担保机构需要扩大覆盖面，但同时也需要保证风险控制，这需要政府性担保机构有更好的管理能力和风险控制能力。第三，政府性融资担保机构无法推出面向特定群体的政策性专项产品，这导致政府性担保机构无法满足某些特定群体的融资需求，从而影响政银担合作的效果。第四，缺乏行之有效的指导标准，机构发展业务定位可能偏离扶持方向。政府性担保机构需要有明确的指导标准，以便更好地发挥其扶持作用。第五，面临多个部门的检查、监管和处罚，责任难以认定。政府性担保机构需要更加清晰地界定各个部门的职责和责任，从而更好地履行其职责。第六，代偿追偿需要通过法院司法途径进行，造成追偿进度缓慢。政府性担保机构需要更加有效地处理违约企业的代偿追偿问题，以便更好地保护政府性担保机构和投资者的利益。

（2）纵向（层级）协同存在的问题。多层级的风险控制机制应具有较强的抗风险能力。然而，现有的政策性融资担保体系层级脱节、职能错配、效率低下。2018年1月1日实施的《中华人民共和国中小企业促进法》中首次提出"县级以上人民政府应当建立中小企业政府性信用担保体系"。此后，各省（区、市）纷纷出台《政策性融资担保体系建设指导意见》，这意味着政策性融资担保成为民营经济、小微企业和"三农"和创新创业型企业成长的重要金融支持系统已经成为共识。然而，我国现行政府性融资担保体系建设过程中，由于政出多门、各自为政，政府各层级担保机构缺乏明确的职能定位和成熟的规范性标准，缺乏有效的风险防范传递和释放渠道，缺乏层级的角色界定及权责的划分，导致层级关系不规范、不明确、不稳定、不协调，乃至层级脱节，层级间职能与能力不匹配，严重制约了政策性融资担保体系功能的发挥。在这样的环境下，担保业乱象丛生，不同层级的政府性担保机构依靠各级财政补贴高成本运作并与金融机构（银行）合作形成利益链；靠市场运作的商业性担保机构因受限较多难以获得财政补贴，以担保费作为主要收入很难覆盖风险，持续攀升的代偿率注定无法可持续发展；政策性融资担保体系各层级成为信息孤岛，委托代理形同虚设，层级脱节。

从国家担保基金角度看。第一，担保行业法律监管机制还不够健全。担保机构虽然属于金融机构，但法律制约和监管相对比较缺失。各地区的担保机构缺乏统一的担保协会自律规则，担保保证金制度、再担保制度、反担保制度、审核审批制度、风险管控制度、运行监测制度、代偿制度和债务追偿制度等尚未健全。由于长期缺乏行业指导及制度的规范，风险高、效率低。当前，部分地方性担保机构仍处于地方政府的管理之下，面临着监管监察难以有效实施的问题。当出现违规行为时，地方政府对担保机构的处罚措施不足，且在资本金管理、坏账核销等方面缺乏具有可操作性和规范性的文件约束。因此，政府性担保机构存在管理过于死板，加之商业性担保机构的各种乱象，使担保行业的社会信誉度很低，导致担保行业难以准确定位并发挥"四两拨千斤"的作用。

第二，政策性担保风险分担机制有待完善。由于风险分担机制的缺失，我国担保机构业务以短期担保为主，如果发生信用风险则必须给予银行一定的补偿。尽管如此，金融机构（银行）出于自身利益出发，不仅要求风险补偿，而且还期望利益补偿。因为小微企业和"三农"在存款、结算量等方面不能对金融机构（银行）形成规模利润贡献。对金融机构（银行）而言，不论是基层信贷人还是银行负责人，为了考核指标对开拓小微企业和"三农"的业务积极性都比较有限。因为小微企业和"三农"贷款需要耗费人力物力的成本较高，个人几乎没有收益空间，而且政策性担保还有20%左右的信用风险需要银行承担，这些都是负向作用，有可能对企业提出以存入保证金填补这部分可能的风险。双方的信息不对称始终存在，金融机构（银行）对担保信贷业务信心不足。政策性担保只在风险补偿上对金融机构有部分保障，但并未有太多的收益贡献，因此金融机构（银行）对政府性担保机构的认同感普遍不高。

第三，社会信用评估体系缺乏执业标准。由于社会诚信意识和信用水平仍然偏低，履约践诺、诚实守信的社会氛围尚未形成，因此，征信体系的覆盖面不够广泛，在很多偏远区域存在盲区，而且为了经济利润，有些缺乏资质的信用评估机构也承接对企业的信用评级，市场因缺乏标准而混乱，在评价依据、评价目标、评价方法等方面与政策要求的中介信用评级相差甚远，缺乏行业执行标准。由于标准不统一，各地的信用信息无法共享，授信主体需要耗费大量的成本和精力对申请贷款的小微企业和"三农"进行信用调查，影响了信用担保的运行效率。初创企业财务管理不够规范，会计信息质量不够科学准确，普遍缺乏偿债责任、偿债意识，甚至存在逃废银行债务的现象。信用信息的不透明和欠缺，增加了信息不对称的程度，是导致担保机构的信息搜集成本和担保风险增加的主要因素。

从省级担保基金角度看，在政策性融资担保体系中，省担保集团旗下的省再担保机构是核心，与国家融资担保基金、各市（县）担保机构开展业务合作，体现承上启下作用。因此基于省级角度的层级协调问题主要从与国家融资担保基金合作和与地方担保机构合作两个方面进行分析。

在与国家融资担保基金合作方面，一是缺乏整体规划。政策性融资担保体系的管理主要依靠省级再担公司,但国家缺乏整体性规划。省级再担机构自行决定、自行管理省内再担体系成员,各地标准差异大,没有全体系统一的准入标准和动态调整(淘汰)机制。对于违约担保机构,只能采取通报等软措施,管控手段相对乏力。这就导致不同地区体系内担保机构数量差别大,层级分布和资质实力相差悬殊,履约信用参差不齐。

二是层级关系失调。政策性融资担保体系的三层级之间依靠再担保连接,带有商业合作性质。因此,这样的三层级关系是一种相对松散的行业自律协会型管理架构。与银行总行对分支行管理不同,缺乏行政管理权力,缺少强制力。这就导致高层的政令向下传导中容易出现执行不一致甚至偏差的情况。国家融资担保基金推行"总对总"对接,代表国担体系与银行总行签署合作协议并下发合作文件,同时向金融机构(银行)、担保机构给出指导性的政策管理要求,但各个省(区、市)落地差异很大,如分担比例不一致、担保范围不统一、代偿宽限期不相同等。

三是补充机制缺失。各地建立多元化资金补充机制均以财政出资为主,但对于后续资金注入的频率、来源、金额以及各方的比例,国家融资担保基金也没有明确的要求。实际上,各地政府基本是以专项资金方式一次性地投入融资担保机构、各种小微企业"三农"融资基金等,尚未对资本金和风险补偿金等后续补充作制度性的设计,增加了银行对其是否有能力持续担保、是否有能力代偿的评估难度。大多数政府性担保机构的资金主要依赖财政拨款,随着担保机构数量的不断增加,地方政府财政压力也随之增加,也增加了对担保机构后续补偿的难度。

四是市场定位不准。国家融资担保基金主要通过与省级再担保机构的合作来传达国家政策,再通过省级再担保机构向基层传达政策,而政策在基层中的传导受各地方政府意志的影响,政策效果可能难以保证。主要出现以下两个极端:一方面,如果政府过分强调融资担保机构的政策性定位,为完成政府目标指定融资担保机构承保特定项目,无形地干预了融资担保机构的正常运行;另一方面,许多市(县)级政府性担保机构普遍存在主业不清问题,在实际业务操作中忽略了其政策性定位,惯性地以营利为目标,强调担保企业的户数规模与担保金额大小等业绩指标,盲目地只想把量做大,而不管是否符合政策性要求。政策性融资担保的目的不是为那些已经具备独立融资能力的企业提供政策补贴，如此，不仅加重了地方财政的负担，也违背了政府性融资担保机构的设立目标。

在与地方担保机构合作分险方面。一是担保模式单一。小微企业和"三农"普遍存在资产规模小、经营管理水平和经验不足、营业收入不稳定、抵押品不足，这些特点决定了小微企业和"三农"的融资需依赖于企业主的个人信用，而企业主的个人信用存在较大风险，金融机构（银行）难以控制。我国商业银行小微金融业务起步较晚，虽然各自推出了针对小微企业和"三农"的金融产品，但产品种类仍然单一，同质化现象还较突出，特色化、个性化的模式和手段比较缺乏。从小微企业和"三农"来看，政策性担保融资就是为了增加贷款的可得性，并期望降低成本。担保机构与地方的股份制银行合作较为容易，但是小微企业与"三农"的贷款利率可能高于同期贷款平均利率水平。"总对总"合作后有可能得到控制，但是也会面临金融机构（银行）制度的复杂性与多样化，诉求也会增多等问题，这些可能会导致担保业务的审批效率。

二是担保程序复杂。政策性担保类似行政审批，周期性长，所有的担保手续均应在银行放贷前完成，然而，政府性担保机构及市（县）财政审批则是在贷款银行审批后才能进入程序，各环节也存在先后顺序。例如，市（县）财政先同意后才能反馈到担保机构，如果按此流程执行，企业贷款需要一个月的审批时间，手续十分烦琐，操作的灵活性与规范性难以统一。究其原因主要是行政管理程序复杂，缺乏效率意识，特别是针对某些特别紧急的项目是否有绿色通道。例如，遇到领导出差等情况可以通过授权快速完成，或通过补签手续的办法来提高操作过程中的效率。

三是担保条件苛刻。地方政府性担保机构太分散，每个市（县）都有自己的地方政府性担保机构。有些政府性担保机构的工作人员希望企业有100%信用保证，要求企业主以自己的固定资产作反担保措施。有些企业引入风险投资基金后，应正规化运营，不应以企业主个人来担保或用房产抵押，而担保机构仍然依赖反担保措施降低风险，这明显与政策性担保的初衷相违背。政府需要以客户为导向，即以小微企业和"三农"的需求为导向，有针对性地为客户提供服务，弥补小微企业和"三农"难以得到融资的市场空白，运用各种信息资源全面了解企业，尽量降低信用担保门槛。

(3) 从市（县）级融资担保角度看层级协同问题。第一，信用担保层级基础薄弱。信用担保服务需要面向分散的小农户、小企业，正因为其具有服务对象小、分散的特点，信用担保服务需要有基层网点与之对接，这就意味着如果大的担保机构没有基层网点和基层分支机构将很难与小的机构、小的客户完成对接。若要在全国范围建立大规模的政府性担保机构，如何解决信息不对称、降低交易成本并实现与基层客户的有效对接都是亟须解决的问题。第二，基层担保机构实力不足。一是市（县）级担保机构规模小、数量多，实力不足。在欠发达地区表现明显。例如，某省内担保机构大多数资本金刚刚超过 1 亿元，商业性担保机构的资本金规模更小，制约了其担保能力，使其难以得到金融机构的认可，担保功能发挥有限。政府性融资担保机构属于国有金融资产，也存在保值增值的要求，尽管政策层面提出"保本微利"，但也不敢允许政策性亏损，更不会出台政策性亏损的尽职免责方案，而是利用加强业务审核、复杂手续、反担保措施等方式以控制风险。繁杂的担保业务手续使客户体验较差，缺乏"人性化"管理，降低了贷款人以融资担保增信的意愿。二是担保机构杂乱，缺乏联合和分工协作，分层发展、差异化发展的格局尚未根本形成。各地分散的融资担保机构缺少统一的业务操作标准，如法律合同的统一规范格式、审查担保申请人信用等级的操作程序等，市（县）级担保机构不能和省级担保机构进行资源对接，一体化发展弱。三是基层业务部门很可能将一些优质客户企业贷款拆成小微企业或"三农"的融资担保，或者是将小微企业贷款担保给优质企业，一方面是为完成考核指标，另一方面也是为了规避风险。表面上看融资担保业务大规模"虚增"，实际上小微企业和"三农"并未得到融资担保贷款，"支农支小"的实效被大打折扣。第三，基层担保机构人才短缺。地方政府性担保机构人员大多来自政府部门，很多人缺乏专业背景，不熟悉金融，更不熟悉担保，导致从业人员整体素质不高。事实上，担保机构对人才的专业素质和道德修养要求都非常高，正是因为尚未建立融资担保行业从业人员资格准入制度，加上缺乏专业培训，导致非专业人士从事专业现象比较严重，从而加大了担保行业的执业风险，严重影响了担保业管理能力的提升。担保是一个具有高度职业判断能力要求的行业，从业人员必须精通金融信贷知识和法律知识，具有一定的风险识别和防范能力,以及对市场信息和担保行业的洞察能力和分析能力。

(五) 政策性融资担保体系"分轨"运行现状分析

1. 政策性融资"分轨"运行机制的形成

我国经济体制以公有制为主,私营企业以及混合经济虽然为社会提供了绝大多数的就业、税收,但从经济总量来看,特别是在一些关系国计民生的关键性行业中,仍然不是主导。这种经济结构决定了政府对小微企业和"三农"融资担保事业的扶持和资助,其目标主要是获取促进小微企业和"三农"发展的溢出效应,而非获取资本收益。这些溢出效应包括因小微企业和"三农"发展而带来的就业岗位增加、缴纳税金增加、经济总量增加等。融资增加对于小微企业和"三农"的生产经营有较大的乘数效应。一定额度的融资将匹配相关比例的投资,最终增加若干倍数的产出规模。这些新增经济总量,既是对社会的贡献,更是对地方政府的直接贡献。在20世纪90年代初,政府在推动地方经济发展过程中,特别需要做大非公有制经济增加国内生产总值的增量。面对制约作为非公有制经济核心构成和主要代表的小微企业融资问题,地方政府在我国市场经济体制还相对不完善的条件下,最直接有效的方法就是通过政府直接投资组建担保公司的做法,来弥补这种担保服务的市场缺位问题。这就是21世纪前几年,在政府的推动下,政策性担保机构快速兴起的根本原因。但是,经过多年的发展,特别是进入"十一五"时期以来,我国不但在经济总量上迅速增长,而且在市场经济体制、机制与制度方面也快速成熟。体现在融资担保领域,政策性融资担保模式出现了难以持续的问题。一是政府受财力支出限制,无法持续投入融资担保事业;二是向金融机构提供融资担保属于市场化行为,一旦失败需要按市场原则承担损失,这对于政府而言是超出其社会管理职能的额外负担,难以承担;三是融资担保产生的溢出效应,相对政府直接投资资助而言,是一种潜在难以度量的、非排他性独享的间接效益,不可能吸引政府的更多积极性。面对这些根本性问题,2005年以后,政府由直接组建投资担保机构,转变为采取"政府引导、民企控股、市场运作"的思路,通过给予优惠政策来间接支持担保发展,包括营业税的减免、担保余额的奖励、代偿损失的补偿，以及再担保的风险分担等。实际上，随着大量政府性担保机构的增资扩股，以及政府性担保机构的重组整合，许多政府性资金开始相对收缩，大多已经倾向于退居非控股地位。

商业性融资担保以营利为目的，自主经营、自负盈亏，具有担保业务操作市场化、选择谨慎性、补偿机制较为灵活等优势，更能满足小微企业的融资需求以及银行贷款需求且有效发挥担保的增信功能和信贷资源配置功能（黄俊，2014）。通过对中国融资担保行业的发展现状的研究，发现我国的商业性担保机构仍有相当规模，但政府对商业性担保的重视及支持力度不够，导致其增信作用未能充分发挥（Li and Lin，2017）。另外从担保机构与银行的视角分析了我国商业性融资担保，认为商业性担保在降低银行坏账风险并使其实现盈利方面最为有效，因此主张银行应加大与商业性担保机构的合作力度（Liang et al.，2017）。根据对三种信用担保模式基于风控能力层面的对比，可以发现商业性担保机构在降低代偿风险方面最具优势，主张大力发展商业性融资担保，并提高政府对其政策扶持的力度，以更好地服务小微企业和"三农"（Luo and Li，2011）。目前，我国融资担保业仍然随着非公有制经济发展水平的提高不断发展，但是，在这种新的发展思路下，政府逐渐转变对融资担保行业的支持方式和手段，由直接投资转向政策引导。这些在政策引导下成立的商业性担保机构，在向小微企业和"三农"提供市场化融资担保服务的同时，通过享受政府优惠政策，事实上履行了政府间接支持小微企业发展的目标。也就是说，过去独立运作的政策性融资担保功能，已经能够由政府优惠政策支持下的市场化商业性融资担保机构履行并替代。政策性担保与商业性担保体系"并行"，同时为小微企业和"三农"提供服务是中国经济转型期特有的现象。

2. 政策性融资"分轨"运行机制的现实需求

政策性融资担保受到政府干预的影响，可能引发道德风险、担保效率低下等问题。然而，政府性担保机构特有的行政属性使得这些问题短期内无法彻底解决，使小微企业和"三农"融资担保需求与政策性融资担保之间的矛盾越发凸显，为商业性融资担保的生存和发展提供了一定的空间。

(1) 与政策性融资担保形成互补机制。目前，以政府出资为主的政策性融资保证在担保业务经营中占据主体地位。但是，小微企业巨大的资金需求与地方政府保证资金有限性之间的矛盾仍旧突出，地方财政很难凭借一己之力支撑起社会需求。而依靠民间资本建立的商业性融资担保机构可以弥补政府性融资保证机构供给不足的问题。商业性融资担保的存在能够在扶持小微企业和"三农"发展的同时，分散政策性融资担保的压力。以营利为目的是商业性融资担保机构的本质，结合商业运营模式下的多元主体参与，构建"担保业务+营利业务"的商业模式，以支持担保业务的可持续开展。因此，商业性融资担保机构的大量设立和有效运行大大克服了政策性信用保证的缺陷。

首先，担保机构的资金来源如果只是单一的财政资金，很难应对不断扩大的担保业务。商业性担保机构则可以通过多元化、多渠道投资和资金运营等经营手段，布局自身的充分发展，并且为逐渐扩大的担保业务储备充足资金随时应对可能发生的代偿，大大缓解了国家财政压力。其次，在政策性融资担保的体系下，银行、担保机构、小微企业与"三农"往往相互分离。面对小微企业和"三农"急切且小规模的贷款需求，大型银行往往不感兴趣。因为缺少"利润"激励，银行很难产生向小微企业和"三农"提供资金支持，而担保机构在一定程度上扮演了过路人和"访客"的角色。对于商业性融资担保机构而言，由于具有追求自身利益最大化的内驱力，会在银行与小微企业和"三农"之间架起桥梁，促进融资双方积极沟通，保障三方之间良性循环和整体运作，更有效地确保小微企业和"三农"综合融资担保计划的良好发展。最后，商业性融资担保是以商业方式运营的，以个人和企业为主要投资者，大大避免了"行政权力"介入，有利于商业性融资担保机构客观评价企业信用水平，重视加强对企业贷款使用的后续监督，更关注企业未来发展前景，进行科学管理、规范运营。

(2) 商业性担保机构市场潜力巨大。一些资金实力雄厚的企业集团共同出资设立融资担保机构，具有较强的资本积累，即使没有投资目标的企业也不断进入担保领域，有些外资企业也设立了独资或合资的商业性融资担保机构。社会资本的强力注入为商业性融资担保的发展提供了充分支持，在一定程度上促进了商业性担保机构快速规范发展。商业性融资担保的利润目标也决定了担保业务的多元化，可以通过延长投资等业务来提升机构的利润率，通过合理设置反担保措施和处理反担保资产来控制风险。这种盈利模式不仅为商业性担保机构带来了更高收益，还建立了风险分散的长效机制。商业性融资担保在发展过程中始终处于市场竞争，呈现出担保市场细分化的倾向，并在竞争中加强经营能力，在竞争中不断成熟。

3. 政策性融资"分轨"运行机制的缺陷

（1）政策性融资担保法规政策配套迟缓。我国融资担保行业是近年来发展最为迅速的行业之一。然而，尽管已经有了一些法律法规对融资担保行业进行规范，但还有许多方面需要完善。其中，现有政策性融资担保制度规定立法层次偏低，不能适应面向小微企业与"三农"融资担保服务的需要。这些行业往往面临融资难的问题，需要政策性融资担保来提供帮助。但是，现有的政策性融资担保制度并不完善，还需要在立法层面进行改进。另外，现有的《融资性担保机构管理暂行办法》和《融资担保机构管理条例》未涉及有关政策性担保、商业性担保和互助性担保的适用范围和监管差异。这意味着，在实践中，这些不同类型的担保机构可能会面临不同的监管要求，这会给行业管理带来一定的不确定性。

政府性担保机构在运行中还存在着"两难困境"，其中隐含的是运行机理与制度环境之间的相悖，制度设计上的瓶颈导致运行上的不顺畅，政策性的可持续缺乏保障。一方面，由于其发端于政府不同形式的支持，要行使既定的政策目标，进行低利润或无利润的担保活动；另一方面，在实际运行中，其担保活动的利润属性根本无法抗衡政策性担保所具有的风险（商业风险和政策性担保的特定风险）。这样，经过一段时期的运行后，多数机构的资金都会出现较大萎缩。制度设计上还无法提供使担保机构政策性与可持续发展共存的机制保障，对风险分担的认识和机制设计不足。

在我国融资担保的法制实践中，资产估值方式、风险评价体系、风险防控、信用体系、登记制度等不够完善，导致法律规定的担保物也无法正常使用。农村融资担保因农业偶发因素影响较大且难以妥善进行风险评估和价值衡量，金融机构大多仍然保持"谨慎放贷"的态度。这些问题除了财政支持力度不够和不及时、农民信用意识不强、担保机构收费低、收不抵支等原因外，担保机构资产评估难、缺乏系统的项目风险控制机制和科学的风险评价指标体系也是重要因素。企业发生违约行为，担保机构主要通过司法途径进行代偿追偿，处置担保物的流程较烦琐，时间较长影响追偿进度。

（2）盈利能力不足，缺乏可持续经营机制。政策性融资担保模式以政策扶持为指导原则，其核心目标并非追求盈利，而是主要为受政策支持的小微企业项目提供服务。该模式下，资金主要依赖地方政府拨款，因此资金规模受限于地方财政状况，只能为部分小微企业提供有限的贷款担保服务，因此，难以从宏观角度有效解决小微企业普遍遭遇的融资难题。此外，这种模式还可能诱发寻租行为，进而干扰资源的合理配置与高效利用，对金融市场的公平竞争环境和资源优化配置机制可能产生潜在的负面影响。商业保障机制旨在实现收益最大化的目标。然而，其业务范围相对有限，且融资渠道单一。为了确保融资方能够获得合理的回报，融资成本通常较高，这种较高的成本超出了部分风险较高的融资需求的承受能力。此外，国内金融领域普遍存在的"非对称"问题，导致了逆向选择和道德风险等问题的出现，这些已成为阻碍我国商业担保制度健康发展的关键因素。目前，大多数中小型金融担保公司面临风险补偿机制不健全和持续经营能力亟须提升的问题，这在一定程度上限制了其为小微企业提供金融服务的能力。

（3）缺乏有效的风险分散机制。商业性担保机构相较于政府性担保机构，在与银行的合作中往往处于弱势地位。一般而言，银行为控制风险一般会将小微企业贷款的风险大部分转移到担保机构。中国融资担保业协会发布的《中国融资担保业发展报告》的数据显示，在与中小型融资担保公司合作的过程中，大约60%的银行倾向于独自承担全部贷款风险，而余下的40%则视风险分摊为主要方式，这导致了保险市场的失衡。同时，大型商业银行在与这些公司开展业务时，往往设定更为严格的条件，通常要求其注册资本不得低于1亿元，并在无风险的情况下，将贷款利率提升10%~30%。这种做法在一定程度上制约了中小型融资担保公司职能的充分发挥。为了确保公司的持续运营，商业融资公司通常会寻求反抵押或增加抵押利率。然而，小微企业在提供足够的担保物方面经常陷入困境，且其担保利率也相对较高。这不仅影响了小微企业的融资可得性，也对担保机构的业务拓展和整个融资担保市场的健康发展产生了不利影响，最终陷入担保困境的恶性循环：小微企业无法向银行提供足够担保品—寻求担保机构为其提供贷款担保—银行要求担保机构承担全部责任—担保机构要求小微企业提供反担保品—小微企业无法提供足够担保品。这种长期与银行的低效率沟通，将不利于担保行业的持续发展，也从根本上违背了小微企业和"三农"融资担保体系建立的宗旨。

（4）政策性融资担保行业监管体系尚未健全。我国政策性融资担保行业尚没有形成全国统一、系统的监管体系，一方面监管体系还不能有利于政策的传导与执行；另一方面由于渠道不畅，政策提供者需要花费大量的协调成本，导致监管滞后。再加上担保行业的监管部门频繁变更，如中国人民银行、财政部、住房和城乡建设部以及原商务部和发展改革委均做过牵头监管部门，由此缺乏统一系统规划，导致监管责任难落地。

作为政府主导的体系建设，担保机构的国家级主管部门有待进一步明确。目前，在中央层面，监管机构主要是随着小微企业和"三农"业务的职能来确定，从经贸委到发改委再到工信部，管理机构变化也较为频繁。而在省（区、市）、市（县）层面按规定可以成立多部门组成的小微企业和"三农"信用担保监管委员会，负责对辖区内小微企业和"三农"信用担保机构的监督管理。但在实际运行中，由于机构定位不明，具体职责不清，很难真正担负起监管责任。省内层面，大多由当地政府金融办对融资性担保机构进行监管，但由于部门承担政府职责较多，对担保机构的日常监管难以到位。再者，由于当地财政是担保机构的出资者，实际上财政部门承担了管理职责，监管与隶属主体重叠，也影响了监管公正性。从服务对象上看，担保机构是为小微企业和"三农"服务的，而从业务性质上看，担保机构的金融专业性更强，现行监管机构很难充分发挥作用，与金融机构较难协调。行业协会的监管体系问题也没有明确，如有些地方融资担保协会权力由商业性担保机构掌握，对政策性的落地极其不利，应尽早建立政策性融资担保行业协会。

（5）企业征信体系和信息共享平台不够完善。征信体系建设直接影响政策性担保业务的正常开展，目前，各地的征信体系建设还比较滞后。金融信用信息基础数据库建设还不能满足信贷业务的需要，借款人在网贷公司、小贷公司、信托公司的授信记录，以及民间借贷与个人担保的信息还无法共享。金融机构（银行）与企业的信息不对称产生多头授信、超额授信、资金挪用等乱象。工商、公安、司法、海关等部门分别采集各自所需的企业、个人的资信状况，但这些信息还是孤岛，信息的真实性和有效性也无法保障；银行远程批量查询无法做到，增加了人工现场逐笔查询的难度，以及银行风险管理的成本，降低了担保机构的效率与效果。例如，审核某银行税务融资产品时，只要申请人提供在当地税务部门的增值税、营业税等纳税材料，就可以此核定授信额度，但"银税互动"系统只能查到纳税人的纳税评级信息，尚不能共享纳税具体数据，导致尽职调查困难。

企业征信体系和信用信息评价体系不到位，导致对小微企业和"三农"过去的信用记录难以确认。而且小微企业和"三农"普遍存在财务制度不规范行为，也导致管理部门无法公布小微企业和"三农"真实的资金往来记录等信息。信息不对称造成银行对担保数据真实性的判断难度，在担保额度核定、风险敞口衡量、保后监控上都存在困难，政策的制定难以找到科学合理的依据，致使现有担保行业政策与实际情况不符，限制了担保机构的精准化服务。

四、国际融资担保成功案例的总结与借鉴

（一）国际政策性融资担保体系案例

国外学者有关政策性融资担保的研究由来已久。政策性融资担保一方面有助于小微企业的融资活动，另一方面会引发道德风险（Levitsky，1997）。隐性政府担保虽然有助于激发市场活力，但会引发逆向选择问题（Bernard and Bisignano，2000）。政府为小微企业提供融资担保就是一种或有负债，可能会出现政府财政机会主义（Chan and AllanL，2014）。与此相反，大多数学者认为融资担保由政府作为主体更加适合且可信（Ashoka and Dillip，1996；Zecchini，2006；Wilcox and Yasuda，2008；Zecchini and Ventura，2009；Tsolasetal，2012；Dimitri，2015；Akerl，2015）。政府提供

政策性融资担保主要是为某些满足条件的小微企业等服务（Stiglitz, 2016）。此外，也有部分国家已建有较完善的政策性融资担保体系，主要情况如下。

1. 日本政策性融资担保体系

日本拥有"中小企业王国"之称，也是世界上第一个国家政府建立中小企业信用担保体系的国家，信誉良好的企业在获得政策性担保后取得了更大的收益（Uesugi, 2008）。

（1）出台相关法律并设置专业管理机构。日本很早就重视中小企业发展，1937年在东京成立了信用担保协会。1948年出台《中小企业设置法》，并设立"中小企业厅"。1958年日本政府出资成立专门为中小企业提供贷款担保的机构，如中小企业金融公库（2008年更名）、中小企业信用保证协会联合会。同时，日本政府参照金融机构的标准监管担保机构的日常经营，将中小企业金融公库及信用担保协会的注资纳入政府预算管理。为保障信用担保体系的有效运转，日本又出台了《中小企业信贷保护法》《中小企业信用保证协会法》《中小企业金融公库法》等法律法规。

（2）中央政府与地方政府担保风险分担。日本信用担保协会主要为中小企业的融资提供信用担保，中小企业金融公库则提供再担保。合作银行分担20%的信用风险，中央与地方财政分担80%的信用风险，而中央财政是信用风险的主要承担者。[①]

（3）以担保资金实收制与承担有限责任为特征。日本信用担保体系的特点是担保资金实收制，为了降低金融机构的经营风险，提升放贷积极性，担保机构事先将担保资金放入政府指定的专门银行。日本信用担保体系是政府仅以出资额对中小企业承担有限责任，一方面是为了保护担保机构的利益，另一方面能促进担保机构的长期性、可持续性发展。

（4）担保倍率较高，担保费率较低。担保倍率（即借贷金额/担保资本金）反映担保资本金的杠杆作用。国际上通常的担保倍率是18倍左右，而

[①] 梅金品. 杭州市中小企业信用担保体系建设中的政府行为研究 [D]. 杭州：浙江大学，2011.

日本高达60倍。主要原因是日本政府持续向信用担保协会和中小企业金融公库注资,给予信贷大力支持。与此同时,日本信用保证协会规定的担保费率标准相对较低,实际以官方动态公布的基本费率为上限,如2003年4月前担保费基本费率为1%,2003年4月后上调至1.3%。信用保证协会的担保贷款利率一般上下浮动10%,企业正常的融资成本维持在较低的水平。①

2. 美国政策性融资担保体系

美国政策性融资担保体系主要通过联邦政府设立美国联邦小企业管理局(Small Business Administration,SBA),下设地方政府具体实施的区域性专业担保体系。

(1)出台相关法律并设置专业管理机构。1953年美国出台了《小企业法》,同年美国小企业管理局(Small Business Administration,SBA)成立,SBA在全美有100余家分支机构。SBA主要为小企业提供公司治理、融资担保等独具特色的融资支持服务,有效解决了小企业的融资难问题。为解决小企业融资问题,美国政府又出台了《小企业融资法》《小企业创新法》《小企业股权投资促进法》等法律法规。

(2)资本市场发达,设立中小银行。美国拥有全球最大的资本市场,而且发展较为成熟,如债券市场、股票市场为中小企业融资提供了极大的便利。同时,美国商业银行体系中不但有大规模的跨国商业银行,还有大量的中小银行等,中小企业可以更容易地从商业银行中获得融资服务。

(3)中央政府与地方政府的风险分担。美国SBA由联邦政府出资并承担融资担保机构职责,主要为小企业提供504贷款计划、微型贷款担保计划、7(a)贷款计划和SBIC计划②等担保服务。美国中小企业信用担保体系

---

① 赵全厚,黄蓉. 中小企业政策性融资担保国际经验借鉴[J]. 地方财政研究,2019(6):106-112.

② SBA504贷款即"SBA 504 Certified Development Company Loan Program";微型贷款担保计划全称为"Microloan Program",由美国小企业管理局提供的一项贷款计划,旨在为小型企业和非营利组织提供小额贷款,以支持其创业和扩张活动;7(a)贷款计划全称为"7(a) Loan Program",是美国小企业管理局提供的一项贷款计划,用于帮助小企业获得必要的资金以支持其业务发展和扩张;SBIC计划全称为"Small Business Investment Company Program",是由美国小企业管理局实施的一项计划,旨在通过政府担保融资方式募集社会资金,以贷款、股权投资或股债结合的方式投资于初创期或盈利能力较弱的科技型小企业。

风险由 SBA 和协作金融机构共同承担，根据每一贷款项目的特点，确定风险承担比例。此外，还有地方政府在小企业扩大出口、开展海外贸易等方面提供区域性担保业务。

（4）担保贷款期限长，担保费率不高。针对 7（a）担保贷款项目，美国 SBA 提供的担保贷款期限是，购置不动产的可达 25 年；购置机器设备的可达 10 年；针对日常运营资金贷款也可达 7 年。但 SBA 收取的担保费率基本在 2%~4%浮动。

3. 德国政策性融资担保体系

在"担保国家"理念之下，德国以扶持中小企业发展作为国家应承担的公共义务。发现德国政策性融资担保银行带来更多效益的同时，也可能引发事后的道德风险。格勒佩尔（Groppetal，2014）发现，政府担保后银行有可能利用拒绝低信用借款人的方式来降低风险，限制了担保的覆盖面。

（1）政府重视担保并设置专业管理机构。1954 年由德国联邦政府及各州政府主导成立了担保银行，为规模 100 万欧元以内的中小企业提供融资性担保。1991 年德国统一后，在联邦新州也成立了担保银行，全国已经有 16 个州均有担保银行构成了担保体系网络。

（2）担保银行具有非营利性。由工商业协会、信贷机构以及保险公司等出资设立的德国担保银行具有非营利性特征，主要向小微企业融资提供政策性担保业务，中央财政、地方财政是信用风险的主要承担者。

（3）担保银行的风险分担与补偿。在德国，政府不直接参与，信用担保体系主要依靠地方性担保银行，担保银行和贷款银行承担贷款风险的比例是 8∶2。如果发生代偿，担保银行承担的风险是贷款额度的 28%，剩下的风险由联邦政府和州政府承担。担保银行要求损失率低于 3%，如果高于 3%，则采取增加担保费率、政府承担损失率、投资人增资等方法解决。

（4）担保费率不高，担保贷款的期限较长。德国银行收费包括两方面：评审费为保额的 0.75%~1.5%，担保费率按 1%收取。对于 15 年甚至更长期限的担保贷款，一次性收取担保费用 1%，并按被担保金额收取 1%手续费，综合担保费用相对较低。

4. 法国政策性融资担保体系

法国中小企业政策信用担保体系建立较晚，这与其经济发展历史密切相关。在二战后，法国政府开始将最重要的经济部门国有化，并为他们提供资金，这导致政府对中小企业发展的忽视。这一状况在20世纪70年代的石油危机和80年代私有化浪潮的兴起之后得到了改变。中小企业成为带动法国就业和消费的主力军，政府开始将金融支持的重点转向中小企业，提出设立了中小企业设备金库和中小企业投资担保机构，专门为中小企业提供融资和担保服务。这些机构的成立为中小企业提供了许多便利和支持，帮助他们实现了发展。1996年，中小企业发展银行的成立进一步完善了法国的中小企业政策信用担保体系。中小企业发展银行主要通过与民间金融机构协调业务和共担风险构建起了融资和担保相结合的信用补偿机制，使得中小企业获得更多的融资和担保支持。2005年，法国政府将国家研究开发署、中小企业发展银行和中小企业投资担保机构合并，成立了创新署，中小企业投资担保机构成为其中的担保部门，这一举措进一步加强了中小企业政策信用担保体系的建设。2013年，公共投资银行成立，创新署并入其中，继续为中小企业设备现代化和国际合作发展提供融资担保支持。根据公共投资银行2017年度的财务报告显示，其为74522个项目提供了36.95亿欧元的融资担保，涵盖企业初创、创新、发展、周转和国际业务等多个领域。这些数据表明，法国的中小企业政策信用担保体系已经取得了很大的成就，为中小企业的发展提供了强有力的支持。

（二）国际政策性融资担保经验与启示

1. 典型国家在与相关利益主体以及政府间关系方面各具特色

为了支持中小企业发展，各国政府都建立了不同的信用担保体系。在这些体系中，中央政府和地方政府的分工不尽相同。在美国，中央政府通过SBA直接操作全国性中小企业信用担保体系，辅以地方政府操作的区域性专业担保体系。SBA是美国政府的一个独立机构，负责支持中小企业的创业和发展。SBA通过向银行和其他金融机构提供担保来降低中小企业融资的风险，同时也为中小企业提供了其他形式的支持和帮助。此外，美国各州还设立了专门的中小企业担保机构，为当地企业提供更加贴近实际需要的服务和支持。在日本，中央政府和地方政府共同分担中小企业担保风险，通过入股信用担保机构来支持中小企业融资。日本的信用担保机构主要由政府和银行共同出资设立，为中小企业提供信用担保服务。其中，政府出资比例高达70%以上。这种模式可以确保中小企业获得足够的融资支持，同时也减轻了政府和银行的风险负担。在德国，中小企业信用担保体系主要由地方性担保银行为主体，政府通过逐级分担风险来支持。德国的担保银行主要由地方政府出资设立，为中小企业提供信用担保服务。这种模式可以确保中小企业获得足够的融资支持，同时也减轻了政府的风险负担。此外，德国政府还设立了专门的中小企业融资机构，为中小企业提供融资支持和其他形式的帮助。在法国，中小企业信用担保体系主要采取中央政府担保下的商业化运作模式，由国有股份有限公司 BPI 运营。BPI 是法国政府设立的中小企业融资机构，主要通过提供担保和贷款等方式为中小企业提供融资支持。BPI 还积极推动中小企业与大企业、研究机构等合作，促进中小企业的创新和发展。

在政府性担保机构和贷款银行之间的关系方面，美国、日本、德国和法国都采用政府性担保机构和贷款银行之间的合作模式。这种合作模式对于中小企业来说非常有利，因为这些企业通常难以获得传统银行贷款，由于信用记录较少或现金流较少。政府性担保机构的存在可以帮助中小企业获得贷款资格，从而促进其发展。

在美国，小企业管理局（SBA）的 7（a）担保贷款计划由授权金融机构发放，银行与 SBA 共同承担贷款风险。该模式旨在协助信用记录不充分或现金流短缺的小企业主获得贷款资格。除 7（a）计划外，SBA 还设有 504 贷款计划及微型贷款担保计划等，以契合不同企业的融资诉求。在日本，信贷保证公司为金融机构提供信贷保证，保证额度可高达企业所需资金总额的 80%，余下的 20% 由金融机构自行承担。这种融资模式有助于中小型企业拓宽融资渠道，获取更多资金机会。此外，日本的银行还对已投保的中小型企业的信贷进行再保险，以降低潜在的损失风险。德国为中小型企业提供财务担保，其管理机构建立在公共与私营部门合作的基础上，采取市场导向的运作模式，监督职责由联邦财政监督机构和中央银行共同承担。法国的政策确保了法国国家投资银行（BPI）不会直接为中小型企业提供信贷担保，而是通过与借款人签订风险共担协议，承担40%~70%的贷款风险。这种机制使得中小型企业能够获得更加灵活和多元化的资金渠道，以更好地满足他们多样化的资金需求。在政策性担保和其他类型担保之间的关系方面，根据筹集资金方式的不同，信用担保机构可以分为政策性、互助性和商业性担保机构。中小企业的信用担保风险往往高于贷款风险，因为中小企业往往缺乏足够的抵押品和担保品，导致银行不愿意给予贷款。这时候，信用担保机构就可以提供担保服务，帮助中小企业获得贷款。

在成熟的中小企业信用担保体系中，政策性信用担保是主流模式，其他形式的担保作为有益补充。政策性信用担保是由政府出资设立的，旨在支持中小企业发展，提供担保服务。其他形式的担保机构包括互助性担保机构和商业性担保机构。在美国，存在全国性和地方性担保体系以及社区性担保体系。全国性担保机构主要由政府出资设立，为中小企业提供担保服务。地方性担保机构则是由各州政府出资设立，为本地的中小企业提供担保服务。社区性担保机构则是由当地社区组织或非营利组织设立的，为当地的中小企业提供担保服务。日本的信用担保机构和德国的地方担保银行具有政策性担保体系和社会互助担保的特征。这些担保机构由政府出资设立，为中小企业提供担保服务。此外，还有各类行业性互助担保组织，可以提供额外的担保服务。在法国，中小企业担保体系主要由国有大型担保机构和政策性银行组成，不存在商业性的担保机构，但存在各类行业性互助担保组织。这些担保机构主要由政府出资设立，为中小企业提供担保服务。

2. 明确中小企业政策性担保体系的定位是其有效运转的基础

目前，公共信贷担保计划是一种非常有效的工具，可以帮助中小企业获得更多的信贷机会。政府在这个计划中扮演着非常重要的角色，可以通过提供担保和担保基金来支持中小企业的发展。美、日、德、法四个国家的中小企业政府信用担保体系都基本保持着非营利的特征。这意味着政府并不是为了盈利而提供担保，而是为了支持中小企业的发展。这种非营利的特征保证了政府对中小企业的支持不会受到市场因素的影响，从而更加稳定和可靠。

另外，政府可以根据经济发展状况和市场环境等因素，确定重点支持行业和领域。这种针对性的支持可以更好地促进中小企业的发展，同时也可以更有效地利用政府的资源。政府可以根据中小企业的需求和市场的需求，制定相应的政策和措施，以便更好地支持中小企业的发展。这里政府只负责对担保基金的运作规范性和运营绩效进行监督评价，不干预担保体系中各主体的市场运营活动，这种不干预的特点保证了市场运作的公正和透明，同时也保证了政府的监督作用。政府对担保基金的运作进行监督评价，可以及时发现问题并采取相应的措施，从而更好地保障中小企业的利益。

3. 完善的分险机制是中小企业信用担保体系可持续发展的关键

政府信用担保计划是一种为中小企业提供贷款的方式，不需要提供抵押品，而是通过政府作为担保人来保障银行的贷款。这种方式可以帮助中小企业获得更多的融资机会，从而扩大业务规模，增加就业机会，促进经济发展。然而，信用担保计划也会带来逆向选择和道德风险的成本。逆向选择是指银行可能会倾向于向信用状况较好的企业提供贷款，而对信用状况较差的企业则不愿意提供贷款。这会导致资源分配效率低下，影响整个经济的发展。道德风险是指企业可能会故意提高风险，以获取更高的贷款额度，这会增加银行的风险，并可能导致企业破产。

为了解决逆向选择和道德风险问题，日本、德国、法国等国家采取了不同的方式。日本采取了担保机构的方式，由政府设立担保机构，向银行提供担保服务，以减少银行的风险。德国采取了联合担保的方式，由企业联合起来为彼此提供担保，增加了信用度。法国则采取了风险分散的方式，将担保费用分摊给多个企业，以降低贷款的成本。

政府信用担保计划可以替代抵押品，增加中小企业获得贷款的机会，但也需要注意逆向选择和道德风险的成本。不同国家采取了不同的方式来解决这些问题，实施信用担保计划需要考虑多个因素如担保比例、担保费率和索赔程序等，才能建立真正风险共享的机制，保证可持续性。

4. 激励市场力量是中小企业政府信用担保体系发展的终极目标

公共担保计划的出现源于私营金融机构在中小企业资金融通领域的

"缺位"。在这个领域，中小企业往往面临着资金不足、融资难等问题，而私营金融机构由于风险控制和利润考虑，对中小企业的融资需求并不积极，导致中小企业的融资难度加大。

为了解决中小企业融资难的问题，政策性担保开始介入，提供对私营金融机构的补贴，以鼓励其进入中小企业金融服务领域。政府信用担保体系可以为私营金融机构提供信用担保服务，为中小企业提供融资担保，降低中小企业融资的风险。同时，政府信用担保体系还可以为私营金融机构提供资金支持，以鼓励其进入中小企业金融服务领域。德国和法国的经验为政策性担保体系激励地方中小银行服务中小企业提供了有力的证明。在德国和法国，政策性担保体系已经成为中小企业融资的重要手段。政府信用担保体系可以为银行提供资金、信用等支持，降低其进入中小企业金融服务领域的风险，同时为中小企业提供融资担保服务，提高中小企业的融资机会。

先进国家利用政策性担保体系激励地方中小银行服务中小企业的同时提升其经营和市场拓展能力的经验，对我国来说具有非常重要的借鉴意义。政府可以通过资金、信用等支持，降低银行进入中小企业金融服务领域的风险，同时为中小企业提供融资担保服务，提高中小企业的融资机会。此外，我国政府可以借鉴先进国家的经验，通过完善的政策性担保体系，激励银行提升经营和市场拓展能力，提高中小企业的融资效率和质量。

第二章 政策性融资担保体系"分级"与"分轨"运行机理

一、政策性融资担保体系制度背景及运行机制

(一) 政策性融资担保体系形成的制度背景

2008年受国际金融危机影响,国内经营环境恶化,经济增速下行,引致融担机构代偿率明显上升,风险累积加剧;与此同时,融资担保机构运营不规范、内部管理松散等问题也日益突出,地方政府普遍感到监管乏力。然而,在经济增速放缓的情况下,融资担保机构的担保风险集中爆发,成为一个严重的问题。由于经济增速下滑,企业的经营状况变得困难,难以按时偿还贷款,这就使得担保机构承担了更大的风险。当大量企业无法偿还贷款时,担保机构的风险就集中爆发,导致担保机构纷纷停业或倒闭。这种情况不仅对担保机构本身造成了巨大的影响,也对整个社会造成了不稳定的因素。许多企业因为无法获得担保机构的支持而陷入困境,这就使得社会上的就业和经济状况变得更加不稳定。此外,由于担保机构的停业或倒闭,大量的投资者也受到了影响,他们的投资也面临着巨大的风险。为了解决这个问题,银监会、发展改革委、工业和信息化部、财政部、商务部、人民银行、工商总局于2010年3月印发了《融资性担保公司管理暂行办法》,明确了融资担保机构的管理方式和规范。其中,最重要的一点是规定注册资本不得低于500万元。这个规定的出台,使得担

保机构的质量得到了提高,也使得担保机构的风险得到了有效的控制。

然而,融资担保机构的快速增长和急速下滑还是给整个行业带来了很大的冲击。2013年以后,融资担保机构的数量开始下降,这就使得行业的整体质量得到提高。但是,这种下降也使得一些小型的担保机构无法生存,进一步加剧了行业的不稳定性。为了解决这个问题,国务院于2017年8月印发了《融资担保公司监督管理条例》,提高了准入门槛。这个条例的出台,使得担保机构的质量得到了更加有效的控制,也让整个行业的稳定性得到了提升。此外,国家对小微企业和创新创业企业的关注也拉动了政府对融资担保的支持力度,各地政府相继出台融资担保行业发展规划,构建全省统一的政策性担保体系成为当务之急。

目前,中国融资担保行业的市场结构总体分为两类。一类是政策性融资担保体系,即国家融资担保基金(含国家农业担保)、省级融资再担保机构和市(县)融资担保机构三个层级。国家融担机构通过与各省级再担保机构合作开展担保业务。省级融担机构主要履行再担保职责,承上启下管理担保机构、分担风险。市(县)级担保机构根据自己的资本实力开展银行贷款直保业务。另一类是商业性融担机构。政府性融资担保机构的发展是主流,但商业性融担机构仍然是担保市场结构的重要补充,也承担部分政策性担保业务,享有政府补贴,在融资担保体系建设中发挥着互补的作用。

(二)政策性融资担保体系运行机制的形成

1. 政府提供融资担保的动因

(1)小微企业和"三农"具有准公共产品特征。虽然小微企业和"三农"属于私有产权,但从公共财政的角度看,小微企业和"三农"对经济发展、社会结构优化、市场秩序稳定等起到了积极的外部性作用,具有准公共产品特征,满足政府或公共财政提供支持的基本条件(高正平和王淼,2011)。小微企业和"三农"信用担保产品具有很大的正外部效应,社会公众和政府是融资担保机制外部收益的受益者,此外部性也导致私人不愿介入或只是有限介入,使市场自身无法满足市场最有效的供给,因此，大力发展政府支持的融资担保机构才能解决市场供给问题（户兴磊，2015）。鉴于小微企业和"三农"对经济增长、税收和就业的重要贡献，它们具有显著的公共属性。然而，在商业逻辑驱动下的银担合作中，这种公共属性与追求利润的商业目标之间存在显著的张力。只有通过政府的介入，提供适度的信用支持，才能有效缓解这一矛盾，实现商业利益与公共利益的平衡（杨松和张建，2018）。

（2）小微企业和"三农"信贷存在市场失灵。如果信贷资源稀缺，银行为实现风险控制，获得利润最大化，有可能将小微企业和"三农"挤出信贷配给范围。信贷配给是信贷市场的一种现象，意味着市场价格机制的失灵（于中琴，2012）。因非对称信息而产生的信贷失衡，有可能使部分小微企业和"三农"得不到贷款融资，甚至还会发生劣质企业驱逐优质企业的现象。传统"银担"模式资源配置难以彻底解决信贷市场失灵问题（黄惠春和范文静，2019），市场失灵理论认为，由于外部经济、信息不对称的存在，逆向选择和道德风险不可避免，市场自动调节就会失灵，需要政府介入并进行调节（高正平和王淼，2011）。政府介入小微企业和"三农"信贷市场，为其提供信用担保，以财政资金和政府信用为银行的债权安全提供保证，可以改善银企信用关系，进而改善融资环境（叶莉等，2016）。

（3）基于帕累托最优的政府干预。如果资金盲目逐利和市场调节失灵，政府的职责就是引导市场理性行为和资金合理流向，避免虚拟经济与实体经济不匹配可能带来的严重后果（Brown et al.，2021）。在信贷市场不健全而银行议价能力又较强的环境下，政府性担保机构为高风险企业银行贷款赋能，只有高风险企业与低风险企业获得贷款的机会同时增加了，信贷市场的均衡贷款利率才会下降。与此同时，政府性担保机构还能有效降低银行的信贷风险，提高银行贷款和小微企业与"三农"偿贷的意愿，并产生良好的社会效应，实现帕累托最优（俞雪莲等，2017）。

2. 政银担合作机制形成的必要性

在传统封闭式银担合作模式下，贷款银行对担保机构缺乏信任是天然存在的现象，在银担合作中尽可能转嫁代偿责任给担保机构，并限制放大倍数是非常容易理解的，但这会导致担保机构收益与风险的失衡。在经济上行期，被担保人的违约代偿风险尚在担保机构可承受范围之内，银行的受偿也较有保障；但在经济困难时期，违约概率增大，担保机构代偿风险增加，银行坏账损失也随之上升（Gropp et al., 2014）。在此情况下，银担合作机制就非常脆弱。实际上，在经济下行时期，融资担保的意义会更大（Wilcox and Yasuda, 2019）。在政策性融资担保体系运行机制下，银担合作因有较好的信用基础而较为稳定。一是提供担保服务的政府性融资担保机构，依托政府信用支撑提高了自身信誉，"减量增质"已淘汰了那些违规经营及高风险的中小担保机构。二是政府通过再担保体系，形成了专门代偿风险补偿基金，分担了辖内担保机构的风险（李铁宁等，2016）。三是市（县）政府配套出资，为体系内的担保机构分担了信用风险。这样，从担保机构—再担保机构—政府风险补偿资金层层增信。担保机构的内部信用及外部信用合力提升，分解、降低了金融机构（银行）的贷款风险，增强了金融机构（银行）与担保机构合作的意愿，彻底打破了封闭的传统银担合作模式，开放多元信用基础的政银担合作模式已经形成。

我国的"银担"模式已经向政银担模式转变，这一变迁的逻辑基础是准公共物品属性，具体有三层含义。第一，商业性融资担保不能保障信贷市场的充分供给，需要引入政府信用。商业性担保机构在资本和风险控制方面存在局限性，无法有效保障信贷市场的充分供给。因此，政府信用的引入可以弥补商业性担保机构的不足，提高信贷市场的供给能力。第二，担保是非纯公共物品，需要从制度上明确政府供给的职责。担保是一种非纯公共物品，需要通过政府的干预来保障市场的稳定和公平。政府可以通过制度安排来明确自身的职责，保障担保市场的健康发展。第三，从被担保人角度看，受益主体也应承担一定义务（担保费）。被担保人通过获得担保服务来获得融资，但同时也应承担一定的义务，即支付担保费用。这样可以激励商业性担保机构提供更好的服务，同时也可以提高被担保人的风险意识。此外，金融机构（银行）也应承担低利息及违约风险责任。作为融资的提供方，银行应当承担相应的责任，包括低利息和违约风险责任。这样可以保障金融机构的合理利润，同时也可以提高银行的风险意识。商业性担保机构应纳入政府再担保及风险补偿体系中。政府可以通过再担保和风险补偿等方式来支持商业性担保机构的发展,提高其服务水平和市场竞争力。这样可以促进担保市场的健康发展,提高担保服务的质量和效率。

二、政策性融资担保体系"分级"运行机理

(一) 政策性融资担保体系层级政府职能

具有中国特色的政策性融资担保体系结构是"一体两翼三级":"一体"是指政府性融资担保体系;"两翼"是指商业性担保机构和互助担保机构;"三级"指国家、省(区、市)、地县(市)三级担保机构,其中,地县(市)负责辖区内受保企业的直接担保业务,国家和省(市、区)担保机构主要负责提供体系内担保机构的再担保(马国建,2019;张婷,2012)。

政府性担保机构由省(区、市)人民政府实施属地管理。按照"政府引领、担保增信、银行授信"的原则,搭建以省级再担保机构为龙头、政府性担保机构为主体、银行金融机构(银行)为依托信用担保体系,为小微企业和"三农"提供信贷担保服务,如图2-1所示。

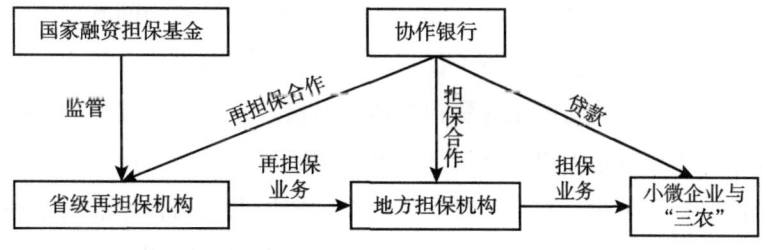

图2-1 融资再担保业务主体间合作关系

在实际运行过程中,政策性融资担保体系仍存在不同程度的制度性缺陷,政府性担保机构与商业性担保机构难以协同;缺乏完备有效的政银担合作机制、风险防范与控制机制(顾海峰,2012)。具体来说:一是政策性融资担保具有很强的地域性和行政性,地方政府有很强的主导性;二是

由于对财政的高度依赖，风险控制被放在首要地位，政府性担保机构无论规模还是能力都发展缓慢，只能满足部分信贷市场的供给；三是现行金融政策和体制制约较多，配套政策尚不完善，发挥作用有限（吴明玺，2014）。

（二）政策性融资担保体系"分级"协同的功能效应

建立国家融资担保体系，对外，有利于担保机构与金融机构（银行）整体对接；对内，有利于担保行业上下联动有效管理，改变了此前业内散乱无序、各行一套的状态。因此，国家融资担保体系的运作质量关系到整个行业未来的发展质效。当前，政府主导的省级再担保机构已实现体系全覆盖，构建了国家—省（区、市）—市（县）三级国家融资担保体系。明确了风险分担、再保增信机制。如期出台《融资担保公司管理暂行条例》及四个配套细则，明确了监管部门、监管机制和监管方法，基本形成了适合行业特点的监管管理体系，并落实了各项财税政策、行政措施，优化银担合作、政担合作环境支持担保行业发展。国担体系层级协同的功能效应如下。

1. 统一管理要求和服务标准，凝聚担保机构合力

在该体系中，国家融担基金并不直接与金融机构（银行）开展担保业务合作，而是在现有各省（区、市）（再）担保体系架构的基础上，通过国家融担基金再担保实现对下一级担保机构和业务的增信，具体担保业务由体系内的担保机构与国家融资担保体系对接。省（区、市）级再担保机构是体系内重要的承上启下枢纽，对上与国家融担基金对接，接受国家融担基金的管理和再担保增信；对下负责辖内的担保机构合作准入管理、日常监督和省（区、市）级担保体系建设，并对辖内担保机构进行再担保；加强总对总合作，有利于银担合作中争取更利于担保机构的条件，包括额度条件、放大杠杆；对担保对象也可争取诸如优惠利率等条件。

2. 再担保增信提高了担保机构的持续代偿能力

担保机构的持续代偿能力取决于"造血""输血"能力。"造血"通

过审慎经营、高效处置资产、滚动式产生经营利润，实现自身的业务发展和损失回收；"输血"则是依靠源源不断的外部资本金注入。由于担保业务杠杆经营的特殊性，如果没有及时输血补充，当出现批量代偿时，担保机构将陷入困境，进而产生集群性风险。此前担保行业震荡中，许多担保机构就是因未及时得到资金注入而丧失代偿能力，虽然名义上承担了100%代偿责任，但最后都是零兑付。担保机构通过向银行、再担保机构转移责任，从承担100%的代偿责任降到40%，代偿压力大幅下降。如1亿元资本金，在承担100%代偿责任时，仅可以为20笔500万元贷款代偿，但如果只承担40%责任，担保机构还能留存6000万元资金，不至于将资本全部耗尽，最多可以为50笔500万元贷款代偿（2.5亿元贷款），担保机构经营可持续性加强，相当于为担保行业扩容，进一步体现担保放大器作用。

3. 明确责任，确立了银行核心风控方的定位

担保机构受限于自身体量、架构机制、人员专业性，仅有少量专业化经营的担保机构能够达到这一水准，绝大多数综合化经营的担保机构，尤其是规模偏小（资本金1亿元以内）的担保机构，事先防控风险抗风险能力都较弱。而银行无论是体量、架构、机制、人员均更成熟、更先进，理应承担更多风险评估职能。实际上，即使没有担保机构的参与，银行也要对借款人进行贷款"三查"，尽到相应的风控责任。合作前受到业务指标压力，银行对担保机构在一定程度上产生了产业依赖，风控职能发生异位，担保机构成了"风控方"。合作后主要的风控责任落在银行端，严格筛选的标准，杜绝银行找担保机构"贴现"业务的可能。由于实施了风险分担，银行始终要承担一定比例的风险责任。

4. 推进银担总对总合作，提高运作效率降低成本

新型银担"总对总"批量担保业务模式由国家担保基金提出，具有以下优点：一是实现担保业务批量化快速开展，该业务模式将充分发挥银行系统风控优势，由银行按规定对贷款项目进行审批，担保机构不做重复性调查，"见贷即保"大幅提高融资服务效率；二是对担保代偿实施总量控

制，设定3%的担保代偿上限，事先锁定政策性融资担保体系的总体代偿风险，保障了担保机构的可持续运行；三是多方风险共担，银行、政策性融资担保体系分别承担贷款本息20%、80%的风险责任，其中国家融资担保基金承担30%责任、省级再担保机构承担20%责任、各市（县）担保机构承担30%责任，以此有效分散小微企业和"三农"的融资风险，促进融资规模的提升；四是设置了1%的年担保费收取标准，规定不得设置抵质押等反担保措施，持续降低融资成本。

国家层面的银担总对总合作对象是四大行和其他国家银行，省级担保集团可以参照国家担保银行的做法，和省内银行进行合作。充分发挥城市商业银行、农村商业银行、合作银行、农村信用社、村镇银行、民营银行等金融机构在跨域经营、股权结构、市场竞争等方面的优势，相比大行分支机构，地方国有金融机构有更大的积极性，具有业务重心下沉的优势，在小微企业和"三农"信贷的授信覆盖面、单户授信和贷款规模、风险控制等方面作用更大。另外，地方银行具有与地方经济交融的地缘性优势，大多数城市银行与地方政府和企业有着密切的关系，对当地客户的资信状况、经营效果掌握得更详尽准确。因此，省级担保集团可以与各地的商业银行或者省级银行进行省内银担总对总合作，获得授信额度，分配给各市（县）的政府性担保机构，有效化解银行合作不积极的问题。

（三）政策性融资担保体系"分级"协同运行影响因素

1. 政策法规对政策性融资担保体系的影响

政策法规是政策性融资担保体系建设的基础，对体系的发展起到至关重要的作用。国家层面出台的相关政策和法规能够引导地方政府和机构更好地开展政策性融资担保服务。例如，2019年国务院印发《关于促进中小企业健康发展的指导意见》，提出了大力发展政策性融资担保业务，推动政策性融资担保机构开展跨地区、跨行业、跨产品的业务合作等具有重要的引导作用。此外，地方政府还可以通过出台各种地方性政策和规定，支持本地区政策性融资担保机构的发展，促进政策性融资担保体系的协同运行。

2. 资本金规模对政策性融资担保体系的影响

政策性融资担保机构的资本金规模是影响其业务规模和风险承担能力的关键因素之一。资本金规模越大，政策性融资担保机构的风险承担能力越强，可以为更多的小微企业提供风险担保服务。国家层面的政策性融资担保机构拥有较大的资本金规模，可以提供更多的风险担保服务。地方层面的政策性融资担保机构则需要在本地区逐步扩大其资本金规模，以提高其风险承担能力和业务规模。

3. 业务范围对政策性融资担保体系的影响

政策性融资担保机构的业务范围是影响其融资担保服务质量和覆盖面的关键因素之一。业务范围越广，政策性融资担保机构的服务范围和能力越大，可以为更多的小微企业提供风险担保服务。国家层面的政策性融资担保机构业务范围较广，可以为全国范围内的小微企业提供风险担保服务。地方层面的政策性融资担保机构则需要逐步扩大其业务范围，提高其服务能力和覆盖面。

4. 风险评估对政策性融资担保体系的影响

风险评估是政策性融资担保机构为小微企业提供风险担保服务的基础，对政策性融资担保体系的建设和发展具有重要的影响。政策性融资担保机构需要建立科学的风险评估模型和体系，对小微企业进行风险评估和分类管理，以提高其风险管理和控制能力。同时，政策性融资担保机构还需要加强对小微企业的跟踪监测和风险预警，及时处理风险事件，保障小微企业的融资需求。

5. 信息化建设对政策性融资担保体系的影响

信息化建设是政策性融资担保体系建设的重要支撑，对政策性融资担保机构提高服务质量、提高效率、降低成本具有重要的意义。政策性融资担保机构需要建立完善的信息化管理系统，实现对小微企业信息的全面搜集、分类管理和分析处理。同时，政策性融资担保机构还需要加强信息共享和协同,建立与政策性银行和其他金融机构的信息交流平台,实现跨机构、跨区域、跨行业的信息共享。

三、政策性融资担保体系"分轨"运行机理

现阶段,融资担保发展较为领先的国家已步入担保机构专业化服务阶段,政策性融资担保与商业性融资担保的担保机构分工明确。政策性融资担保与商业性融资担保各司其职,为不同业务属性的项目提供贷款担保服务。一些担保机构同时从事政策性担保业务和商业性担保业务,但对两种担保业务采取了不同的运作模式。

(一)商业性融资担保机构的特征

可考证最早的商业性担保机构诞生于19世纪40年代中期的瑞士,经过两百多年的发展演变,已较为成熟。通过对比国际先进经验,并结合我国商业性融资担保发展现状,商业性融资担保机构的特征主要体现在以下几个方面。

1. 民间出资且以盈利为目的

政策性融资担保的主要任务是配合国家的产业政策,扶持小微企业和"三农"融资发展等符合产业政策导向的活动。根据国际担保实践总结,政府在政策性融资担保体系的建设过程中发挥着十分重要的作用,例如,通过财政手段补偿担保机构的代偿风险,或者予以从事政策性担保业务的机构一定的税收优惠等。如果担保机构完全由政府负责出资设立,当出现代偿时,政府即为最终的风险承担者。然而商业性融资担保机构则不同,它属于市场经营主体,注册资本金主要来源于社会资本。对于出资的投资者而言,创办商业性融资担保机构与创办其他类型的企业目的一样,即实现利益最大化。商业性融资担保机构与政策性融资担保机构最大的区别在于,商业性担保机构在遵循国家相关制度的前提下可以相对自主地选择担

保对象和拟定担保费率，并非必须按照国家产业扶持导向，也因此较难获得政府资金扶持与政策优惠。首先，担保费率可在考虑担保行业竞争的基础上参照市场行情拟定，选择最科学的担保费率；其次，在选择担保对象时，可以进一步扩大对小微企业和"三农"信贷扶持的覆盖面，而无须考虑承担国家产业扶持的责任。

2. 实行担保业务多元化经营

目前，我国商业性担保机构已呈现出多元化经营的趋势，担保业务品种仍在不断丰富的过程中。商业性担保机构的多元化经营范围除了担保业务本身，更有相当一部分担保机构已将业务范围延伸至其他业务领域，广泛开展类似典当、资信管理、风险投资、咨询服务等非担保业务。例如，根据截至2021年深圳市商业性担保机构的经营成果，约占39.2%的总收入部分来源于典当、咨询服务等非担保业务，部分商业性担保机构将担保作为主营业务的同时，也积极拓展买方信贷、工程保函、三板贷等其他融资担保配套业务。

3. 业务操作流程自主性规范

担保行业属于高风险行业，提高风险管理是担保机构获得核心竞争力的重要能力。我国商业性担保机构主要按照"项目申请→初步审查→详细审查→项目评审→签订合同→保后管理"的基本流程开展担保业务，并由信用部门、业务部门及风控部门负责各环节的运作，各部门相互合作的同时也相互牵制。为了更好地控制风险，担保机构一般会在操作流程里设置以下措施：第一，运作流程文件化；第二，对象审核多重化，坚持按照"初审→复审→专家或董事会决议"的三级审核制度，事前控制项目风险；第三，保后管理常态化，业务人员应实时跟踪被担保企业的信用动态，并形成定期信用核查报告，安排专人对所有担保项目不定期抽查，事中控制项目风险；第四，建立健全反担保措施，作为反担保的资产必须足额甚至超额。小规模的商业性担保机构往往由于财力和人力不足，难以严格按照上述流程提供担保服务，从而容易产生较大的经营风险隐患。

4. 商业性担保非标准化管理

商业性担保机构的主要特点为资金社会化、经营市场化，其可持续运营须依靠完善的企业管理制度与责任考核机制。实践中，规模越大、运作越规范的商业性担保机构更重视管理制度的构建，一些担保机构甚至参照股东会、董事会、管理层三级组织架构予以管理，并以此为基础设立了多层责任体系，依据金融机构（银行）的信贷管理机制进行项目风险识别与评估；结合申报企业的资信水平、业务风险等因素，坚决落实审保岗位分离与责任追究的制度，贯彻事前评估、事中严控与事后追责的管理制度。有的商业性担保机构还引入公司制中的员工持股计划、业绩分红等多种激励方式，以提升员工业务拓展的积极性，缓解股东管理层及员工之间的代理问题。在赋予员工权利的同时，这些商业性担保机构也对员工的代偿责任和范围进行了相应的规定。

5. 商业性担保风控手段多元

基于商业性担保机构的运作特征，在实际经营中应将风险防控作为首要任务。目前，我国一些运营成功的商业性担保机构已探索出许多有效的风险防控措施，例如，对申保企业采用财务监管、外派会计、外派财务主管、财务主管进驻企业、直接财务托管五种不同的财务监管手段；同时实施灵活的反担保制度，例如，要求被担保企业提供固定资产（如设备、厂房等）、债权、股权甚至商业信誉等作为反担保标的物；重视对申保企业法定代表人的资产与健康状况进行背调，要求法定代表人进行无限连带责任承诺等。

（二）政策性融资担保体系"分轨"的运行机制

目前，融资担保市场是以政府性政策担保为主体，商业性担保和互助担保为"两翼"的体系架构。根据国外经验及国内的实践，政府性担保机构的份额只占50%左右，难以全部覆盖市场需求，商业性担保机构仍然有存在的必要。然而，商业性融资担保机构缺乏成熟的经营规范，商业性担保机构履行政策性融资担保业务也因难以获得稳定的制度性财政补贴，而失去竞争力，逐步被"挤出"，导致融资担保市场"逆向选择"。商业性担保机构不可持续的原因，一是商业性担保机构准入门槛高。例如，政府性机构准入注册资本1亿元，商业性机构注册资本5亿元；政策性业务的担保费率不超过1%，而商业性担保机构的担保费率2%~3%。二是商业性担保机构缺乏保障机制。政策文件均没有涉及商业性担保机构承担政策性担保业务的办法与意见，商业性担保依赖担保费率以及政府补贴，为了规避风险，多数银行将担保机构的所有制性质、资本金规模作为合作的必要条件，从客观上将商业性担保机构拒之门外。

1. 担保业务：大多从事贷款担保

由于贷款担保固有的高风险性，国外成熟的商业性担保机构已开始退出这一领域。而目前我国的商业性担保机构在业务范围选择上仍然以贷款担保为主，这与国际的通行做法不同。例如，深圳中融信担保有限公司的业务板块主要包括企业信用担保、个人贷款担保、经济合同履约担保、担保配套服务四类，而信用担保为其中最主要的部分；大多数商业性担保机构甚至专门从事贷款担保，这也是我国商业性担保机构的主要经营特色。

2. 业务流程：规范程度大相径庭

我国规模较大的商业性担保机构一般都建有比较科学的担保业务流程。申报企业提出申请后，由担保机构按照"初步调查→立案→审批→承保→建立业务档案→保后监管→反担保物处置"的业务流程，每一笔订单需要依次经由业务部、评审部、财务部、行政法律部、评审委员会等部门流转方能达成。但一些规模较小的商业性担保机构，目前尚未建立起完善固定的运作程序，导致代偿风险频发，最终拖累担保机构的健康发展。

3. 内部管理：责权分工明确有序

我国商业性担保机构一般会参照公司运营的模式按照股东会、董事会、管理层三级组织架构设计进行管理，并以此为基础设立了一套围绕担保评审会、总经理、部门主管、业务员为核心的多层次责任体系，同时参照金融机构（银行）的信贷管理机制进行项目风险识别与评估；结合担保业务的政策与法律风险、申保企业的资信水平与业务风险、员工能力与道德风险等因素，落实审保岗位分离机制与责任追究的制度，坚持贯彻事前评估、事中严控与事后追责的管理制度。

有的商业性担保机构对员工收入的责任赔付以及对担保业务的个人无限连带责任进行了严格规定，同时还建立了员工持股计划、业绩分红等多元化激励机制，降低股东管理层及员工之间的代理冲突，实现员工责任与权利的对等。

4. 风险防范：风控手段目的性强

规模较大的商业性担保机构针对被担保企业的具体情况，对被担保企业采取财务监管、外派会计、外派财务主管、财务主管进驻企业、直接财务托管五种不同的财务监管手段；采取形式多样的反担保措施，如要求申保企业提供固定资产、流动资产、债权、股权等反担保措施；实时跟踪申报企业法定代表人资产与健康状况，提供个人无限连带责任承诺等。而相当一部分小规模的商业性担保机构由于组织架构不健全、公司制度缺失等原因出现风险控制不严、没有意识或没有能力采用有效的风险防范手段。

（三）政策性融资担保体系"分轨"协同运行影响因素

1. 商业性融资担保模式健全问题

我国商业性融资担保发展仍存在较大不足，在现有的融资担保体系中与政府性融资担保之间缺乏有效的协同机制，也缺少业务合作、风险共担机制。一方面导致担保支持覆盖面较小，担保效率较低；另一方面当担保违约代偿发生时，也无法及时分散风险。由于没有接入政府信用数据平台权限，商业性融资担保机构在进行诸如申保企业资信、纳税等情况进行背景调查时会遇到各种阻碍，降低信用审查效率。如果商业性担保机构能够与政府性担保机构联合起来，实现数据互通，则能在更短的时间内完成调查，降低担保机构的事前信息成本，也能节省小微企业和"三农"等融资主体的等待成本。

2. 商业性担保机构业务操作标准问题

我国商业性担保机构存在的"短视"行为加剧了信用风险。一是为提高业务量，部分担保机构会与金融机构（银行）签订排他性合作协议，大幅降低了保费，导致单笔业务即便没有出现违约风险也已触及亏损边缘，造成只有极少数担保机构愿意承接业务。而那些愿意承接业务的担保机构风险也高度集中。二是部分担保机构以担保名义违规进行资金运作，使担保机构实质上变为融资机构（如发放高利贷等），无序经营会进一步加大担保机构的信贷资金风险。三是有些担保机构成立动机不纯，如有的担保机构成立目的是为母公司进行融资。四是少数担保机构在融资后将资金挪为他用，导致一旦资金链断裂，在担保的信用放大作用下，将遭受严重损失，甚至破产。业务操作规范缺位使担保机构的公信力不足。目前，内部管理问题主要表现为大部分尚未建立现代企业治理机制，大部分商业性融资担保机构没有统一的公司章程等系统性规定，在具体运营过程中缺少规范的操作流程、集体审核制度、风险内控制度、运行监测制度及债务追偿制度等。同时因行业规范的缺乏及相关法制的不健全使得很多担保机构在利益的驱动下打擦边球、违规违法操作，进一步加剧了商业性担保机构内部管理的不规范与混乱。

3. 商业性融资担保服务范围问题

商业性融资担保在我国的发展历程相对较短，由于政府扶持力度不足，致使其业务拓展较为困难。目前，我国融资担保体系重点建设的焦点为政策性融资担保，在政策、资金方面给予较大力度优惠的同时，在业务方面也重点扶持。例如，政府以行政指令方式下达的担保任务，基本由政府性融资担保机构全权负责。政府性融资担保机构无法承接或不愿承接的风险较高或服务时间较长的业务，才可能交由商业性融资担保机构。由于缺乏政府的加持背书，许多金融机构（银行）与贷款企业对商业性担保机构的融资服务能力信心不足，造成商业性融资担保机构的服务范围难以扩张，严重影响了其正常的发展。目前我国商业性担保机构担保品种单一贫乏，担保功能薄弱，期限集中于短期。累计担保责任金额仅为可运用担保资金总额的 2~4 倍，没有起到应有的放大作用。我国绝大部分的担保贷款期限为 3~6 个月，最长不超过 1 年，数额不超过 200 万元。一些发达国家对小微企业长期贷款供保，担保期限也相对较长（通常在 2 年以上）。以美国为例，最长的担保期限达到了 7 年，其担保种类也十分丰富，包括票据贴现、创业贷款、科技开发贷款、设备贷款和技术改造贷款等。

4. 商业性融资担保机构资金问题

融资担保的功能之一是帮助贷款者增信，并协助金融机构（银行）分散违约风险，从而增加贷款者和金融机构（银行）双方交易成功的概率，最终提升信贷市场中资源配置的整体效率。因此，对于信用水平较差的贷款者，必须经过担保机构的增信后，才有可能从金融机构（银行）处获得贷款。要实现为贷款者资信增级，担保机构本身必须获得较高的信用评级，否则，作为授信方的金融机构（银行）不会认同担保机构提供的信用加持。而影响担保机构信用评级高低的其中一个关键因素是其注册资本金的规模，资本金不足则会成为商业性担保机构最大的短板。目前，我国商业性担保机构的注册资本金平均在 5000 万元人民币以内，更有甚者，还存在注册资本金低于 10 万元的商业性担保机构，注册资本金有限是商业性担保机构最大的软肋。此外，有的商业性担保机构虽然注册资本金很高，却并未实际到账（根据我国《公司法》的要求，允许投资者认缴而非实缴）或很快资金抽离，造成实有资本金严重短缺。

5. 政府针对性监管问题

商业性融资担保机构无法像政府性融资担保机构有明确的政府监管与指导，更多是基于市场信号进行调整，一旦无法及时准确把握市场信号或者产生了误判，容易导致商业性融资担保机构陷入盲目发展的困境，失去原本灵活的市场优势。例如，某个阶段 X 行业发展较为迅速，资金需求旺盛，在这样的市场信号传递下商业性融资担保机构更倾向于为处在 X 行业的企业进行担保，因为行业发展预示着该行业的企业代偿风险较小，而收益较大。最终导致：一是大量资金自动流入 X 行业引发道德风险现象，推动商业性担保机构的代偿风险快速上升；二是作为有限公共资源的信用担保,大量商业性担保机构涌入为X行业提供服务时,会挤占其他行业的担保资源,导致逆向选择现象频发,不利于提高信贷资源的配置效率,对融资担保行业的长远发展产生不利的负面效应。

6. 商业性融资担保机构专业性问题

人才匮乏是困扰担保机构发展的普遍问题。由于担保机构扩张很快,而担保专业人员增长很慢,担保业务运作和开发出现了人才储备欠缺的状况。商业性融资担保机构所从事的行业自始至终都在与小微企业、银行、投资客户打交道,需要从业人员具有相当高的专业素养。一是需要集金融业、服务业、担保业、投资理财等知识于一身的专门人才;二是需要对小微企业运作的各个环节高度熟悉,并对担保业务所涉及的多领域多学科均有所涉猎。目前,商业性融资担保机构普遍是对新进人员进行短期培训,在时限为短则一周,长则半月的培训中,新人很难对相关知识进行深入的了解与掌握。只能寄希望于在之后的时间与业务参与中得到提升。当一个对业务及相关领域略显业余且缺乏自信的理财(或信贷)经理与客户进行沟通,客户很可能会选择拒绝进一步了解与合作。因此,这种人才培养方式显然是以机构业务的缩水与客户流失为代价的,这与商业性融资担保机构长期发展这一目标是相矛盾的。同时,商业性融资担保机构高端管理人才的缺失,进一步加大了商业性融资担保机构行业内部管理的不规范。

四、政策性融资担保体系协同运行约束分析

(一)主要国家(地区)的禁止性规定及原因分析

全球主要国家(地区)的政府性融资担保机构一般都不允许承接商业性担保业务。以日本《信用保证协会法》为例,该法第20条对信用保证协会的业务范畴进行了明确规范,具体包括:其一,为中小企业及其他主体从银行或其他金融机构获取资金贷款、票据贴现或支付等业务时所形成的对金融机构的债务提供担保;其二,在银行或其他金融机构为中小企业

等的债务提供担保的情况下,对该担保债务再行提供担保;其三,当银行或其他金融机构受中小企业金融公库或日本开发银行委托,或代为管理国民金融公库,在向中小企业提供贷款的过程中,如果金融机构已经为中小企业因该笔借款产生的债务提供了担保,那么信用保证协会可以为这些已经得到担保的债务提供额外的担保支持。此类制度安排旨在确保政府性担保机构聚焦于其政策性职能,避免与商业性担保机构产生不正当竞争,同时精准服务特定目标群体,以充分发挥其在促进中小企业发展等方面的政策效能。

对信用保证协会业务范围的严格限制,实质上就是禁止了其从事商业性担保业务的可能性。奥地利《财政担保公司担保法》第1条第2款规定,财政担保机构只能从事法律规定的担保业务,亦即政策性担保业务。中国香港特别行政区《香港出口信用保险局条例》第9条"保险局的业务"第3款亦规定,保险局不得就通常由商业保险人承保的风险订立保险合约。

全球各个国家(地区)禁止政府性担保机构从事商业性担保业务的原因可以从以下三方面进行分析。一是政府性担保机构是为弥补信贷资源配置市场失灵而由政府出资设立的干预宏观经济的政策性工具,是对市场机制的完善和补充。其业务边界应限于市场机制无法发挥作用的领域。因此,政策性担保业务是政府性担保机构的"分内"之事,而从事商业性担保则是"越界"。二是政府性担保机构从事商业性担保,易与商业性担保机构产生不公平竞争。全球各个国家(地区)的政府性担保机构往往会享受到税收优惠政策,如果政府性担保机构大量从事商业性担保业务,税收优惠可以促使其以更低的交易价格承接业务,从而挤占商业性担保机构的生存空间,形成不公平竞争。三是政府财政可以确保政府性担保机构在面临政策性亏损时得到持续的资金补充。

(二) 我国对政策性担保的立法缺陷及其完善

我国在担保制度建设的过程中也借鉴了国际先进的立法经验,将政府性担保机构的主要业务范围限定在政策性担保业务范围内。例如,原国家经济贸易委员会印发《关于建立中小企业信用担保体系试点的指导意见》，规定"中小企业信用担保的对象为符合国家产业政策，有产品、有市场、有发展前景，有利于技术进步与创新的技术密集型和扩大城乡就业的劳动密集型的各类中小企业"。并在其中对保证种类进行了明确界定："中小企业信用担保种类主要包括中小企业短期银行贷款、中长期银行贷款、融资租赁以及其他经济合同的担保。中小企业信用担保的重点为中小企业短期银行贷款。"《中小企业融资担保机构风险管理暂行办法》第二条明确："本办法所称中小企业融资担保机构（以下简称担保机构）是指政府出资（含政府与其他出资人共同出资）设立的以中小企业为服务对象的融资担保机构。"此外，《国家发展改革委关于跨省区或规模较大的中小企业信用担保机构设立与变更有关事项的通知》对跨省区经营和大型中小企业信用担保机构的设立及变更流程提供了详尽的说明。

根据近年来的担保实践，我国政府性担保机构禁止从事商业性担保业务的制度规定，并不符合我国国情。第一，我国各级政府的财政收入增长较快，但相较于发达国家对政府性担保机构的扶持力度，我国政府尤其是一些地方政府财力仍然有限。政策性担保业务风险偏高、收益较低，若无持续的财政资金补充机制，担保机构很难长期存续。我国政府性担保机构在得到政府一次性出资后，后续几乎不再获得政府的资金补偿。因而，允许政府性担保机构从事部分商业性担保业务：一方面可以提高其盈利水平，增强自身的"造血"功能；另一方面能够加强政府性担保机构的增信功能和履职能力。第二，我国政府性担保机构大多以独立的公司法人形态存在，根据《关于建立中小企业信用担保体系试点的指导意见》的规定，作为主要扶持中小企业发展的政府性担保机构在经营过程中应遵循"政府扶持与市场化操作相结合的原则"的核心思路，在履行政策性职能的基础上，通过从事部分商业性担保业务实现经济效益和社会效益的双重回报。

在目前我国的政策性融资担保体系中，绝大部分的政府性担保机构同时承担了政策性担保业务以及商业性担保业务的运作，即"双轨"运营。因此，这也说明我国早期关于政府性担保机构业务范围的制度限制存在一定的不合理之处，并不符合我国市场经济体制下的具体国情。我国首家政府性担保机构——中国经济技术投资担保有限公司,其经营业务范围就同时包括了政策性担保业务和商业性担保业务,前者主要覆盖了上海小企业贷款担保、世行节能贷款担保、再担保,后者包括贸易工程类融资担保、金融产品类担保、财产保全担保、工程保证、贸易类履约担保、国际代理类担保等。

综上所述,适合我国具体国情的担保制度设计,应该是在确保政府性担保机构能够充分履行其政策性职能的基础上,允许其从事一定比例的商业性担保业务。根据国家发展改革委、国家税务总局发布的《关于中小企业信用担保机构免征营业税有关问题的通知》,其中提到信用担保机构达到免税的基本条件之一为"对中小企业累计贷款担保金额占其累计担保业务总额的80%",这表示国家发展改革委和国家税务总局认为政策性担保机构可以存在20%的非政策性担保业务(商业性担保业务)的经营空间。而国家发展改革委和国家税务总局之所以设定这样的界限,主要是基于20%的商业性担保业务比例不会实质性影响和改变政府性担保机构政策性功能的履行,而这样的经营模式可以同时实现政府性担保机构的"造血"和"输血"功能。实践证明,设定政府性担保机构从事不高于自身业务总量20%的商业性担保业务具有一定的可行性。

(三) 商业性融资担保机构未来发展路径

商业性融资担保机构在扶持小微企业融资方面具有积极作用,即缓解小微企业融资困境、提高担保行业风控能力、约束政府非市场行为和寻租活动。我国小微企业的资金需求巨大,但融资渠道却相对有限,导致小微企业资金供需严重不平衡。在政策性、互助性担保机构对小微企业提供担保支持后,仍然有相当比例的小微企业无法成功获得融资,这为商业性担保机构创造了很大的市场机会。虽然商业性担保机构的费率普遍偏高,但小微企业对资金的迫切需求,使得商业性担保机构在融资担保体系中仍然发挥着非常重要的作用。作为政府性担保机构的补充机制,商业性担保机构能有效拓宽小微企业的融资渠道。此外,从长期来看,为维持商业性担保机构的可持续发展,需要积极创新非融资担保品种,如投标担保、履约担保、付款担保、大中型企业债发行担保、小微企业集合债担保等，按照法律法规的规定进行相关投资业务。由于现阶段政府财力的限制，商业性担保机构仍具有较大的市场空间，因为商业性担保机构的资本主要来源于民间资本，可以有效减少政府财政的支出。

商业性担保机构主要以盈利为目标，基于融资担保业务的高风险、低收益特征，商业性担保机构要想维持可持续发展，必须建立有效的担保风险防控机制。商业性担保机构可以通过两条渠道突破：一是聘任具有相关专业基础和学历，并在融资、财务、营销等方面有丰富经验的人才；二是健全内外部风控制度和完善风控流程。实践中，实力较好的商业性融资担保机构往往都具有健全的风险防控体系，例如，上海融真担保租赁有限公司、广东银达担保投资集团有限公司等在风险防控方面的示范效果，对其他商业性担保机构，甚至对政策性、互助性担保机构均能形成较强的经验借鉴。地方政府部门以及担保行业协会应负责为风险防控成效显著的商业性担保机构与其他业界同行牵线并进行经验交流，其他担保机构可据此不断完善风险管控的制度和方法，以提升担保行业整体风险防控水平。

担保业务质量能直接影响商业性融资担保机构的经济效益，基于商业性担保机构的盈利目标，往往会对申保企业的经营状况、发展前景、项目选择等进行更为严厉的审查，有效减少"指令担保""人情担保"等非市场行为。如果商业性担保机构在承接业务后出险，轻则减少收益，重则可能会拖累机构破产。因此，商业性担保机构需要对申保企业的信用资质和财务状况严格把关，确保担保业务的公平公正，减少受保企业在担保过程中进行寻租活动。但融资担保的风险和收益存在严重不对称，在风险水平一致的投资项目中，相较于融资担保业务，非融资担保或直接投资活动往往能带来更高的，甚至远高于融资担保业务的回报率。这一现象直接导致商业担保机构在预期收益方面，相较于非融资担保及直接投资领域，显得较为逊色甚至大幅落后。伴随我国政府日益强化对小额信贷公司、乡村银行等小型金融服务平台的支持措施，商业性担保机构的数目亦呈现出持续攀升的趋势。随着政府财力的逐步增强，政府性担保机构的政策和资金支持力度也在增加，政府性担保机构对小微企业和"三农"融资担保的覆盖面进一步加大，并开始挤压商业性担保机构在融资担保市场中的生存空间,降低对小微企业融资担保的支持度。从短期来看,政府财力的有限性导致政府性融资担保机构只能选择满足部分小微企业和"三农"的融资担保需求,为商业性融资担保机构留存了较大的市场空间。从长期来看,对比担保体系较为成熟的美国、日本等先进经验可知,商业性担保机构向小微企业提供融资担保,只有开发更多利润率高的担保品种以及进行相关投资业务才能实现利润最大化目标。

五、政策性融资担保体系协同运行风险度量

信用风险是担保行业直接面临的最主要风险,主要源于被担保人违约造成的担保人代偿的信用风险。尽管担保机构在事先会对客户还款能力进行调查评估,甚至设置反担保措施、提取担保赔偿准备金和未到期责任准备金,但只要代偿发生,就肯定会导致担保机构的现金流出。如果在同一时期代偿支出的金额巨大且反担保措施未能有效执行,可能导致担保机构偿付能力降低,贷款机构可能会对担保机构的保证能力产生怀疑,进而拒绝后续放款,甚至中止业务合作。

(一)担保风险与风险分担

在经济领域,风险是指各种因素可能的变动导致未来收益的不确定性。在企业融资过程中,这种不确定性始终是客观存在的,融资各参与方都可能面临一定风险。从客观上讲,小微企业整体收入水平较低、资产规模相对较小、资金运作及财务管理规范性相对较弱、整体抵抗风险的能力较差,同时,由于信用体系建设不足、固定资产相对较小、抵押品评估确权等存在多种约束,小微企业主信用意识相对薄弱;而对于"三农"而言,由于工农业产品剪刀差,农业资产难以确权,这些状况在金融体系中表现为流动性风险和信用风险较大。如果这些风险没有得到良好的管理和控制,那么融资活动将可能失败,或不可持续。因此,本书研究对象主要是小微企业和"三农"的金融机构(银行)融资风险。风险管理的第一步

是风险识别，其中，信用风险是担保行业直接面临的最主要的一种风险，这是由于被担保人违约而造成担保人代偿的信用风险。尽管担保机构在事先会对客户还款能力进行调查评估，甚至设置反担保措施、提取担保赔偿准备金和未到期责任准备金，但只要代偿发生，就肯定会导致担保机构的现金流出。如果在同一时期代偿支出的金额巨大且反担保措施未能有效执行，可能导致担保机构偿付能力降低，贷款机构可能会对担保机构的保证能力产生怀疑，进而拒绝后续放款，甚至中止业务合作。

在融资过程中，适当的风险分担模式与合理的风险分担比例会增加各参与方积极性，促进融资过程顺利进行。小微企业和"三农"向商业银行贷款，很大程度上把融资风险转嫁给了金融机构（银行），金融机构（银行）分担的风险与所得收益并不成正比，这种风险分担模式会使银行采取严格的放贷审批政策，或者减少对小微企业和"三农"放贷规模。对金融机构（银行）而言，如果风险收益合理，又何尝不愿意贷款给企业呢？然而大量研究表明，仅仅依靠金融机构（银行）无法有效实现小微企业和"三农"融资风险分散，还需要通过引入其他分担主体来共担小微企业和"三农"的高融资风险。风险分担主要是指担保机构与政府的风险分担以及担保机构与协作银行的分担。对于前者，出于政府性融资担保机构能够可持续发展的考虑，政府应当分担一定比例的担保代偿风险（范文静，2018）。在政银担模式中，政府的目标是解决小微企业和"三农"信贷市场失灵，政府参与代偿风险分担是政府介入的基本手段，政府可以直接承担部分违约风险，也可以采用风险补偿的方式间接承担部分风险（黄惠春和范文静，2019）。对于后者，在非对称信息条件下"银企博弈"的过程中，小微企业和"三农"存在明显的"机会主义"行为。同时，由于信息不对称会导致"逆向选择"和"道德风险"，因此，金融机构（银行）为维护自身利益，对小微企业和"三农"实行信贷配给（李桂兰和聂思璇，2017）。建立银保协作机制能够有效治理农村小微企业金融市场信贷配给问题（蔡四平和顾海峰，2011），但是由于金融机构（银行）在与担保机构的合作中处于优势地位，担保机构和金融机构（银行）双方无法达成双赢的担保规模（仲伟周等，2010）。

除此之外，担保、抵押等方式不能完全消除小微企业和"三农"授信业务的高风险，小微企业和"三农"将担保业务授信风险简单外包给担保机构，会使资本金和经营收入有限的担保机构承担超出自身偿债能力的代偿责任，最终导致担保机构不断承压至无法承受而产生集群风险（吴晓冀，2016）。因此，小金融机构（银行）应当以分担信用风险为义务，与担保机构建立平等、利益均衡的合作关系（顾海峰，2010）。对"银担企"的利益和冲突进行博弈分析发现，金融机构（银行）和担保机构合作在提高银行自身收益的同时也能为担保机构的收益带来正向效应（张文远和王曦晨，2014）。同时，金融机构（银行）参与风险分担能够调动银行正常开展企业信用评级的积极性，防范道德风险，使得金融机构（银行）更加关注第一还款来源，有效杜绝"见保即贷"的现象（冯超，2015），银保风险共担能够降低担保机构铤而走险的概率，有利于"银担"双方相互信任，实现优势互补，建立互利共赢的长效合作机制。另外，还有一些学者对金融机构（银行）和担保机构的风险分担比例进行研究：运用博弈论来印证金融机构（银行）和担保机构进行比例担保比全额担保更具有合理性，认为银行的信用风险分担比例为20%~30%，担保机构的分担比例为70%~80%（熊熊等，2011），构建信贷担保模型探究银担合作的内在机理，可以发现担保机构和协作银行之间存在最优的风险分担比例，满足二者对于担保项目成功概率的要求，能够实现合作均衡的目标（贺毅，2017）。通过构建担保机构和商业银行合作的博弈模型，运用夏普里值（Shapley value）法也可以推算公平合理的风险分担比例（王淼，2017）。"政府政策、宏观经济状况、金融机构（银行）行为"三个因素决定了最优信用风险分担比例，为了避免道德风险，确保小微企业贷款的稳定性，政府应根据宏观经济状况确定最佳信用担保比率，并根据银行的稳健程度对其进行调整（Naoyuki and Hesary，2019）。

再担保机制的建立为担保风险分担提供了可行性。通过分析日本、韩国等发达国家的信用再担保模式，可以发现国内再担保模式各有利弊，应思考应该如何构建适合中国国情的信用再担保制度（孙昌兴和张春梅，2011）。构建信用再担保体系是缓解小微企业融资难问题的有效途径，包含设立宗旨、构建方式、组织模式、资金来源四项内容（邓丽娜和王凤飞，2012）。再担保机构的设立应遵循政策性定位，监管机构应当按照

"谁审批设立,谁负责监管"的原则确定,业务范围应当以一般责任或连带责任再担保为主业(朱永扬,2013)。担保机构和再担保机构的风险分担比例与二者的消耗系数有关,合理的担保机构风险分担比例为20%～30%,合理的再担保机构风险分担比例为70%～80%(薛钰显和王东超,2013)。担保机构加入再担保体系后,再担保机构的收益增加,当担保机构增加的收益大于成本时可以助推再担保机构稳定发展(汪辉和邓晓梅等,2016)。

(二) 担保风险管控现状

政策性担保是一项风险高、回报低的业务,降低担保费率已无法弥补代偿所带来的经济损失,导致政策性业务普遍亏损,业务的可持续性较差(贾康等,2012)。小微企业在国家信用保护之下更容易发生道德风险,担保效果不尽如人意(叶莉等,2016)。政府对企业信用担保行为的干预以及金融机构市场化改革相对滞后导致了社会网络嵌入正规金融过程中的虚构和滥用,抑制了信用担保的信息功能(曹廷求和刘海明,2016)。担保机构代表当地政府,往往通过资源有条件分配向银行施压,提出有利于担保机构的银担合作条件。但是,一味地挤压金融机构(银行)很可能导致逆向选择。如果担保机构提供的增信缓释越来越少,可能发生如下情形:一是替代,金融机构(银行)放弃担保机构这一增信措施,转而使用其他方式;二是本着至少还能收回一部分资产的心理,向担保机构推荐劣质客户(吴晓冀,2020)。大多再担保体系存在配套政策支持不到位,再担保机构可持续发展动力不足等(魏少贤,2019),金融机构(银行)合作态度对融资担保有效性起中介作用,企业经营状况、担保机构业务能力影响融资担保的有效性(文学舟等,2019)。

担保机构是通过履行担保责任实现担保职能,而担保责任履行的是经营杠杆行为。担保机构提供的融资性担保总量最高可为净资产的10倍,担保机构利用经营杠杆可能会受到各种因素的影响,导致经营出现偏差。担保机构可能存在的风险如下。

1. 担保机构实力不够

担保机构的风险控制能力是保障其业务安全的重要保障,但由于缺乏深入的保前调查和专业判断，担保机构可能会多头授信，无法满足融资需求。这种行为不仅会导致自身业务风险增加，还会影响到整个金融市场的稳定性。此外，担保机构可能会定向对单一客户集中担保，一旦发生风险，代偿压力巨大。过度集中为单一客户或同质性的区域客户担保会增加系统性风险。这种情况下，即使担保机构有良好的风险管理能力，也可能无法有效控制风险，从而导致系统性风险问题。金融机构（银行）的投向变化或政策退出会带来集群性风险，面向集群客户的担保机构都存在类似问题。这种情况下，担保机构需要加强与金融机构（银行）之间的合作，共同应对风险，同时也需要加强自身风险管理能力，防范系统性风险问题。因此，担保机构在业务拓展和盈利的同时，也需要注重风险控制和管理，避免因为风险控制不力而导致系统性风险问题的出现。担保机构需要加强专业能力和风险管理能力，提高对客户和市场的了解，从而更好地满足市场需求，保障自身业务安全。

2. 担保机构偏离主业

担保机构是贷款市场中的重要角色，它们为借款人提供担保服务，以提高借款人的融资能力。然而，一些担保机构可能会利用自身的优势，从而进行一些违规行为。其中，一些担保机构可能会通过关联企业贷款来套取资金。这种行为的本质是将担保机构与其关联企业合作，通过虚构贷款需求，从银行或借款人处获得额外的资金。这种行为不仅扰乱了市场秩序，而且也给金融机构（银行）和借款人带来了巨大的风险。另外，一些担保机构可能会挪用客户保证金。担保机构通常需要收取客户的担保保证金，以便在借款人无法偿还借款时，担保机构能够履行其担保责任。然而，一些不良担保机构可能会将这些保证金挪作他用，从而导致客户的损失。还有一些担保机构会进行虚假出资或变相抽逃资本金。这种行为的本质是将担保机构的自有资金或投资人的资金视为担保资金，从而进行高杠杆投资、非法集资、民间借贷等违法活动。这种行为不仅扰乱了市场秩序，而且也给投资人和借款人带来了极大的风险。总的来说，担保机构的违规行为不仅扰乱了市场秩序，而且也给金融机构（银行）、借款人、投资人和客户带来了极大的风险。

一方面，担保机构可能利用与关联企业的关系获取贷款，并将资金投向高风险领域，这种做法虽能规避监管，然而，一旦资金链出现问题，就可能损害客户和投资者的利益；另一方面，一些担保机构可能会挪用客户为获得担保服务而支付的保证金，这种行为不仅违反了合同义务，还可能破坏客户的信用记录。

此外，担保机构可能通过虚假出资或变相抽逃资本金的方式，将资本金用于非担保业务的投资，这种做法会削弱担保机构的资本充足率，增加运营风险。这些违规行为不仅损害了客户和投资者的利益，还可能对金融市场的稳定造成威胁，扰乱金融秩序。因此，监管机构需要加强对担保机构的监管，确保其业务合规，维护金融市场的健康发展。

3. 担保制度存在瓶颈

从运行机理上看，政府性担保机构的两难困境揭示了普遍的制度瓶颈。制度设计上的瓶颈导致运行上的不顺畅，在实际运行中，其担保业务的利润属性并不足以抵消其所固有的政策性风险。这样，经过一段时期的运行后，一些担保机构的资金会出现较大萎缩。为了生存及发展，政府性担保机构可能会偏离原来的政策性定位，转向回报高的商业性担保。简言之，"两难困境"指的就是政府性担保机构可能为了保全资金而放弃政策性的初衷；要想贯彻政策性的初衷，就可能出现资金萎缩。这种困境表明，信用担保机构政策性与可持续发展共存机制还缺乏制度上的保障。

4. 监管政策尚未到位

担保业是金融行业中重要的一环，它为借款人提供担保，为借贷双方提供保障。但是，当前担保业的监管还存在多种问题，导致担保机构面临着巨大的风险和挑战。其中，担保政策与现实存在脱节，监管主体不明确，政策落地难。近年来，国家出台了多项担保政策，但这些政策并未得到有效执行和监管，导致很多担保机构存在不规范行为，金融机构（银行）难以判断担保机构信息的真实性。同时，监管体系未能有效地分类管理，奖惩力度不够，违规事件频发。另外，法律法规缺乏配套的相关规章制度，国家级主管部门有待明确，信用体系建设进展不足。当前，担保机构遇到合法权益维护问题，特别是反担保物处置难度阻碍资金回流和代偿能力实现。而且，担保业的信用体系建设仍然比较薄弱，很多担保机构的信用评级存在问题，难以为借款人和金融机构提供有效的信用保障。例如，某担保机构于 2011～2012 年案件审理缓慢，造成资金沉淀，收回金额不到 1000 万元，与近 4 亿元代偿资金形成巨大反差。① 这个案件的发生反映了当前担保业监管不严、政策不到位的问题，同时也暴露了担保机构的风险管理能力不足。

我国融资担保业未来发展呈现两大趋势。一是融资担保行业监管日趋严格。自 2017 年 8 月以来，关于融资担保行业的监管细则以及补充规定陆续发布，对担保机构的定义、经营规则、监督管理、法律责任及业务指引等多方面作了详细规定，明确了融资担保机构的监督管理体制和担保业务的经营规则。整体来看，各项制度的发布和实施有利于融资担保机构实现规范经营。二是融资担保行业政策性属性不断加强。随着融资担保行业规范化经营的推进，融资担保机构的定位越来越明确，并出台了一系列政策，以引导担保机构向小微企业和"三农"主体提供更多支持。2015 年，《国务院关于促进融资担保行业加快发展的意见》提出，政府应发挥引导作用，帮助小微企业和"三农"主体缓解融资难题。2018 年国家融资担保基金的成立，说明不仅在政策层面，在操作层面融资担保行业也在不断回归支小支农主业；2019 年《国务院办公厅关于有效发挥政府性融资担保基金作用切实支持小微企业和"三农"发展的指导意见》再次明确政府性融资担保机构坚持主业、回归本源，即要坚守支持小微和"三农"的融资担保主业，不可以随意扩大经营范围，明确指出政府性融资担保机构应不以营利为目的，坚持保本微利运营。融资担保行业的发展为我国小微企业和"三农"发展起到了重要的推动作用，但由于小微企业和"三农"自身性质及社会各种因素的影响，使得融资担保行为面临很多的风险，因此基于上述对担保风险的理论分析，进一步以浙江省、安徽省和广东省为例，针对融资担保机构的风险管理机制展开进一步研究，以期为我国融资担保机

---

① 一家担保公司临终遗言：十几客户死亡 30 多人跑路 [EB/OL]. 海口网，2014-01-23.

构规避风险以及小微企业和"三农"更好发展提供理论基础。

(三) 风险分担运作机制

1. 担保主体存在的风险

(1) 小微企业及"三农"内在弱质性是政策性融资担保的主要风险源。这种风险源主要来自这些企业的特殊性质和管理水平的不足。首先，小微企业及"三农"主要依靠自身积累逐步发展，这意味着这些企业的发展速度相对较慢，企业综合素质也不高。其次，这些企业的经营领域主要集中在劳动密集型、科技含量较低的产业，缺乏技术和管理方面的优势。此外，一些小微企业及"三农"缺乏长远的发展目标、企业愿景和战略管理，同时社会信用低下，这也是一个重要的风险源。绝大部分小微企业及"三农"还是实行个人或家族式管理，这种管理方式会导致企业的决策不够科学，管理水平不够高效。市场竞争将是企业家素质的竞争，小微企业管理者素质不高、经营管理理念滞后等问题容易导致决策失误。因此，政策性融资担保层级的设计需要考虑到这些企业的特殊性质和管理水平的不足，提供相应的支持和保障，降低这些企业的风险。具体来说，政策性融资担保应该注重提供适当的培训和支持，帮助这些企业提高管理水平和技术水平，同时也要加强对这些企业的监管和评估，确保政策性融资担保的有效性和可持续性。

(2) 融资担保机构管理水平也是政策性融资担保风险的重要影响因素。担保机构的信用担保对象主要为小微企业，来自小微企业（受保方）的风险是担保机构最大的风险来源，盲目的担保不但不会缓解贷款中的信息不对称，反而会加剧逆向选择与道德风险（刘艳琨，2013；张晓玫等，2016）。从现实来看，不合理的"银担"风险分担机制以及保证人专业性不足是造成这一现象的主要原因。基于层次分析和熵值法，可以从小微企业、担保机构和银行三方综合分析融资担保机构风险管理水平对担保行业的影响程度（徐临等，2017）。整体实力不强、盈利能力偏弱、管理不规范、风险识别能力差等是担保机构存在的主要问题，甚至存在违规操作现象（孙炜等，2014）。

2. 融资担保的风险分担

在企业、政府、信用担保机构、银行等小微企业信贷关系参与主体之间建立合理的风险分担框架，可有效弥补银行的低风险偏好与企业间的高风险特性的差距，从而改善我国小微企业的融资环境（王志强和邹高峰，2011）。互助合作机制中的"风险共担、利益共享"有助于解决参与方之间的利益冲突（薛菁和侯敬雯，2012）。此外，合理制定分担比例、放大倍数、担保费率、代偿率等考核指标，有助于提高信用担保体系的运行效率。最优分担比例与各自获得总收益的比重成正比。再担保机构的分险比例越高，再保费比例也越高。较低的贷款利率不利于银行与再担保机构的合作，而增加贷款放大倍数也不利于再担保各方的合作（于孝建和徐维军，2013）。运用夏普里值法对小微企业信用担保风险比例进行研究认为，政府应当提供业务补贴和风险补偿，金融机构（银行）在信用担保过程中应分担部分风险（王淼，2017）。运用完全信息和不完全信息讨价还价博弈模型可以推出银担最优分担比例（汤钟尧和沈彦菁，2017）。基于银保信贷系统的视角，提出发挥金融机构（银行）与担保机构之间贷款协同运作及风险协同管控的双重功能，通过降低银行信贷配给幅度来提升银行对小微企业的信贷意愿，从而促使小微企业融资效用获得大幅提升（顾海峰，2018）。此外，从小微企业信用风险管理有效性的角度看，前端信用增进和后端风险出清搭配，能够更好地管理小微企业信用风险（彭程，2016）。研究发现，出口信用风险系统管理的企业和出口信用保险特性较为满意的企业对出口业绩产生显著正影响（陈利馥等，2017）。演化博弈模型研究结果显示，合理的银担风险分担比例对融资担保风险防范有明显效果，政府压制银企合谋动机有利于增加担保机构参与风险防控的积极性（文学舟等，2019）。目前，融资担保风险分担主要有以下几种形式。

（1）银担风险分担。即担保机构与银行在签署保证合同时明确，对债务不承担全额保证责任，只承担一定比例的保证责任。将来业务出现风险，债务人无法偿债时，由担保机构代偿，但是只代偿对应比例的金额。完成代偿后进入追偿程序，追偿回的款项再根据对应比例在担保机构和银行之间分配。例如，一笔贷款 1000 万元，担保机构（甲方）与银行（乙方）约定"如借款主体到期不能归还贷款本息（包括提前宣告到期或合同解除、终止等情形）时，则由甲乙双方按照逾期贷款本息、复利、罚息、违约金、赔偿金、律师费、诉讼费、执行费等实现债权等费用的 80% 和 20% 的比例代为清偿；清偿后收回的贷款本金、利息及相关违约金同比例返还给代偿机构"，则担保机构只需承担 80% 的担保责任，如果通过对债务人追偿能够收回部分损失，在扣除相关费用后，再按照 8∶2 的比例与银行分配。风险分担计算实例如表 2-1 所示。

表 2-1　　　　　　　　风险分担计算实例　　　　　　　单位：万元

项目	担保机构 80%	银行 20%	总回收/总损失
付出成本	(-) 1000×80% = 800	(-) 1000×20% = 200	(-) 1000
1. 追偿回 1000 万元	(+) 1000×80% = 800	(+) 1000×20% = 200	(+) 1000
最终损失	(=) 0	(=) 0	(=) 0
2. 追偿回 500 万元	(+) 500×80% = 400	(+) 500×20% = 100	(+) 500
最终损失	(=) -400	(=) -100	(=) -500
3. 追偿回 50 万元	(+) 50×80% = 40	(+) 50×20% = 10	(+) 50
最终损失	(=) -760	(=) -190	(=) -950
4. 追偿回 0 万	(+) 0×80% = 0	(+) 0×20% = 0	(+) 0
最终损失	(=) -800	(=) -200	(=) -1000

注：为直观展示，只计算本金不计利息罚息等其他费用，并忽略诉讼费等相关追偿费用。

从表 2-1 中可以看出，无论追偿回多少金额，担保机构和银行之间始终是按既定比例，双方最终承担的损失也是担保机构 80%、银行 20%，业内俗称"硬敞口"。开展风险分担旨在实现银行与担保机构利益一体化。在再分担机制推行之初，存在"软敞口"的情形，即双方各自追偿，追回的部分归各自所有，当时银行对 20% 部分普遍都额外追加抵质押担保，如存单质押、房产抵押等以期实现风险的全覆盖。经过多年的演变，从减轻借款人融资负担出发，逐渐形成"硬敞口"要求，从而削弱了双方（特别是银行）为自己一方的利益私藏偿债来源的积极性，将双方捆绑为利益共同体。

(2) 担保风险层级分担。担保机构与再担保机构之间签署再担保协议，约定再担保比例，如担保机构为一笔 1000 万元的贷款提供比例保证（80%，即 800 万元），再担保机构按照 50% 比例提供再担保，则该笔业务出险后，担保机构先行代偿 800 万元，然后向再担保机构"报销"400 万元（800×50%），相当于担保机构最终支出的代偿金额为 400 万元。再担保机构通过此方法，分担了代偿成本，也成为整笔业务的风险分担方之一。再担保机构可以有多个，这种做法类似于保险中的再保险分保，全国农业信贷担保体系将上述两种分担方式融合一体。在担保机构序列，从底层到顶层依次是辖级担保机构，包括市（县）级，是直接与银行签署银担合作协议、业务保证合同的"承保方"，以及省级再担保机构和国家融担基金（国家级再担保机构）。相关比例约定如下：担保机构和银行风险的分担比例为 8:2，每级再担保机构都为前手提供 50% 的再担保。当一笔 1000 万元贷款出险后，各方付出和收入如下：计算得出，国担体系内三层成员及银行四方以 2:4:2:2 的比例实现最终风险分担，各自承担对应比例的损失。国担基金代表国家成为最终的风险分担方（兜底）。具体如表 2-2 所示。

表 2-2　　　　　　　　　国担体系风险分担　　　　　　　　单位：万元

项目	银行 20%	担保机构 80%	省级再担保机构	国家融担基金
付出成本	(-) 1000×20%=200	(-) 1000×80%=800	(-) 800×50%=400	(-) 400×50%=200
最终风险分担比例	20%	40%	20%	20%
回收资产	(+) 1000×80%=800	(+) 800×50%=400	(+) 400×50%=200	
回收来源	担保机构	省级再担公司	国家融担基金	

(3) 限定条件的担保代偿。随着风险分担机制的深入推进，市场上出现了一种新的模式，通过增加担保代偿的限定条件降低担保机构的担保代偿责任，与风险分担异曲同工，且可与风险分担叠加使用，进一步压缩担保代偿责任。担保机构与银行事先约定一个比率上限，担保机构只对上限内业务进行代偿，超出这一比率则不再进行代偿。假设担保机构提供的担

保总额为 10 亿元，双方约定代偿的上限为 5%，则担保机构最多为 5000 万元（1000000000×5%＝50000000）的业务代偿，超出 5000 万元的部分不再代偿。

目前，行业内有两种比率口径：一种是担保机构财务数据指标中的累计代偿率口径，累计代偿率＝当年累计代偿额/当年累计解保额；另一种是银行资产质量指标中的逾期率口径，时点逾期率＝时点逾期额/时点在保额。除了计算口径选择有差异外，代偿对象也可选择先到先得的方式或者限定对象方式。采取限定对象的，由银行指定一个贷款（资产）包，代偿资源全部分配给包内业务，包内业务代偿比率未达上限的资源也不可用于包外资产。一些法律问题也值得关注：担保机构停止代偿后，这些已经签署了保证合同，并且支付了担保费的业务应该归属于保证类贷款还是信用类贷款？担保机构与银行单方面的限定条件约定对借款人是否有效？保证合同是否有效？以前述条件限定代偿，银行实际承担的风险敞口为 95%（假设代偿上限为 5%），担保起的风险缓释作用微乎其微，基本相当于信用贷款。

3. 再担保风险的防范

风险事件是所有行业都会遇到的，融资担保行业更是如此，政策性融资担保属于准公共属性，不以营利为目的，高风险低收益，因此省级层面要建立风险预警和风险补偿机制。

（1）建立风险预警机制，控制省（区、市）内政府性担保机构层级风险。发现风险是监管的起点。风险识别是整个风险预警平台的关键组成部分。省级担保集团主要从事再担保职责，因此，信用再担保风险识别主要发生在事前的决策阶段，对担保机构资信状况合理评估的质量至关重要。担保机构是再担保机构的风险源，因而再担保的风险评价就是对辖内担保机构资信的评估，担保机构的信用等级低，意味着再担保机构的风险较高。因此，再担保机构对辖内担保机构的信用等级、履约能力进行定期评估，监测担保机构的资金规模、财务状况、担保收益、管理效率等变化情况，预估担保机构代偿的可能性。因此，政策性融资担保风险预警系统应重点揭示担保机构的资产质量、财务状况、运营效益等资信，以控制再担保风险的发生。

(2) 完善风险补偿机制,保证政府性担保机构的持续稳定运行。政府必须建立一套符合政府性担保机构的风险补偿机制,包括以下几个方面。一是完善顶层设计。应以法律法规的形式确立政府性融资担保机构的风险补偿形式,形成以国家信用为保证、以政府背景为依托的风险补偿机制。二是设立专项风险补偿金。例如,2020年,杭州市为了推进政府性融资担保体系建设,支持融资担保机构增强业务能力,提升小微企业和"三农"担保服务水平与积极性,扩大担保业务规模,有效缓解小微企业和"三农"融资难问题,制定了风险补偿管理办法。当年对符合条件的融资担保机构,为小微企业和"三农"开展的融资担保业务的年日均担保责任余额按不高于1%的比例给予风险补偿,对单个融资担保机构的年度风险补偿总额不超过该融资担保机构注册资本的10%,且最高不超过300万元。①

(3) 健全资本金补充机制,保障政府性担保机构的健康发展。资本金补充和风险补偿机制存在的问题表现在:一是资本金补充和风险补偿机制缺少顶层设计,未以法律法规的形式明确担保发生损失时以何种方式弥补;二是政府性融资担保机构坏账呆账核销力度小,担保损失准备金制度尚未建立;三是市(县)政策性融资担保业务开展缓慢,担保业务风险的分散渠道狭窄。资本金补充方式大致可分为内源资本的增加和外源资本的增加,内源资本补充主要通过留存收益和增加准备金完成,外源资本补充主要包括股权融资和债务融资。内源资本是获取资本金最经济、最便捷的方法,但是政府性担保机构的准公共属性与银行等金融机构有所区别,不以营利为目标,每年所得利润不大,属于保本经营或微利行业。在新冠疫情影响的情况下,取消政府性担保机构的盈利要求,可能会出现担保机构大面积亏损的状态。因此,内源资本补充不适合担保机构,最好的补充方式还是外源资本补充为主,即股权融资和政府支持。省级担保集团可以对各地运营较好的政府性担保机构进行股权投资,扶持市(县)可以起到龙头作用的政府性担保机构,各级政府可以制定

---

① 关于开展2019年融资担保公司和小额贷款公司风险补偿资金申报工作的通知 [EB/OL]. 杭州市上城区人民政府官网, 2020-09-09.

资本金补充政策,积极鼓励政府性担保机构做大做强做精,鼓励市(县)现有担保机构进行增资扩股,扶持市(县)担保机构做大做强,对其进行持续资本金补充。

(4)提高担保的精准性,完善小微企业和"三农"信用评价体系。从担保机构经营来看,省担保集团的利润和信贷市场福利与担保机构信息优势成正比。担保机构应当努力提升其信息优势,注重企业发展前景和成长性相关的软信息。省级担保集团的再担保主要以小微企业和"三农"为主,单户担保金额 500 万元以下的企业高达 99.92%。[①] 这些小微企业和"三农"大多没有固定资产或者抵押物,应加快基础设施建设实现信息共享,以全国企业信用公示共享平台为核心,协同地方部门、市场主体、社会组织等各主体信息系统,实现同一主体信用信息最广泛的集合,形成数据系统一体化的多元服务机制。

省级层面的担保机构要做好"领头"职责,搭建信息共享平台。浙江省政府推出了一个"浙里办"App,在该 App 里可以查看省内企业和个人的信用状况,企业登录后可以查看融资产品、融资需求、信用评分及查询平台授权等功能。浙江省担保集团与政府合作,将与其合作的担保机构加入"浙里办",在企业无法顺利获得银行贷款而在"浙里办"App 中发布融资需求时,"浙里办"App 可以及时推送合作的政府性担保机构,实现多赢。另外,浙担集团地处杭州,有优越的地理位置优势,寻求浙江蚂蚁小微金融服务集团和阿里巴巴集团的合作,能够接入蚂蚁金服和阿里巴巴的信用信息,实现信用信息的共享,控制小微企业和"三农"的担保风险。现在几乎人人都要使用淘宝和支付宝,很多商家也都开设了淘宝店铺,这些群体必然要通过淘宝和支付宝。蚂蚁集团招股说明书中数据显示,2020 年 8 月手机淘宝活跃用户数为 7.6 亿人,支付宝 App 服务超 10 亿用户和超 8000 万户商家(蚂蚁招股文件)。淘宝有自己的用户行为分析,蚂蚁金服致力于科技创新能力,搭建了一个开放、共享的信用体系,拥有庞大的个人和企业信用数据,若浙江省担保集团能够与之合作,担保风险就可降低。

---

① 省担保集团小微、"三农"融资担保业务在保余额突破 300 亿元 [EB/OL]. 浙江省信用与担保协会,2020 – 06 – 12.

(四) 风险分担机制分析——以浙江省为例

1. 浙江省担保集团概况[①]

浙江省担保集团有限公司（以下简称"浙江省担保集团"）是浙江省委、省政府为"有效缓解中小企业融资难，推动全省信用担保体系建设，增加金融机构有效信贷投放，更好地为经济发展服务"而成立的省属大型国有金融企业，履行省级再担保机构的职责，承担着为小微企业及"三农"、相关国有企业及龙头骨干企业融资增信等职能。2016年3月成立至今，浙江省担保集团致力于加强与各市（县）政府、金融机构（银行）和各市（县）融资担保机构合作，探索新型政银担合作机制。截至2021年底，集团融资担保业务在保余额822.4亿元，同比增长90.4%。小微企业和"三农"融资担保业务在保余额766亿元，同比增长93.9%，在保户数10.5万户，同比增长70%，首保户达2.9万户。支小支农主业突出，单户担保额度500万元以下业务占比92.3%，户均担保金额仅64万元。再担保业务主体地位明显，在保余额671.8亿元，同比增长93.6%，业务占比88%。据国家融资担保基金统计，2021年集团小微企业及"三农"融资担保业务单户500万元及以下业务规模继续位列全国第一，业务总规模首次超过安徽，位列全国第二。如表2-3所示。

表2-3　　　　浙江省担保集团全资子公司基本情况

企业名称	成立日期	注册资本（亿元）	投资比例（%）
浙江省融资再担保有限公司	2018-12-29	30	100
浙江省融资担保有限公司	2018-12-29	50	100

资料来源：全国企业信用信息公示系统。

2018年12月29日浙江融资再担保有限公司成立，注册资本30亿元，是浙江省担保集团有限公司的全资子公司，主营融资再担保业务，为小微企业和"三农"融资增信。2018年12月29日浙江融资担保有限公司成

[①] 本部分除特别说明外，资料均整理自浙江省担保集团有限公司官网。

立，注册资本50亿元，也是浙江省担保集团有限公司的全资子公司，主营融资担保业务，为相关国有企业和龙头骨干企业融资增信，防范和化解重大金融风险。浙江省担保集团建立了以董事会（下设战略发展与投资委员会、薪酬与考核委员会、审计委员会、风险控制委员会）、党委、派驻纪检监察组、监事会和经营管理层为主体的组织架构，经营管理层下设计划财务部、审计部、发展研究部、风险管理部、法律合规部等8个部门。如图2-2所示。

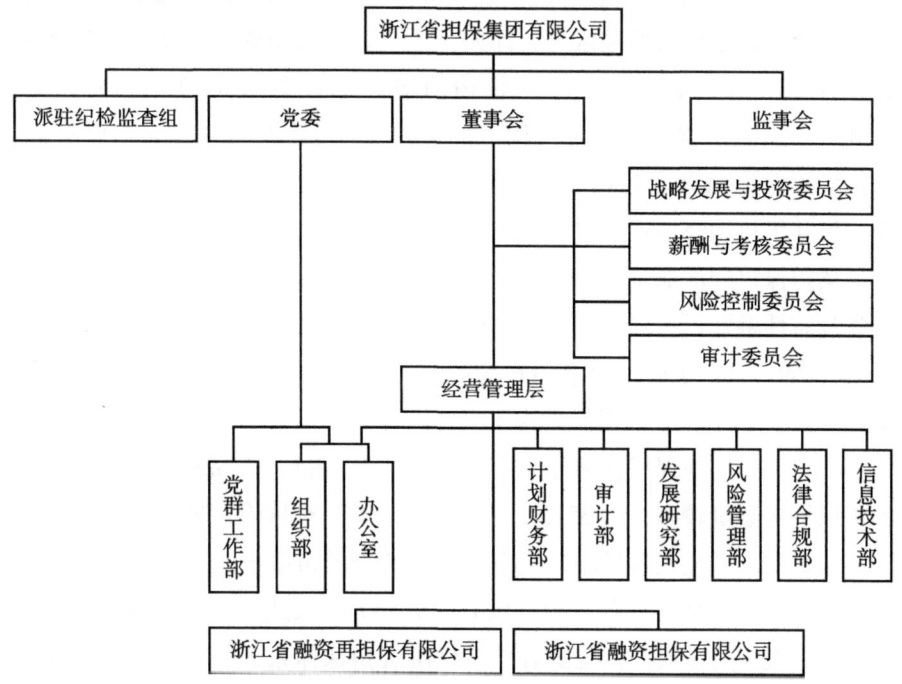

图2-2　浙江省担保集团组织架构

2019年末，浙江省在册小微企业数量达到222.4万家，占浙江省在册企业的87.7%。小微企业成长指数收报于133.11点，同比上涨5.74%，总体呈现小微企业成长稳健的态势。但目前小微企业仍是社会经济的弱势群体，融资能力不足，缺乏可持续能力。自从1999年6月浙江省第一家政府性融资担保机构在丽水市缙云县成立，20多年来，政府性融资担保机构数量增长较快。截至2019年底，浙江省总共存在110家政府性融资担保机构（见表2-4）。

表2-4　　　浙江省政策性融资担保机构注册资本情况　　　单位：家，亿元

年份	10亿元以上	1亿~10亿元	0.5亿~1亿元	5000万元以下	合计	平均注册资本
2016	5	51	9	22	87	20654.77
2017	5	56	10	20	91	20150.16
2018	7	68	12	22	109	26917.11
2019	7	68	12	23	110	26917.11

目前，省级担保集团全力做强担保体系，除机构空白或数量少、年审后机构数量减幅较大的地区外，原则上不再新设融资性担保机构。2016~2019年浙江省政府性融资担保机构的增长率分别是6.90%、17.20%、0.01%，其中2018年的担保机构增长最快，原因是2018年国家担保基金、浙江省担保集团有限公司成立，加快了浙江省政策性融资担保体系的发展，填补了机构空白或数量少的地区。

从担保机构注册资本规模情况来看，如表2-4所示，2016~2019年全省政府性融资担保机构的平均注册资本分别为20654.77万元、20150.16万元、26917.11万元、26917.11万元，注册资本10亿元以上的从5家增加到7家（其中，省级担保机构3家，义乌、杭州、温州、绍兴各1家）；1亿~10亿元的担保机构数量最多，为68家，占比61.82%，1亿元以下的担保机构数量较多，为35家，占比31.82%。整体看，浙江省政府性融资担保机构资本金规模较小，实力不大，部分城市政府性担保机构数量过多，出现"小、散、乱"现象，没有形成合力，长此以往，不利于政府性融资担保机构的发展。但是随着政策性融资担保体系的加快建设，预计担保机构整体的资本金实力将会上升。

浙江省政府性融资担保机构融资担保金额规模持续增长。《浙江省融资担保有限公司主体信用评级报告》显示，2016~2019年，全省政府性融资担保机构的期末融资性担保金额分别约为1337643万元、2069413万元、2993142万元和4486914万元，同比增长55%、45%和50%，增长幅度较大。2016~2019年，全省政府性融资担保机构业务收入分别为23536万元、25915万元、44889万元和61613万元，同比增长为15%、73%、37%。虽然全省融资性担保业务增长良好，但是其放大倍数过低，2016~2019年的放大倍数分别为1.58倍、1.32倍、1.26倍和1.56倍，跟发达国

家的20倍放大倍数相差甚远。我国规定主要服务于小微企业和"三农"的融资担保机构，放大倍数上限可以提高至15倍，浙江省的放大倍数还有很大的拓展空间。全省政府性融资担保机构的代偿率偏高，2016年至2019年代偿率分别为4.48%、3.16%、3.92%和3.49%，与政银担三方合作相比，协调程度还不高，代偿赔付和代偿资金到位还不及时。通过以上数据可以看出，全省政府性融资担保机构在2018年和2019年属于爆发式增长，融资担保业务和融资担保金额增长迅速，加快政策性融资担保体系建设对实体经济发展至关重要。

2. 浙江省担保集团信用风险分担现状

浙江省的小微企业数量众多且涉及众多行业，具有量大面广的特点。但是长期以来，小微企业信贷业务高风险和低收益的特征难以契合金融机构（银行）的商业化经营要求，导致小微企业信贷资金的供给和需求之间难以实现有效对接。小微企业由于缺信用、缺信息、缺抵押，银行不愿意为其提供贷款，而融资担保机构作为银行和小微企业的桥梁和纽带，具有增加信用、沟通信息、分担风险的功能，从而帮助小微企业提高银行信贷的可得性，缓解小微企业融资困境。但是，如图2-3所示，在传统银担风险分担模式中，小微企业违约风险由银行转移到担保机构，银行只作为资金提供者并不承担风险，小微企业违约风险发生时，由担保机构承担100%的风险。在这种风险承担模式下，银行的积极性会提高，但是可能会不断透支担保机构的信用和未来，使担保机构面临较大的代偿压力，又缺乏风险转移的渠道，长此以往，担保机构会丧失为小微企业提供担保增信的积极性。由此可见，在传统银担风险分担模式下，银担合作并不具有可持续性。

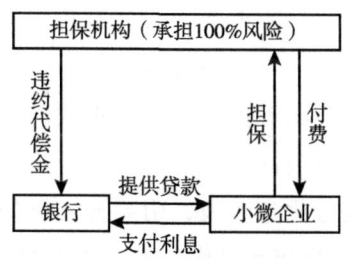

图2-3 传统银担风险分担模式

基于上述背景,浙江省担保集团在借鉴国内外经验的基础上,通过完善银担风险分担机制、再担保机制、财政风险补偿机制最终形成"4222"政银担风险分担模式和代偿援助模式(见图2-4),帮助融资担保机构解决资金流动性问题。"4222"风险分担模式是指对小微企业融资担保项目依托市(县)担保机构承担40%,国家融资担保基金、省级再担保机构、合作银行各承担20%的风险分担模式,共同承担贷款本金代偿责任。

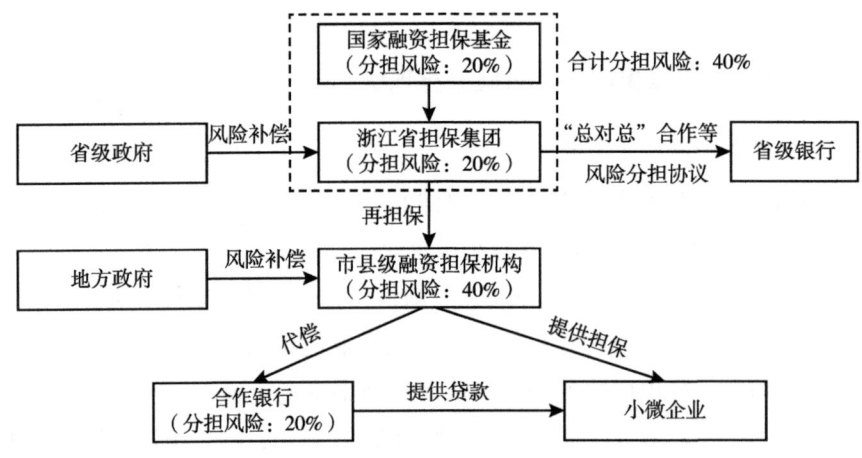

图2-4 浙江省担保集团"4222"政银担风险分担模式

(1)银担风险分担现状。浙江省担保集团探索新型的政银担风险分担机制,旨在突破传统的担保机构承担全额代偿模式,实现风险分担,减轻担保机构的风险压力,同时提高银行的信贷风险控制能力。该机制采用"二八"风险分担机制,即通过再担保业务,建立市(县)担保机构、国家融资担保基金、浙江省担保集团、银行金融机构四方合作的风险分担机制,风险分担比例为4∶2∶2∶2。这样,即使出现借款人违约等风险情况,担保机构也只需承担一部分责任,降低了风险压力。在与银行建立合作关系方面,浙江省担保集团注重政府性融资担保机构与银行系统的整体合作。与许多银行建立"总对总"合作,通过合作银行对体系内融资性担保机构实行优惠政策,引导分支机构扩大合作领域,增加重点信贷投放。截至2019年6月底,省再担保机构已与26家银行签署全面战略合作协议。这些银行在合作中,为担保机构提供优惠政策,提高了担保机构的融资能力,同时也为银行提供了更加可靠的贷款保障。

总的来说,浙江省担保集团探索新型的政银担风险分担机制是一种创新的担保模式,实现了风险分担,降低了担保机构的风险压力,同时也提高了银行的信贷风险控制能力。在与银行建立合作关系方面,注重政府性融资担保体系与银行系统的整体合作,实现了"总对总"合作,为担保机构提供优惠政策,提高了担保机构的融资能力,同时也为银行提供了更加可靠的贷款保障。这种模式的成功应用,有望在全国范围内推广。

(2) 再担保风险分担现状。2018年9月,浙江省担保集团与国家融资担保基金正式签订了再担保业务合同,意味着浙江省正式加入了国家融资担保体系,也标志着浙江省形成了"国家融资担保基金—省级再担保机构—市(县)级融资担保机构"三级融资担保体系。市(县)级融资担保机构直接为辖内小微企业和"三农"提供担保,利用其地域优势对申请担保的小微企业和"三农"进行严格筛选;省级政府性融资担保机构利用自身的信誉和规模为市(县)级融资担保机构提供再担保以缓解其代偿压力;国家融资担保基金又为省级融资担保机构提供再担保从而减轻其代偿压力。通过多层级的融资再担保,为小微企业和"三农"银行贷款筑起了三道"防火墙",有效控制市(县)级政府性融资担保机构的代偿风险,从而提高市(县)级政府性融资担保机构服务小微企业和"三农"的意愿和积极性。三级风险分担机制如图2-5所示。

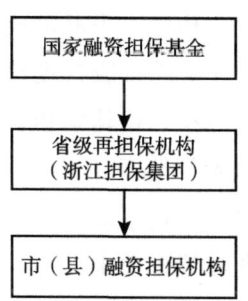

图2-5 浙江省担保集团再担保三级风险分担机制

第一,国家融资担保基金。财政部为国家融资担保基金第一大股东,持股45.39%,其余20家银行、保险等机构入股,持股比例在0.15%~

4.54%不等。国家融资担保基金是国家层面的政府性再担保机构,通过与省再担保机构"股权+再担保模式"开展业务,指导辖区内的融资担保机构开展业务并分担风险,构成政府主导的担保体系,是担保行业系统性建设与可持续发展的顶层制度设计。省级担保机构与国家基金合作应履行尽职调查、风控审查等程序。对纳入合作范围的融资担保业务,原则上按20%分担风险责任。对风险控制好、代偿少、业务规模大的合作机构,适当给予风险补偿奖励;对风险控制差、代偿多、业务规模小的合作机构,适当调减风险补偿。除此之外,国家融资担保基金还适当开展股权投资业务,主要通过参股省级再担保机构,帮助壮大其资本实力,引导省级再担保机构参、控股市(县)融资担保机构,并提供再担保服务,从而形成紧密可控的政策性融资担保体系。

第二,省级再担保机构。省级再担保机构是国家、省级、辖内融资担保体系的重要环节和基础保障,发挥着担保行业"稳定器""放大器"和"减压器"的重要作用。浙江省担保集团作为浙江省唯一一家省级再担保机构,在担保体系中处于核心地位,上接国家融资担保基金,下联辖区内担保机构,推动全省的政策性融资担保体系建设。其职责包括:一是主动对接国家融资担保基金,促进国家政策红利落地生根,争取国家融资担保基金向其注入资本金,进行股权投资,引导更多金融资源支持实体经济发展,并接受国家融担基金的管理和再担保增信,再担保机构向其缴纳担保费;二是主动对接地方政府和融资担保机构,实现再担保政策、业务辖内全覆盖。为构建上下联动机制,浙江省担保集团对市(县)级融资担保机构分类分步进行股权投资、再担保业务覆盖,建立紧密型的再担保组织体系。当担保机构承担代偿责任后,浙江省担保集团按约定向担保机构承担风险补偿责任。担保机构向债务人追偿,再按浙江省担保集团的责任比例给予返还。同时,浙江省担保集团通过人才和技术输出,统一业务标准和管理要求,提升体系内融资担保机构的风险管理能力,充分发挥政策传导作用,形成功能完善、主业突出、风险可控、布局合理、导向明确的再担保组织体系,逐步扩大小微企业和"三农"融资担保业务规模,降低融资成本。

第三,市(县)融资担保机构。市(县)融资担保机构直接为小微企业和"三农"主体提供担保服务（也称直保机构），同时向小微企业和"三农"主体收取一定比例的担保费，为了有效分散自身的代偿风险，市（县）融资担保机构向省级再担保机构申请再担保，将部分风险转嫁给省级再担保机构，并向其缴纳一定比例的再担保费。在担保代偿实际发生时，市（县）融资担保机构需要按比例承担一部分代偿损失，并且获得追偿权。在担保代偿发生以后，先由地方政府、合作的市（县）级融资担保机构以及合作银行按照4∶4∶2的比例进行风险分担，市（县）级融资担保机构履约代偿后，浙江省担保集团在此基础上承担50%的代偿后损失，最终的风险分担比例为20%。以此类推，由于国家融资担保基金为浙江省担保集团提供再担保，浙江省担保集团履约代偿后，国家融资担保基金在此基础上承担20%代偿后的最终损失，对浙江省担保集团的担保代偿进行补偿。通过层层再担保，发挥再担保分险稳定器作用，形成了支持小微企业和"三农"融资的长效机制。

3. 浙江省财政风险补偿政策

政府性融资担保机构在支持地方经济发展中承担了一定的公共职能，同时政策性融资担保业具有高风险、低收益的特征，其发展需要政府财政资金的大力支持。在政银担风险分担模式中，合作担保机构所在地政府需要按照担保代偿发生额的40%给予补偿，此外，2019年浙江省财政厅发布《浙江省担保集团有限公司担保风险补偿办法》，对浙江省担保集团符合条件的再担保业务发生的代偿损失由省级政府提供一定的风险补偿，以保证浙江省担保集团能够可持续发展。

另外，浙江省市（县）政府大多已经构建了以财政出资为主的政策性融资担保代偿补偿机制。按照《浙江省促进企业融资奖励办法》，对使用央行支小再贷款发放小微企业和"三农"平均年化贷款利息不高于支小再贷款利率3个百分点的金融机构（银行），按不超过再贷款使用金额的0.5%给予贴息性奖励；对运用央行政策性资金发放的涉农贷款、小微企业贷款融资成本不高于5%的，给予30%的地方财政贴息，其中，首贷户贷款、信用贷款给予额外5%贴息，出口小微企业贷款给予额外5%贴息。政府性融资担保机构要对符合条件的企业优先给予担保，减半收取保费，取消反担保。强化财政政策引导和扶持，对金融机构（银行）运用1万亿元新增再贷款再贴现额度的担保业务，按照在保余额的3%给予风险补偿。

4. 信用风险分担问题成因分析

（1）银行参与风险分担意愿较弱成因分析。第一，风控模式相对于银行缺乏优势。小微企业及"三农"之所以普遍存在融资难、融资贵的情况，关键在于小微企业及"三农"总体风险较高，银行要么提高贷款价格以覆盖信贷风险，要么提高准入门槛来降低未来风险，承担小微企业和"三农"的贷款业务，金融机构（银行）客观上不可能实现"高效率—低成本—低风险"经营目标。从金融机构（银行）的角度出发，融资担保机构作为专业经营信用、管理风险的机构，应当有良好的风险意识和专业的风险管控能力。金融机构（银行）和融资担保机构合作的目的之一是想通过担保机构弥补其在小微企业及"三农"信贷风险控制功能上的不足，缓解商业银行对小微企业及"三农"提供贷款的信用恐惧，从而拓展其服务小微企业及"三农"的业务边际能力。但是，浙江省担保集团及其合作担保机构的风控模式基本照搬银行信贷业务的风控模式，通过"从严管理"对担保业务的风险进行有效管理，并没有针对小微企业及"三农"信贷风控难点形成自身特色的风控模式，在银担合作中并没有发挥其风控辅助作用，这就决定了担保机构的价值没有得到体现，因此，金融机构（银行）参与风险分担的意愿较低。

第二，银行缺乏风险分担的内在动力。担保机构由以前承担100%的风险转变为现在承担80%的风险，从理论上说，金融机构（银行）对于这种转变是接受的，认为风险共担更有利于金融机构（银行）开展小微企业和"三农"的信贷业务，扩大银行对小微企业和"三农"的融资规模。但是在现行监管和考核体制下，金融机构（银行）与担保机构进行风险共担还存在诸多障碍，2016年财政部修订发布了《金融企业绩效评价办法》，规定银行类金融机构的评价指标包括四大类：盈利能力、经营增长、资产质量以及偿付能力，这四大类指标又细分为13个具体指标，具体如表2-5所示。

表 2-5　　　　　　　财政部对银行类金融机构考核标准

评价指标		权重（%）
盈利能力	成本收入比	10
	资产利润率	5
	资本利润率	10
经营增长	经济利润率	10
	利润增长率	5
	国有资本保值增值率	5
资产质量	杠杆率	10
	流动性比例	5
	拨备覆盖率	5
	不良贷款率	5
偿付能力	核心一级资本充足率	10
	一级资本充足率	10
	资本充足率	10

资料来源：《金融企业绩效评价办法》（财政部 2016 年修订）。

从表 2-5 可以看出，财政部门作为银行的出资人，对银行的考核指标中，盈利能力以及经营增长的考核权重合计达到 45%，而且并没有涉及小微信贷等指标的考核。由于银行的考核标准以保值增值为核心，这就决定了金融机构（银行）具有厌恶风险的心理，宁愿舍弃一些收益，也不会增加自身风险。在此背景下，出于对自身利益的考虑，金融机构（银行）与担保机构合作的基本要求是金融机构（银行）在银担合作中能够实现盈利，不会发生亏损，一旦违背上述要求，金融机构（银行）肯定不会与担保机构合作进行风险分担的。而小微企业和"三农"的违约风险较高，担保代偿发生的概率也比较高，显然不符合金融机构（银行）对于融资担保业务绝对的"零风险"、旱涝保收的基本要求，因此，金融机构（银行）参与风险分担的愿望不高。除此以外，金融机构（银行）为大中型企业或者政府项目提供贷款的同时能够获得一定的存款资源，而小微企业和"三农"能为金融机构（银行）提供的存款资源很少，存贷资金"倒挂"无法弥补。因此，小微企业和"三农"信贷资金主要来源于金融机构（银行）同业拆借，而同业拆借的利率一般要高于存款利率，导致金融机构（银行）开展小微信贷业务的成本也比较高，因此，金融机构（银行）为小微企业和"三农"提供贷款并不积极，对于和担保机构合作的积极性也不高。

第三，银担信息互通平台缺失。小微企业和"三农"融资难、融资贵的问题是多方面原因导致的，主要原因一是小微企业和"三农"本身存在诸多不足，如缺乏有效抵押物、经营风险高、财务信息不健全等；二是我国资本市场还不发达，小微企业和"三农"融资渠道单一。但最根本的原因在于小微企业和"三农"信用信息难以获取，银企信息不对称。金融机构（银行）作为外部机构，不能准确判断小微企业和"三农"的还款能力和还款意愿，难免会受"二八定律"的影响（银行服务20%的大中型客户即可获取80%的利润）。在此背景下，金融机构（银行）会集中精力服务大中型客户，对于开展小微企业和"三农"信贷业务的积极性并不高。小微企业和"三农"低端客户便成了政府性融资担保机构的主要客户来源，解决小微企业和"三农"低端客户的融资困境实质上是在解决小微企业和"三农"信息不透明的问题，在金融机构（银行）、小微企业和"三农"之间形成桥梁和纽带，帮助金融机构（银行）全面、真实、动态地掌握小微企业和"三农"的治理机制、生产经营情况，尤其是营业收入、经营效益、资产负债等基本信息。但是，浙江省担保集团尚未开发出银担信息的交流系统，在银担信息互通平台缺失的背景下，金融机构（银行）并不能及时有效地获取被担保小微企业和"三农"信息，甚至由于担保机构内部信息保密等原因，担保机构不能完全实现与银行共享信息，因此，金融机构（银行）参与银担合作，与担保机构进行风险共担的意愿并不高。

此外，融资担保机构不需要对外公开披露信息，也不需要对外发布年报，而且通过浏览有关省级担保集团的官方网站可以发现，网站上看似信息量很大，但是都是一些机构基本信息和担保行业的资讯，并没有涉及其再担保业务、被保企业、合作担保机构的具体信息，导致在银担信息互通平台缺失的背景下，金融机构（银行）作为担保机构的外行，也难以全面掌握合作担保机构的经营状况，对担保机构已合作的金融机构（银行）数量、担保或有负债、担保放大倍数等信息了解较少，无法进行风险控制。而且从省级担保集团及其合作担保机构的角度出发，为了实现与金融机构（银行）风险共担，往往会向金融机构（银行）隐瞒对自身不利的信息，在这种情况下，一旦与银行合作的担保机构经营出现异常，合作有关省（区、市）往往陷入被动局面，因此，有关省（区、市）对于银担合作持审慎态度。

（2）合作担保机构风控效果欠佳的成因分析。第一，存在逆向选择与道德风险。省再担保机构在为市（县）融资担保机构提供再担保的过程中，再担保风险的主要来源是信息不对称引起的逆向选择。那些资金运转困难、企业风险较大的企业为了能够获取金融机构（银行）贷款，往往都会主动寻找担保机构。而那些实力基础较好的企业则不会主动与担保机构合作。也就是说，只有风险较大的企业才选择与担保机构合作，无形中为担保机构埋下了风险隐患，也增大了信用再担保过程中的风险。

此外，合作担保机构也存在较高的道德风险。道德风险是指由于不必对后果承担全部责任，在利益的驱动下，人们为了实现自身利益最大化而做出不利于他人的行为，其根源仍然是信息不对称。道德风险一般不容易被发现，具有潜在性。在再担保过程中，由于无法直接观测到合作担保机构的行动和努力程度，合作担保机构有可能为了追求短期利益，实现自身利益最大化，在再担保责任较为宽松的情况下，降低对小微企业和"三农"的筛选标准，对担保贷款的使用和流向不及时进行跟踪，只维持较低的风险控制水平，从而降低前期调查和后期监督的成本，最终使高风险项目进入再担保，损害浙江省担保集团的利益。

第二，合作担保机构风控能力弱。担保机构经营的是风险，风控是机构的核心，无论是团队建设、管理控制体系的架构设计、业务操作的风险识别还是经营理念，都统统围绕风控这个核心。首先，在人才队伍建设上，需要重点围绕专业性来引进和培养具备识别风险、控制风险、化解风险能力的人才，但是由于先前融资担保机构的定位模糊，社会认可度较低，融资担保机构很难留住高素质人才。其次，部分市（县）融资担保机构是由当地相关政府部门改制而来，或由资本实力强大、规模发展良好的混合担保机构改革而来。大多工作人员继续留在担保机构任职，年龄偏大，业务能力和创新意识不强。最后，经济下行使市场需求下降，企业订单不足、原材料等经营成本上升导致小微企业和"三农"的经营陷入困境，市（县）级融资担保机构面临的违约风险也急剧上升。这时企业为了降低自身代偿风险，将高风险项目向再担保机构申请再担保，使省级担保集团再担保机构的高风险项目集聚。

第三,缺少有效的激励措施。省级担保集团作为再担保机构,其核心职能是为合作担保机构提供再担保,合作担保机构是其直接客户,小微企业及"三农"是其间接客户,再担保机构无法与被保企业产生直接联系获取与其相关的信息。因此,在代偿风险防控中,再担保机构处于被动地位。在省级担保集团与合作担保机构达成合作后,小微企业及"三农"违约风险是其面临的最直接、最主要的一种风险,当小微企业及"三农"代偿发生后,其代偿风险会先传递给合作担保机构,然后通过合作担保机构传递给省级担保集团再担保机构,省级担保集团代偿后只能通过事后追偿挽回代偿损失。一般情况下,所能追回的损失极为有限,由于企业代偿风险是由合作担保机构传给省级担保集团再担保机构,浙江省担保集团对于代偿风险的控制需要立足于合作担保机构,比如通过制定合理的优惠政策,对合作担保机构形成正向激励,以提升其在风险防控中的主观能动性。然而,由于激励政策尚未完善,那些在风险防控方面表现出色的合作担保机构没有得到应有的认可,而那些表现不佳的机构也不会受到相应的惩罚。久而久之,合作担保机构都会失去防控被保企业违约风险的内在动力,降低小微企业及"三农"的选择标准且疏于贷后监督,导致省级担保集团的代偿风险上升。

(3)再担保机构代偿分险作用薄弱成因分析。第一,资本金来源渠道单一。政府性融资担保机构作为小微企业和"三农"担保增信的平台,决定了其必须有雄厚的资本实力承担代偿损失,否则,风险分担的功能就难以发挥。融资担保属于"低收益、高风险"行业,在业务开展过程中必定会损耗资本金,为了保证自身的资本金充足从而提高担保代偿能力,需要持续的资本金注入,否则其业务拓展就会受到阻碍。由此可见,资本金对于省级担保集团的发展来说是一个永恒的话题,资本金的规模是影响再担保代偿分险能力重要的因素之一。拓宽资本金来源渠道,突破财政资金补充资本金的局限性是解决政府性融资担保机构资本金规模受限的有效途径。据了解,德国担保银行的股东包括商业银行、保险公司、工商业协会等机构。我国国家融资担保基金共有21个股东,其中财政部是最大股东,持股45.39%,此外还有20家金融机构入股,包括五大商业银行、邮政储蓄银行、9家股份银行,以及国家开发银行、中国进出口银行和中国农业发展银行等18家银行，中国人寿和北京金融街资本运营中心2个非银行类金融机构。但是，浙江省担保集团自成立以来一直都是省级财政单独注资，而且多为一次性投入，尚未实现常态化和制度化，资本金的补充无法得到保障，很大程度上限制了省级担保集团的担保代偿能力。

第二，担保业务模式单一。省级担保集团专注于再担保业务，其营业收入主要来源于向合作担保机构收取的再担保费和保本类的理财产品，业务模式单一，收入来源有限，而且融资担保是准公共产品，业务盈利水平不强，自身造血功能不足。处在盈亏平衡边缘的省级担保集团难以支撑更多市（县）级融资担保机构的再担保需求。与此同时，省级担保集团作为再担保机构，再担保收费仅为市（县）级融资担保机构担保收费的40%，在政银担风险分担模式中，省级担保集团与合作担保机构一样都承担20%的风险，承担相同的风险获取的收入却更低。因此，省级担保集团对于风险的厌恶更甚于市（县）级融资担保机构，风险偏好处于较低水平。在选择合作担保机构时，对于市（县）级融资担保机构的整体实力、规范化水平、风险控制能力等方面都有较高要求，对于代偿风险处于较高水平的市（县）级融资担保机构持否定态度。最终导致自身业务拓展能力受限，对市（县）级融资担保机构的覆盖率偏低，再担保代偿分险的功能不能完全发挥。

第三，代偿分险意愿不强。受经济下行的影响，小微企业和"三农"信用风险更容易暴露，而融资担保行业与小微企业和"三农"是共生共荣的关系，小微企业和"三农"信用风险会通过两者之间的连锁联动最终传导给融资担保机构，导致融资担保机构经营风险上升。省担保集团为了有效规避风险，防止小微企业和"三农"经营风险向自己转移和集中，导致资金链断裂，将企业逼至破产边缘，不断提高再担保业务准入标准，对于拓展再担保业务规模的意愿并不强烈，出现了不敢赔、不愿赔的发展倾向，而省担保集团不承担损失，其风险分担的作用就发挥不了。此外，目前对于政府性融资担保机构的考核标准仍存在简单套用国有企业、金融机构的绩效评价体系，侧重于考核资本保值增值和盈利水平，要求政府性融资担保机构不能亏损，而忽视了政府性融资担保机构支持小微企业和"三农"融资情况的考核，在重盈利考核的绩效评价导向下，省担保集团不得不把短期年度性利润作为主要经营目标，在履行政府性职能的同时还要控制风险避免亏损,为了防范风险,避免亏损,其主动作为动力不足,不愿意提高再担保业务量,风险分担的作用未能充分发挥。

(4) 政府风险补偿积极性不高的成因分析。尽管浙江省的小微金融实践在全国走在前列,但是,面对小微企业与"三农"融资难、融资贵的问题也同样举步维艰。政府尝试通过减税降费、奖励补贴等一系列措施来缓解小微企业与"三农"融资困境,但是由于小微企业与"三农"资金缺口庞大,收效甚微。在政银担模式中,政府主动承担一部分的代偿损失,希望能够起到"四两拨千斤"的作用,撬动更多贷款资金投向小微企业与"三农"。该模式在实际运行中,政府为了缓解小微企业与"三农"融资困境,虽然会给予一定程度的支持,然而,政银担风险分担模式作为国外引进的一种新型模式,其持续性、稳定性都尚待检验,而且由于我国经济从高速增长进入中高速增长新常态,经济增长速度放缓,财政资金增收难度加大,再加上之前财政资金扶持小微企业与"三农"发展的失败经验,在未能确定其是否能够真正缓解小微企业与"三农"融资困境之前,政府对于投入财政资金支持省级担保集团的发展持审慎保守态度,不敢像国外政府一样对政府性融资担保机构持续投入大量资金,以免使财政资金处于风险暴露中,造成财政压力。因此,政府对于为浙江省担保集团提供风险补偿表现并不积极,使浙江省担保集团难以持续、充足、及时地得到风险补偿资金。只有在政银担模式带来的社会与经济效益的总和大于风险时,政府才能对其形成稳定支持。

(五) 风险分担机制分析——以安徽省为例

1. 安徽省担保集团概况①

近年来,小微企业融资难、融资贵的问题一直是困扰着安徽省的一大难题。为了解决这个问题,安徽省采取了一系列措施,其中之一就是扶持政府性担保机构。安徽省信用融资担保集团(以下简称"安徽担保集团")成立于2005年11月,是由安徽省人民政府出资设立的国有大型政府性担保机构,注册资本186.86亿元,资产总额306.11亿元(2022年末)。集

---

① 本部分除特别说明外,资料均整理自安徽省信用融资担保集团有限公司官网。

团坚持政策性定位、践行普惠金融、服务实体经济、促进地方经济发展的经营宗旨，紧紧围绕安徽省委、省政府决策部署，聚焦主责主业，创新探索能够有效破解小微企业融资难、融资贵问题的担保模式，形成直保、再担保、科技担保、普惠担保和资产管理等业务板块。截至2022年底，累计为41.35万户企业提供担保再担保14489亿元，其中直接担保4257亿元、再担保10232亿元，有力支持了小微企业和"三农"发展，成为政府资金的"放大器"、县域经济的"助推器"、金融风险的"减压器"、创新发展的"孵化器"和金融活水的"导流器"，为现代化美好安徽建设作出积极贡献。安徽省担保集团建立了以董事会、党委、派驻纪检监察组、经营管理层为主体的组织架构，经营管理层下设宣传部、综合计划部、担保1~6部、再担保总部、投资管理部、资产质量和风险管理部、项目评审部、合规法律部、业务研发部、稽核审计部、信息技术部、财务管理部、人力资源部、党建工作部等21个部门，如图2-6所示。

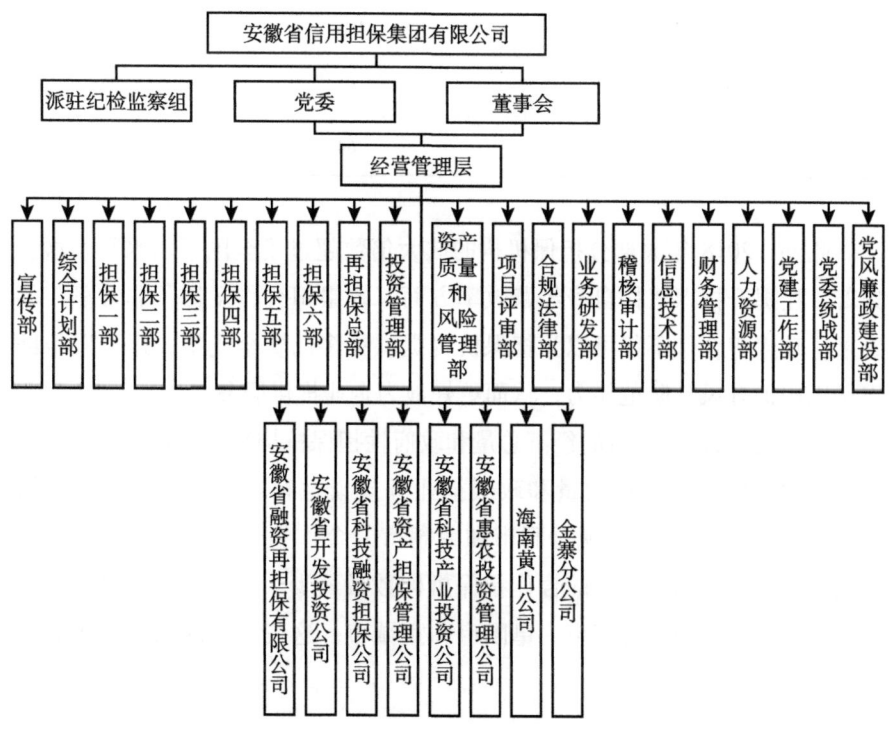

图2-6 安徽省担保集团组织架构

截至2019年7月，安徽省拥有127家政府性融资担保机构，这些机构已经加入政银担合作中，占比超过90%。另外，这些机构分布在全省16个省辖市和106个县（市、区），覆盖面非常广泛。在政银担业务中，其在保余额占据了整个省份的65.98%。这意味着，政银担合作已经成为安徽省融资担保业务的主要形式之一。如表2-6所示，可以看出安徽省的融资担保机构中县级机构占据了大多数。这些机构中，65.35%的机构的政银担业务占据了自身总业务的一半以上。这说明县级机构在政银担合作中的表现非常出色，也表明政银担合作对于县域经济的发展起到了积极的促进作用。

表2-6　　　　　　　　　合作担保机构基本情况

项目	担保机构数量（家）	占比（%）
市担保机构	22	17.32
县级担保机构	105	82.68
政银担业务占比50%以上	83	65.35
担保放大倍数大于全国平均倍数	64	50.39

此外，2018年大部分担保机构的放大倍数超过了全国平均水平。这意味着，在提升担保机构自身经营效率方面，政银担合作发挥了非常显著的效果。政银担合作不仅可以为担保机构提供更多的资金支持，还可以帮助担保机构提升风险防范能力，从而更好地为企业提供服务。

由于安徽省16个市的经济总量和政府性担保机构数量存在差异，因此各地区的合作担保机构数量和政银担业务规模也存在一定的差异。根据表2-7的数据，可以发现合肥市和芜湖市的合作担保机构数量最多，而淮北市、亳州市和淮南市的合作担保机构数量最少，只有5家。另外，政银担业务主要集中在合肥市、阜阳市和宣城市，这三个地区的政银担业务规模远高于其他地区。

表2-7　　　　安徽省合作担保机构地区及业务分布情况

地区	担保机构数量（家）	占比（%）	政银担业务在保规模（万元）	政银担业务在保户数（户）
合肥	15	11.81	754350.0	1757
淮北	5	3.94	133016.5	245
亳州	5	3.94	272967.0	854
宿州	7	5.51	464930.7	864
蚌埠	6	4.72	292082.9	345
阜阳	9	7.09	856509.8	7644
淮南	5	3.94	205761.0	489
滁州	9	7.09	494379.4	1395
六安	9	7.09	457291.5	7577
马鞍山	8	6.30	268480.0	629
芜湖	10	7.87	438201.7	1392
宣城	9	7.09	512773.8	1117
铜陵	6	4.72	485997.4	1018
池州	7	5.51	424525.0	537
安庆	9	7.09	347955.0	938
黄山	8	6.30	321057.6	628

目前，152家银行机构加入政银担合作，实现了省内银行业金融机构的全覆盖。这是一个重大的进展，因为政银担合作是促进小微企业发展的重要途径之一。在这152家银行机构中，地方性银行成为主力军，国有银行跟进，股份制银行补充，其他金融机构也参与了其中。这表明政银担合作已经得到了广泛的认可和支持。

数据显示，地方性银行2019年1~7月新增业务合计282.11亿元，新增业务占比最高，而四大国有银行居次，新增政银担业务92.74亿元。这也反映了地方性银行在支持小微企业方面的作用越来越重要。但是，与2018年相比，地方农商行政银担业务增速放缓，而四大国有银行和徽商银行的政银担业务增量却在上升。这说明国有银行和股份制银行在政银担合作中的作用也在不断提升。值得注意的是，农商行也存在政银担业务增长量下降，地方银行参与度不高的问题。这可能是由于地方银行在政银担合作中的竞争力相对较弱，需要加强自身的信用评级和风险控制能力。同时，政府也应该加大对地方银行的支持力度，鼓励其积极参与政银担合作，为小微企业提供更好的金融支持。

近年来，安徽省融资担保行业的担保余额不断增长。如表2-8所示，安徽省2015年的融资担保余额为1569.13亿元，2018年为2112.8亿元，年均增长速度为8.09%。值得注意的是，增长的很大一部分金额来自政府性融资担保机构。这表明自2014年安徽省推出"4321"政银担融资担保模式以来，政策性融资担保余额存在明显上升趋势，这说明该模式的实施效果良好，为政策性融资担保体系的健康发展奠定了坚实的基础。

表2-8　　　　　　安徽省融资担保机构担保余额　　　　　单位：亿元

年份	全省融资担保余额	政策性融资担保余额
2015	1569.13	1337.27
2016	1838.69	1658.34
2017	2066.44	1822.56
2018	2112.81	1909.01

资料来源：安徽省地方金融监督管理局信息公开网。

担保机构信用水平对小微企业融资担保有着至关重要的影响。高评级信用水平的担保机构在业务水平和放款银行对接中起到了非常重要的作用。对于小微企业而言，拥有高评级信用水平担保机构的担保，可以增加企业在银行融资中的成功率，同时还能够降低企业的融资成本。因为银行在考虑是否为企业提供贷款时，会考虑担保机构的信用水平，高信用水平的担保机构会让银行更加愿意为企业提供贷款。除了对企业融资的影响外，区域内担保机构整体信用水平的高低也是反映当地融资担保业发展水平的重要指标。如果一个地区的担保机构信用水平整体较高，那么就说明当地的融资担保业比较成熟，对于小微企业的融资支持也会更加充分和有效。因此，政府和监管机构应该加强对担保机构的监管，提高担保机构的信用水平，以促进当地融资担保业的发展。

如表2-9所示，2015~2018年，安徽省信用评级在A+以上的机构数量不断增加，其增长幅度达到35%，信用担保的能力和水平不断提升，这是一个好的趋势，也说明安徽省的融资担保业在不断发展和壮大。同时，企业也应该选择信誉良好的担保机构进行合作，以获取更多的融资机会和优惠条件。

表2-9　　　　　安徽省融资担保机构信用评级情况　　　　　单位：家

机构分类	2015年	2016年	2017年	2018年
信用评级A+及以上机构数量	27	30	28	36
信用评级A-及以上机构数量	68	80	88	92

资料来源：安徽省地方金融监督管理局信息公开网。

2. 安徽省担保集团信用风险分担现状

近年来，小微企业的抗风险能力逐渐减弱，存在信用问题的企业也越来越多，这些问题给担保行业带来了巨大压力，这样一来，担保机构的风险管理能力也需要得到提高，以便更好地应对风险。为了应对这些问题，安徽省政府和银行联手推出了"4321"新型政银担合作机制。这种机制可以有效管控担保业务风险，提高小微企业的金融服务获得率。这种合作机制可以让政府和银行共同承担一部分风险，从而让担保机构的风险得到有效管理。除了"4321"新型政银担合作机制之外，还有就是推动实现国家担保基金、省级再担保机构、市级担保机构、县级担保机构和银行各自承担20%责任的"520"模式，该风险分担模式可以将政策性业务和市场性商业业务结合起来，为银行放款提供支持。同时，这种模式也可以为小微企业的发展提供保障。新型风险分担模式使得担保机构承担的代偿压力减轻，贷款银行也承担了违约风险的20%。整个流程更加规范，对风险的控制力度也大大加强。这种模式可以让银行更好地管理风险，同时也可以为小微企业提供更好的金融服务。

银行在贷款过程中，也面临着信息不对称的问题，无法全面了解小微企业的真实情况，导致贷款风险增大。为了解决这一问题，银行、小微企业和担保机构之间的合作模式应运而生。在这种模式中，小微企业通过担保机构提供担保，银行发放贷款，担保机构承担全部风险，可见对于担保机构而言，100%的风险承担不利于自身业务的发展。因此，在这种情况下政策性融资担保贷款出现——由政府提供担保，鼓励银行放贷给小微企业。这种方式能够有效解决小微企业融资难的问题。

安徽省"4321"政银担合作模式是一个成功的案例,合作模式如图2-7所示。

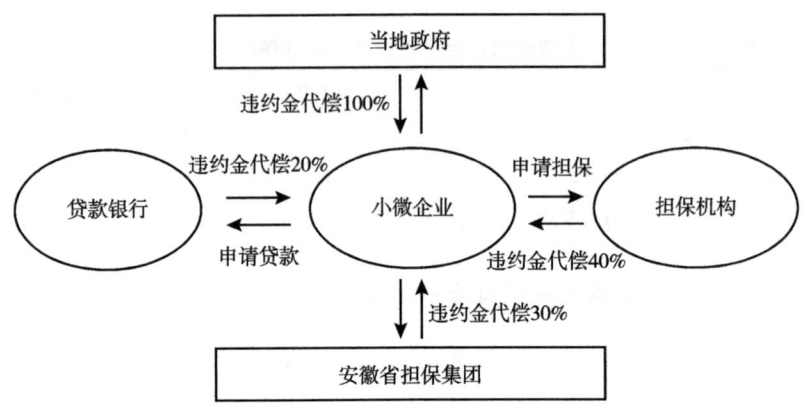

图2-7 安徽省"4321"政银担的合作模式

这种政府、银行、小微企业和担保机构合作成立新型的融资方式,将小微企业贷款的风险分成了4份。为了确保这种融资方式的有效实施,安徽省财政厅要求各地区财政部门提供政策扶持和监管。政府制定了一些相关政策,例如,减免小微企业的税收和利息等,同时也会加强对担保机构的监管,确保它们能够履行自己的担保职责。这种融资方式的好处也是显而易见的,由于政府和银行参与其中,它们能够更好地了解小微企业的情况,从而更准确地评估它们的信用和风险,缓解了小微企业融资过程中信息不对称的问题。

另外,"4321"政银担模式作为一种新型的融资担保模式,其核心特征包括比例责任再担保机制、统一的管理体系和银担风险分担机制。这种模式的出现,解决了以往融资模式中风险仅由一方承担的问题,让参与其中的各个机构都能更好地接受和控制风险。

其中,比例责任再担保机制是"4321"政银担模式的重要组成部分,它通过安徽省担保集团提供一定额度的再担保与风险比例分担,让贷款银行更加放心向小微企业提供贷款。这种机制的出现,有效地减轻了银行的风险压力,提高了银行对小微企业的信任度,同时也为小微企业提供了更多的融资渠道。统一的管理体系是"4321"政银担模式的另一个重要特征,这种体系包括建立融资担保行业保证金等风险补偿措施,对出现风险的小微企业实行有效的资金补偿,减轻了体系中金融机构的负担。这种统一的管理体系,使得各个机构之间可以更好地协作,形成协同效应,提高了整个融资担保体系的运转效率。另外银担风险分担机制也是重要部分,它将小微企业违约的风险分为不同比例的部分,使得银行成为风险的承担者,加强了银行在开展融资担保贷款业务的承担责任,降低了信息不对称的风险。这种机制的出现,促使银行和担保机构发挥协同效应,提高了整个融资担保体系的运转效率。

3. 安徽省政策性融资担保风险补偿政策

近年来,"4321"政银担合作模式在安徽省得到了迅速发展,为小微企业提供了更多的融资渠道和更低的融资成本,成为安徽省财政的重要支持对象。安徽担保集团作为该模式的重要参与者,获得了国家融资担保基金的全国首批最大授信额度。这意味着,安徽担保集团能够为更多的企业提供更多的融资担保服务,进一步促进了"4321"政银担合作模式的发展。另外,为了确保"4321"政银担合作模式的顺利推进,安徽省财政厅出台了一系列政策保障,包括加大对担保机构的财政支持力度、优化政策环境、完善监管制度等。

(1) 建立风险补偿基金。2016年,安徽省成立了融资担保风险补偿基金,旨在为小微企业提供更加全面、便捷的融资服务,同时降低担保机构的风险。该基金的资金来源包括运营收益、追缴违约资产、财政预算和风险保证金。基金实行封闭式运行、独立核算,由省财政厅共同负责风险管控,确保基金的资金安全和运营效率。此外,再担保机构与加入基金的担保机构一起监督基金运作,加强风险控制和监管。

对于发生代偿的企业,基金向有关担保机构偿还在保余额的20%或30%,以减轻担保机构的压力,提高其风险承受能力。同时,基金还将积极协助企业解决融资难题,为小微企业提供更多的融资支持和保障。安徽省政府为支持小微企业发展所采取的措施,有助于缓解企业融资难、融资贵的问题,促进经济发展。同时,该基金也有望成为其他省份借鉴的典范,为全国范围内的小微企业提供更好的融资服务。

(2) 设立行业保障金。为了保障担保机构的稳健运营和小微企业的融资需求,安徽省政府设立了融资担保行业保障金,并聘请专门的资金管理团队对其进行运营管理。融资担保行业保障金是指政府或相关机构设立的一种保障基金，用于支持担保机构履行代偿责任、参与不良资产处置与管理、为小微企业提供资产续贷和过桥业务。融资担保行业保障金的主要用途包括三个方面。第一，保障金用于支持担保机构履行代偿责任。当小微企业无法按时还款时，担保机构需要履行代偿责任。然而，代偿过程中存在一定的风险，担保机构可能面临无法收回代偿款的情况。为了保障担保机构的稳健运营，保障金可以用于支持担保机构履行代偿责任，降低其风险。第二，保障金用于参与不良资产处置与管理。不良资产是指无法按时还款或已经违约的贷款，对于担保机构来说，不良资产的处理和管理是一项重要的工作。保障金可以用于参与不良资产的处置和管理，降低担保机构的风险和损失。第三，保障金用于为小微企业提供资产的续贷和过桥业务。小微企业在融资过程中面临的困难较大，需要获得更多的资金支持。保障金可以用于为小微企业提供资产的续贷和过桥业务，帮助其更好地获得资金支持，促进其发展。

另外，该担保基金已经从合肥试点向安徽省内各市县推广，为各地融资担保模式的建立与完善提供了充足的保障。通过设立融资担保行业保障金，政府可以有效地降低担保机构的风险，保障小微企业的融资需求，促进经济的发展。同时，聘请专门的资金管理团队对其进行运营管理，规定了资金使用的目的和范围，也可以保证基金的有效运营和管理。

4. 安徽省政策性融资担保风险管控机制

安徽监管局按照国家金融监督管理总局的统一标准，强化对地方财政部门的监督力度，具体措施包括六个方面。第一，将行政许可与日常监督相结合，明确各类担保公司的变动情况，涵盖监管意见书、年度实地检查及评估报告等。对于新成立的担保公司实施实地检查，确保其符合相关监管要求。第二，制定管制员操作手册，优化管制员工作环境，确保管制员能够参与并有效执行管制工作。通过组织市级和县级监察干部的培训与考察，提升其专业素质。第三，构建综合监管平台，将金融担保公司的基本信息、经营数据、业务台账、监督详情、审批信息、高级管理人员资料及机构评估等资料数字化。推动金融中介服务一体化服务平台的建设，实现对金融中介服务平台的自动采集与对接。第四，对金融担保公司实施六年期的资信评估，对资信等级达到BBB级或以上的公司进行年度公示。信贷评估结果不仅作为对金融担保公司分级监督的重要参考，也是商业银行综合信贷管理的基础。第五，发布市（县）级监管机构履行职责评估的指导意见，将监管不力的区域划分为高风险区域，以激励其增强监管力度，提升监督效率。第六，确保市（县）监管机构日常非现场监督工作的执行，如财务报表的提交、重大事项的报告等，确保基层监督工作的每个环节都得到落实，保障监督工作的规范性和高效性。

5. 信用风险分担存在的问题

目前，"4321"政银担合作模式在安徽省的运行状况良好，规模和贷款总额也在不断增加。然而，在实际运行过程中，该模式仍然面临许多挑战和问题。本章旨在分析该模式在运行过程中可能存在的信用风险分担问题。

（1）政府风险监管力度不足。罗伯（Rober，2014）对融资担保的风险类别进行了细分，并提出了将融资担保风险划分为经济性、技术性及社会政治性三大类别的观点。安徽省内的融资担保机构所面临的风险主要源自经济层面和技术层面，倘若不加大管理力度，这些风险有可能在局部地区逐步升级为社会政治层面的风险。在市（县）级担保机构层面，其体量依旧偏弱，风险防控措施显得捉襟见肘，专业型人才缺口明显，风险准备金计提不充分，近年来不良风险屡屡暴发，导致地方金融生态环境遭受重创。某些融资担保实体擅自利用自身资金进行外部借贷，或假借投资、代偿之名，暗中实施资金外借，或直接乃至间接地挪用资本金。极少数机构甚至涉足资金吸纳活动，其手段主要依托股东、高层管理人员及员工与外界展开与担保主业无关的资金交易。对于政府监管部门而言，如何综合考虑业务范畴、担保额度、代偿实力等因素，针对政府背景的融资担保机构构建合理有效的监管体系，无疑是一项艰巨的任务。此外，鉴于融资担保领域所特有的高风险与低回报特性，这一行业无疑依赖于银行与政府携手打造的风险共担及补偿体系作为其坚实的支撑基石。由于体制机制的束缚、监管资源的不足以及地方财政的局限等多重制约，政府在协助融资担保机构进行风险控制的广度与强度方面仍显不足。例如，霍山县某融资担保机构突陷重大风险漩涡，当地监管部门在应对上显得力不从心，地方政府迫于无奈只得宣布其破产。此举对当地金融生态造成了深重创伤，更为当地小微企业的融资成长投下了长久且深远的阴影。

（2）银行持续参与意愿较弱。商业银行是一种以盈利为目的的金融机构,因此在选择业务时需要考虑盈利水平。一些盈利性相对较弱的业务难以引起银行的重视,因为银行需要确保其盈利能力。就"4321"政银担模式而言,虽然商业银行不会承担违约后的大部分风险,但与之前的"银担"模式相比,商业银行肯定是更愿意将风险全部转移。在"4321"模式中,商业银行需要承担20%的风险,当代偿发生时,这可能会影响其不良资产数量。商业银行需要谨慎选择参与政银担项目的数量和规模,以确保其风险控制能力。如果银行参与的项目出现问题,不良资产的数量可能会增加,对银行的财务状况造成影响。因此,只有一部分银行在模式初期响应安徽省政府号召,但随着项目数量和规模的增加,银行可能会变得谨慎,在政银担模式中的积极性随着业务增加而下降。银行需要确保其风险控制能力和盈利能力,并避免过度参与政银担项目。除此之外,政府通常会对政银担贷款的利率有所限制,这可能会导致商业银行的利润水平受到一定影响。商业银行需要权衡利润和风险,以确定是否参与政银担模式。

(六)风险分担机制分析——以广东省为例

1. 广东省政策性融资担保发展历程

广东省政策性融资担保的发展历程可以追溯到20世纪初,广东省政府开始实施扶持小微企业的政策,为小微企业提供贷款担保。然而,由于缺乏专业的担保机构,政策效果不尽如人意。2004年,广东省开始建立小微企业信用担保体系。该体系包括政府全资担保机构、互助性担保机构、商业性担保机构和再担保机构。政府全资担保机构由政府出资设立,主要为小微企业提供贷款担保服务。互助性担保机构由企业和个人组成,相互为担保提供支持。商业性担保机构则是以盈利为目的的专业担保机构。再担保机构则为其他担保机构提供再次担保服务,提高担保能力。为了保证担保机构风险控制能力,政府安排财政专项资金补助为小微企业提供贷款担保的担保机构风险准备金,这些风险准备金可以用于弥补担保机构因担保业务造成的亏损,保障小微企业的融资需求。在2008年底,广东省备案的担保机构共有202家,注册资本达到230亿元,担保在保余额达到500.4亿元。这些数据表明,小微企业信用担保体系已经初步建立,为小微企业提供了强有力的融资担保支持。

2009年,广东省政府通过设立中小企业信用再担保有限公司来完善担保体系的再担保机构环节,同时许多市(县)政府也相继出资设立中小企业融资担保机构。这些措施为小微企业提供了更加可靠的融资担保服务。此外,我国实施4万亿元投资计划和货币政策偏向宽松等宏观经济环境的变化,也为担保机构业务的开展提供了良好的支持。这种环境下,广东省政府积极推进政策性融资担保体系的完善,提高对小微企业的服务质量和水平。《广东省地方金融监管发展报告》显示,2011年广东省共有382家融资性担保机构,注册资本总额达555亿元,为25586户小微企业新增融资性担保金额939亿元,年末在保余额1482亿元,同比增长14%。这说明广东省小微企业融资担保行业的发展态势良好,为中小企业提供了更加可靠的融资担保服务。尽管广东省小微企业融资担保行业已取得一定发展,但仍面临诸多挑战。从机构成来看,国有担保机构所占比例相对不足,这在一定程度上影响了行业的整体稳定性和抗风险能力。与此同时,商业担保机构在管理层面存在诸多不规范之处,如内部风险控制机制不完善、业务操作流程不严谨等,这些问题不仅增加了自身的经营风险,也对整个行业的信誉和形象造成了一定冲击。此外,从区域发展态势而言,广东省内不同地区的融资担保行业发展极不平衡,部分经济相对发达地区的担保机构数量众多、业务规模庞大,而一些经济欠发达地区则担保资源匮乏,难以满足当地小微企业的融资需求,这种区域间的差异进一步加剧了省内小微企业融资的不均衡性,制约了全省小微企业融资担保行业的协调发展和可持续性。

2011年,广东省的宏观经济面临着下行压力,这给部分小微企业的经营带来了困难。面对这种情况,政府采取了货币政策趋紧的措施,以期通过加强金融管控来缓解经济下行压力。然而,这一政策也给银行、小微企业贷款带来了不良影响,导致贷款不良率上升,贷款审批也变得更加收紧。2012年,广东省的担保行业发生了"华鼎事件",这一事件导致部分银行调整了其合作政策,进一步收紧了担保贷款审批。这一事件也对全省的融资担保行业造成了严重的影响,导致一大批担保机构退出,行业总体规模大幅下降。由于这些因素的影响,广东省的小微企业面临着更加困难的融资环境。尤其是那些融资需求比较大、资质较差的企业,更加难以获得金融机构(银行)的贷款支持。2014年,国务院召开会议部署加快融资性担保行业发展,这一举措为小微企业发展提供了重要的支持。在此背景下，2015年出台了多项政策文件，其中包括《国务院关于促进融资担保行业加快发展的意见》《广东省人民政府关于创新完善中小微企业投融资机制的若干意见》《广东省人民政府印发关于促进广东省融资担保行业加快发展实施方案的通知》，这些政策文件为政府性融资担保机构的发展提供了更为明确的指导和支持。

另外，广东省财政安排专项资金支持市（县）组建小微企业政府性融资担保机构。这一举措为市（县）小微企业提供了更为便利的融资渠道，同时也为政府性融资担保机构的发展提供了更为有力的支持。此外，省政府还要求省融资再担保机构出资控股或参股市（县）政府性融资担保机构，这一举措为政府性融资担保机构的规模化发展提供了有力保障。为了实现全省政府性融资担保机构的协同发展，省政府决定建立全省统一的政策性融资担保体系，将政府性融资担保机构纳入全省统一的监管和管理体系之下，从而实现政府性融资担保机构之间的协同合作与资源共享，这不仅为政府性融资担保机构的发展提供了更为广阔的发展空间，也为小微企业提供了更为优质的融资服务。

根据《广东省融资担保行业2022年度监管与发展情况》公布的数据，截至2022年底，全省政府性融资担保机构已经覆盖了全省的各个地市，共计40家。这些机构的注册资本总计148亿元，融资担保户数为939万户，其中政府性融资担保机构576万户。融资担保金额总计2568亿元，其中政府性融资担保机构融资担保金额为824亿元，为小微企业和"三农"主体提供融资担保服务576亿元，占据了绝大部分。此外，"三农"融资性在保余额也高达92亿元。可见，这些政府性融资担保机构的整体运营效果非常显著，对于缓解小微企业和"三农"融资难的问题起到了非常积极的作用。政府性融资担保机构的出现，为小微企业和"三农"提供了更多的融资渠道，使得他们更容易获得融资支持。政府性融资担保机构还为企业提供了更多的融资保障，使得企业更容易获得银行贷款，从而推动了经济的发展。

2. 广东省担保集团概况[①]

广东粤财融资担保集团有限公司（以下简称"粤财融资担保集团"）

---

① 整理自广东粤财融资担保集团有限公司官网。

作为广东省唯一的省级再担保平台,资本实力雄厚,注册资本60.6亿元,在全国担保行业名列前茅。该公司的资本市场主体长期信用等级为AAA,是全国首家获AAA级主体评级的省级再担保机构,信用获得商业银行、资本市场认可。粤财融资担保集团建立了"三维、三全"的全面风险管理体系,覆盖全员、全业务链和全生命周期。这个风险管理体系主要包括三个方面:一是全员风险管理,即对全公司员工进行风险意识培训和管理;二是全业务链风险管理,即对公司业务链上的各个环节进行风险管理和控制;三是全生命周期风险管理,即对公司业务的整个生命周期进行风险管理和控制。这个全面的风险管理体系可以有效降低公司的风险,保障公司的稳健发展。粤财融资担保集团的股东单位广东粤财投资控股有限公司,是广东省政府授权经营单位,注册资本142亿元,净资产达249亿元,下属信托理财、资产管理、融资担保、股权投资和产业基金、融资租赁、实业经营六大业务板块,是广东省属地方金融控股龙头企业。该机构在广东省金融领域的影响力和实力非常大,是广东省金融业的领军企业之一。

粤财融资担保集团一直积极与各市(县)政府合作,旨在构建一套覆盖全省的政策性融资担保体系。为此,该集团全国首创了"控股、新建、强管控"的"1166"模式,与10个市(县)政府合作成立了10家融资担保机构。这种模式的优势在于,由政府控股新建的融资担保机构能够得到政府的支持和资源优势,同时政府也会对这些机构进行强有力的监管和控制,确保它们的合规运营。这样的合作模式不仅能够推动地方经济的发展,也能够为企业提供更为专业、全面的融资担保服务。

除了与地方政府合作成立融资担保机构,粤财融资担保集团还成立了粤财普惠金融(广东)融资再担保有限公司,注册资本达到10亿元。该公司是专门从事再担保业务的机构,为其他融资担保机构提供再担保服务,增强它们的风险承受能力。此外,粤财融资担保集团还分别出资参股了茂名国鑫担保、白云担保两家政府性融资担保机构,进一步扩大了其在政府性融资担保领域的影响力和实力。

3. 广东省担保集团风险分担现状

作为广东省唯一的省级再担保平台,粤财融资担保集团通过机构再担保、项目再担保和产品再担保的业务,为小微企业的发展提供助力,并发挥增信、分险、规范和引领的作用。目前，由省级再担保机构领导的政府性融资担保机构已与建设银行广东省分行、广东发展银行、兴业银行、华兴银行、中国银行、农业银行、交通银行、邮政储蓄银行、东莞银行、广州农村商业银行等签署了总体合作协议。此外，该公司还担任银担合作的窗口，与商业银行进行统一对接，争取更优惠的合作条件。截至2019年12月底，该公司与省再担保机构参控股的市（县）政府担保机构达成了总对总的合作协议，银行为市（县）担保机构提供了风险分担、免保证金和代偿宽限期等一系列优惠条件。

广东省风险分担合作模式如图2-8所示。在这一融资担保机制中，小微企业首先通过银行当地分行获得所需的贷款，同时，银行分行受托管理备付金账户，并确保银行总行和分行按照事先的约定足额存入备付金以保障贷款安全。为了分散风险，该机制采取了风险分担的策略：承办银行负责承担总风险的20%，国家融资担保资金承担30%，而广东再担保机构则承担剩余风险中的20%。此外，省级融资再担保代偿补偿资金会在广东再担保发生实际代偿时，补偿其支出的50%。最后，担保机构在这一机制中承担了剩余的30%风险，确保了整个贷款过程的稳健性。通过这样的风险分担安排，可以有效降低各方的风险敞口，同时为小微企业提供更加稳定和可持续的融资支持。

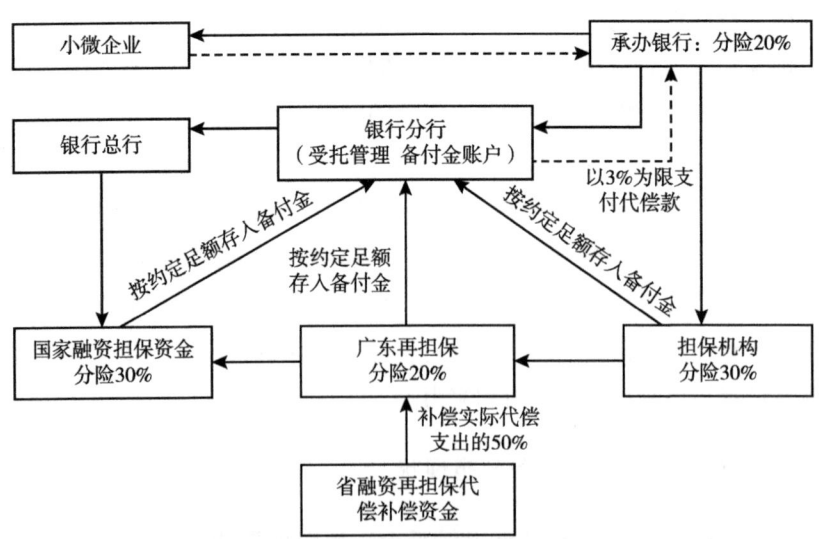

图2-8 广东省风险分担合作模式

4. 广东省政策性融资担保风险补偿政策

近年来,广东省加大了对小微企业的支持力度,出台了一系列政策措施,如设立小微企业发展基金、实施小微企业贷款贴息等。然而,由于小微企业规模小、信用不足等原因,银行等金融机构对其融资存在一定的风险,导致小微企业融资难度大,融资成本高。为了解决这一问题,广东省制定了小微企业融资风险分担补偿政策,旨在降低小微企业融资风险,促进其发展,如表2-10所示。

表2-10　近三年广州市小微企业融资风险补偿政策与补偿模式

时间	政策	惠及企业	风险分担主体	风险分担模式
2017.08	《广东省融资担保政银担风险分担合作方案(试行)》	小微企业	政府、银行、担保机构	担保机构承担比例不低于40%,合作银行业金融机构承担比例不低于10%
2018.10	《广州市政策性小额贷款保证保险实施办法(修订)》	农业企业、科技企业等	政府、银行、保险公司	保险公司和银行按4:1比例承担本金损失。贷款的利息损失由银行承担
2018.11	《广州市中小微企业融资风险补偿资金管理暂行办法》	小微企业	政府、银行、担保机构、再担保机构	风险承担不超过本金损失的10%,合作银行承担不低于本金损失的10%,市再担保机构承担不超过本金损失的30%

资料来源：笔者根据广东省地方金融监督管理局网官网和广州市人民政府官网公开信息整理。

广东省政府为了支持小微企业的发展,构建了政策性融资担保代偿补偿机制。一是设立省级层面的小微企业信用担保代偿补偿资金。代偿补偿资金支持新增小微企业的担保业务,这一政策的实施,将为小微企业提供更多的融资渠道。由于小微企业的规模较小,往往难以获得银行的贷款,但通过政策性融资担保代偿补偿机制,这些企业将能够获得更多的融资支持,从而促进企业的发展。在合作银行的选择上,代偿补偿资金托管机构更倾向于与满足特定条件的银行金融机构建立合作关系。这些条件包括：与担保机构形成风险分担的合作模式,通过优化风险分配机制,增强金融体系的稳健性;实现信贷规模的适度扩张,即提高放大倍数,旨在提高资金运用效率及增强对小微企业的融资支持能力；确保贷款利率的上浮幅度严格限定在20%以内，以降低小微企业的融资成本，减轻其财务压力。通过优先选择与满足上述条件的银行合作，代偿补偿资金托管机构能够更有效地发挥资金的保障作用，推动金融担保行业的稳健发展，为小微企业提供更优质、更高效的融资服务。这一政策的实施，将为担保机构提供更多的支持。由于担保机构往往承担着较大的风险，但通过政策性融资担保代偿补偿机制，这些机构将能够获得更多的支持，从而提高其承担风险的能力。此外，在省级再担保机构提供再担保支持的业务面临代偿风险的情况下，资金托管机构将依据合作协议中的条款，与合作银行展开紧密协作，同时引入地方政府性风险补偿资金等资源，形成风险共担的联合体。这一政策的实施，能够为再担保机构提供更多的支持，从而提高其承担风险的能力。

二是设立市级层面的小微企业信贷风险补偿资金。自2014年起，广东省经信委和省财政厅开始安排专项资金支持小微企业的发展。为此，在全省范围内，各市（县）积极行动，相继成立了专门针对小微企业的信贷风险补偿资金池，财政部门累计投入资金高达20.32亿元。为确保该资金的运用既安全又合理，对于使用省级财政资金的市（县）小微企业信贷风险补偿资金，制定了严格的管理规范。在向小微企业提供融资服务的过程中，银行、担保、保险等金融机构需承担相应的贷款风险补偿责任。同时，明确规定银行的贷款利率上限为基准利率的1.3倍，并严禁通过其他任何形式间接抬高企业的贷款成本。这些规定旨在确保小微企业能够获得公平的融资服务。该政策的扶持主体聚焦于两类企业：其一，被纳入广东省重点创新扶持的高成长性小微企业（民营企业）名录的企业；其二，新晋达到规模以上标准的企业。在风险补偿资金的使用上，对于单个企业而言，其可获得的市（县）风险补偿资金支持的贷款总额设有上限，即不得超过1000万元，同时，这一额度还需控制在该市（县）风险补偿资金总额的20%以内。这样的规定有助于确保资金使用的公平性和合理性，避免资金过度集中。当市（县）风险补偿资金支持的贷款出现逾期时，财政资金的代偿责任上限应设定为逾期贷款代偿总额的50%。在完成追偿程序后，依据既定比例，相关资金须及时回补至风险补偿资金池中，以确保该资金池的持续稳定运作,为后续可能出现的风险代偿提供充足的资金保障,维持金融支持体系的良性循环。

三是设立县级层面的小微企业信贷风险补偿资金。近年来,我国各地政府纷纷设立风险补偿资金,以支持当地重点产业和企业群体的发展。然而,在大部分县(区)中,尚未出资设立风险补偿资金,这给当地的经济发展带来了一定的影响。在已建立风险补偿资金机制的县(区)中,该资金的投向重点锁定于本地的战略性支柱产业,以及处于关键发展阶段、亟待扶持的企业集群。这些资金的出现,为当地的企业提供了一定的资金支持和保障,使得他们能够更加从容地开展业务和拓展市场。以珠海高新区为例,该区设立了"成长之翼"资金,以扶持科技型小微企业的创新创业。该资金对符合条件的企业提供贷款支持,区财政为银行提供贷款风险准备和坏账本金损失 20%~50% 的补偿。这一政策的出台,为当地的科技型企业提供了重要的资金支持和保障,有助于从容地开展业务和拓展市场。需要注意的是,虽然风险补偿资金能够为企业提供一定的保障,但是对于企业来说,还是要注意风险控制和资金运营。在申请贷款时,企业应当全面评估自身的经营状况和市场前景,避免盲目扩张和过度借贷,以免造成不必要的损失。

5. 广东省政策性融资担保风险管控机制

政策性融资担保体系是为小微企业提供融资担保服务的重要体系,政府风险补偿资金是其中重要的安全防火墙。为了保障整个体系的可持续发展,需要建立完善的风险管控机制,同时加强对政府性融资担保机构的监管和管理,提高其风险管理能力和服务质量。

(1) 公司治理。省再担保机构作为市(县)政府性融资担保机构的保障机构,拥有重要的公司治理职责,需要股东会、董事会、监事会及经营层的合作,发挥规范、引领、指导和监督作用。

首先,股东会是公司治理中的核心机构,省再担保机构需要对参控股的机构直接参与决策表决,并通过与未参股的机构沟通等方式引导决策。股东会可以对公司的重大决策进行表决,如扩张业务、增资扩股等,确保公司的决策合理、科学和符合市场规律。其次,董事会是公司治理中的另一个重要机构，省再担保机构通过董事会行使其职能，包括提名董事长、董事（包括独立董事）；董事会负责对公司的重大经营决策进行审议和监督，从而对这些决策产生主导性的影响。董事会的决策对公司的发展具有重要的引领作用，因此，省再担保机构需要确保董事会成员的背景和能力符合公司的要求，从而保证董事会的决策合理、有效。再其次，监事会是公司治理中的监督机构，省再担保机构需要通过提名监事，发挥监督作用。监事会可以对公司的财务状况、经营管理等方面进行监督，确保公司的运营符合法律法规和市场规律，同时，监事会也可以对公司的经营决策提出意见，从而确保公司的决策合理、科学。最后，经营层是公司治理中的执行机构，省再担保机构需要加强对高管人选的提名或推荐，并加强对其培训和指导。经营层是公司的决策执行者，因此，他们的素质和能力对公司的发展至关重要。省再担保机构需要通过对高管人才的培养和指导，提升他们的素质和能力，从而使公司的经营决策得到有效的执行。

（2）风险管理。由于政府性融资担保机构所面临的风险较大，因此如何提升其风险控制能力已成为一个重要的问题。为此，省再担保机构采取了"三全三维"的风险管理体系，并将其导入市（县）政府性融资担保机构，以提升团队的风险控制能力，包括风险识别、定价和处置能力。

为了构筑起有效的风控体系，省再担保机构提出了前台、中台、项目评审机制三道风控防线。前台风控主要是通过对客户的基本情况、项目的情况以及资金用途等进行全面了解，从而对客户进行初步筛选；中台风控则是通过对客户的资产负债状况、还款能力等进行分析，从而对客户进行更深入的评估；而项目评审机制则是通过对项目的可行性、市场前景、风险分析等评估，从而对项目进行全面的审查。通过这三道风控防线，可以全面地对客户和项目进行系统全面的评估，从而减少风险。

为了进一步提升风控能力，省再担保机构还任命了市（县）政府性融资担保机构的项目评审委员会和风险控制委员会名单，其中包括省再担保机构的专业人士，这样可以充分利用专业人士的经验和技能，减少风险，并提高政府性融资担保机构的风险控制能力。对于新建的市（县）政府性融资担保机构，省再担保机构还建议设立起步阶段强化风控小组，由省再担保机构的专业人员担任，提供技术支持。这样可以帮助新的政府性融资担保机构快速建立风控体系,并提高其风险控制能力。

(3) 再担保业务。近年来,市(县)政府性融资担保机构在支持地方经济发展方面发挥了重要作用。然而,由于市(县)政府性融资担保机构多数是地方政府出资设立的,存在着信息不对称、风险偏好和道德风险等问题,使得其风险管理能力和业务水平参差不齐。为了促进市(县)政府性融资担保机构的规范化发展,提高其风险管理能力和业务水平,省级担保机构对市(县)政府性融资担保机构进行评级,并根据评级结果实施不同的再担保业务合作管理,以促进市(县)政府性融资担保机构的激励和约束作用。一方面,优秀和良好等级的市(县)政府性融资担保机构可以获得更多的再担保支持,提高其业务水平和风险管理能力;另一方面,较差等级的市(县)政府性融资担保机构则需要面对更高的再担保费率和限制再担保业务等约束,以促进其规范化发展。这种评级和再担保业务合作管理的方式,能够有效地提高市(县)政府性融资担保机构的风险管理能力和业务水平,为地方经济发展提供更为可靠的担保保障。

(4) 信息化系统。随着政府性融资担保机构的快速发展,省级担保机构需要建立一个统一的业务跟踪管理信息化系统,该系统应该能够覆盖所有市(县)政府性融资担保机构,以实现业务和风险管理的动态、实时的支持、监控和分析。

首先,信息化系统的建立可以帮助省级担保机构对政府性融资担保机构的业务进行跟踪和管理。该系统可以收集和整合政府性融资担保机构的各种业务数据,包括贷款申请、贷款审批、贷款发放、还款等。通过对这些数据的分析,省级担保机构可以及时了解政府性融资担保机构的业务状况,及时发现和解决问题,提高业务效率和质量。其次,信息化系统还可以帮助省级担保机构对政府性融资担保机构的风险进行监控和评估。该系统可以收集和整合政府性融资担保机构的各种风险数据,包括贷款违约、风险事件等。通过对这些数据的分析,省级担保机构可以及时了解市(县)政府性融资担保机构的风险状况,及时采取措施,防范风险,保障市(县)政府性融资担保机构的健康发展。最后,信息化系统有助于省级担保机构对市(县)政府性融资担保机构的业务和风险进行分析和研究。这个系统可以收集和整合政府性融资担保机构的各种数据,包括业务数据、风险数据等，通过对这些数据的分析和研究，省级担保机构可以及时了解市（县）政府性融资担保机构的发展趋势和变化，及时调整和优化政策性融资担保体系，促进政府性融资担保机构的健康发展。

6. 广东省政策性融资担保风险分担存在问题

（1）风险分担补偿政策不完善。目前，广东省小微企业和"三农"获取金融支持的效果低于预期，除了企业自身原因外，最主要是由于小微企业和"三农"在融资中的高风险目前并未能得到系统分担和合理补偿，相关政策不完善。具体来看，有以下几方面：一是风险分担补偿政策受益企业多数是资信较好、经营管理水平较高、财务状况良好的成熟企业，大部分小微企业可能达不到相关条件，无法从中受益；二是现有风险分担补偿政策中的分担设计按照主观经验设定，缺乏科学论证，另外补偿资金规模有限，能否有效调动各参与主体方的积极性，还需进一步验证；三是近年来广东省出台的各种融资风险补偿政策不少，但政出多门，没有层次性，缺乏针对性的整合，没有形成完整的政策体系。

（2）融资风险担保机制缺乏体系。小微企业和"三农"是我国经济发展中的两个重要组成部分，但它们的融资风险担保机制却存在不足。首先，小微企业的信用意识薄弱，往往对担保接受度不高，这就需要政府和担保机构加强对小微企业的信用评估和宣传，提高小微企业的信用意识和担保接受度。其次，省级再担保机构作为广东省农业保险的支柱，其主导和核心的推动作用尚未得到充分发挥。这一问题的根本原因在于，我国目前尚未为各省级再担保组织构建一个代偿补偿机制。这一缺失直接阻碍了其风险承受能力的提升。此外，政府亦未建立健全省再担保机构的资本金持续补充机制以及科学合理的绩效考核体系。这不仅限制了省级再担保机构深度参与市（县）级政府性融资担保机构建设的潜力，也使其在绩效评估方面缺乏精准有效的衡量标准，难以全面、客观地反映其业务成效与运营状况，进而影响了整个政策性融资担保体系效能的优化与提高。

第三章 政策性融资担保体系"分级"与"分轨"运行效率

Chapter 3

一、国内政策性融资担保体系运行协同现状

在国内，政策性融资担保研究起步相对较晚。但是，随着国家对民营企业金融服务的重视，政策性融资担保开始逐渐受到关注。2019年2月14日，国务院办公厅印发《关于加强金融服务民营企业的若干意见》，其中提到了国家融资担保基金要发挥引领作用，推动各地政策性融资担保体系建设，探索担保业务合作模式。这标志着政策性融资担保的发展迎来了新的机遇。中央政策已基本谋划了政府性融资担保体系构建蓝图（见图3-1）。政府性融资担保体系以国家融担基金、省级政府性融资担保机构、市（县）级政府性融资担保机构为载体。这一体系可以为小微企业提供更加便捷、灵活的融资担保服务。另外，通过构建统一的政府性融资担保体系，形成合力，可以推进行业标准化建设。这也将有助于政策性融资担保行业的规范化发展，提高行业的服务质量和效率。同时，政府性融资担保体系的建设也可以促进政府和企业之间的合作，推动民营企业的发展。

另外，各省（区、市）纷纷出台《政策性融资担保体系建设的指导意见》，国内一些地方率先建立了政策性融资担保体系，并取得了显著成效。根据前瞻产业研究院《2018年担保行业市场现状与发展特点分析》，自2011年起，担保行业代偿率持续走高，2017年担保行业代偿率提高至2.78%左右，表明行业的违约风险不断增加。本章以浙江省、安徽省和广

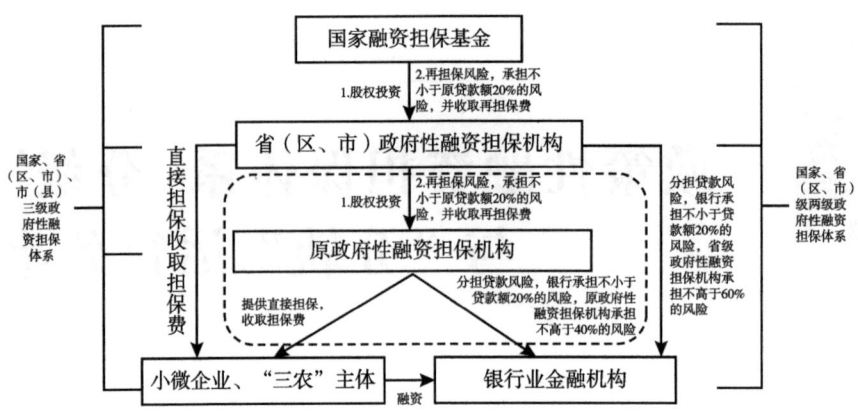

图 3-1 政府性融资担保体系构建模式

东省为例，对其政策性融资担保体系的协同性政策和协同性机制进行系统的分析，并针对各个省份担保体系层级中的协同性问题和相关原因进行探究，以期为国内其他省份的政府性融资担保体系的构建提供参考。

（一）国内政策性融资担保体系协同性分析——以浙江省为例

1. 省级担保机构协同政策

为解决小微企业和"三农"融资难、担保难和融资贵问题，浙江省政府出台了一系列文件推动政策性融资担保体系的发展，如《浙江省人民政府关于推进政策性融资担保体系建设的意见》等。2017年4月，浙江省为推进政策性融资担保体系建设的工作目标，要求各级政府加强风险分担、风险补偿、监督考核等机制建设。2020年7月22日，在《浙江省新型冠状病毒感染的肺炎疫情防控工作领导小组关于支持小微企业渡过难关的意见》《浙江发布关于进一步支持小微企业渡过难关的意见》《浙江省新型冠状病毒肺炎疫情防控工作领导小组关于进一步助力市场主体纾困促进高质量发展的若干意见》文件基础上，浙江省新型冠状病毒肺炎疫情防控工作领导小组发布《浙江省新型冠状病毒肺炎疫情防控工作领导小组关于加大力度支持小微企业渡过难关的意见》，提出进一步发挥政策性担保作用，到2020年底，各市（县）政府性融资担保机构服务小微企业和"三农"

担保业务平均放大倍数不低于2倍,实现各市(县)业务全覆盖。同时提出,加强与国家融资担保基金的对接合作,推动省担保机构与金融机构(银行)的"总对总"合作,完善和落实"4222"风险分担机制,即市(县)担保机构承担40%,国家融资担保基金、省再担保机构(宁波市融资担保机构)、合作银行各承担20%。各级政府要建立健全风险补偿和保费补贴机制。另外,浙江省各地出台了一系列税费优惠政策。如新冠疫情期间,丽水市金融办公室紧紧围绕推进复工复产和助企纾困,加大企业扶持力度。又如,通过为缺乏抵质押物的疫情防控重点保障企业和受疫情影响严重企业给予信用担保、政府性融资担保机构担保费率在现行费率基础上减半、疫情期间到期的担保项目全部给予续保等帮助企业渡过难关。截至2020年7月末,全市政府性融资担保机构为小微企业和"三农"减免担保费用496万元,提前超额完成省里下达丽水年度降费450万元目标。宁波市海曙中小企业融资担保有限公司和宁波市农信融资担保有限责任公司响应省、市、县相关政策,推出"全免"(保证金全免,担保费全免)措施,为企业复工复产提供有力融资支持,2020年上半年,共计减免597.09万元,惠及639户小微企业和"三农"主体。同时,按照急事急办、特事特办原则,开辟绿色通道,缩短审批时限(最快1个工作日内),帮助企业尽快获得担保贷款。杭州市江干区在新冠疫情期间,对减免小微企业和"三农"融资担保费的担保机构,按照1.5%的费率上限标准给予补助。担保服务费率高于1.5%的,不予补助;低于1.5%的,补助差额部分。同时,为受新冠疫情影响的小微企业和"三农"提供转贷支持,免收转贷费用,相关费用由政府予以补助。政策实施期间,共为全市26家小微企业和"三农"提供了9485万元的转贷资金,降低小微企业和"三农"服务费用80余万元,其中为江干区提供转贷资金4375万元,惠及企业14家。[①]

"浙农担"也基于政策协同从政策化、普惠化、产业化、数字化和标准化五个方面精准设计特色农担系列产品。

---

① 笔者整理自各地方政府门户网站,如丽水市人民政府官网、宁波市人民政府官网、杭州市人民政府官网等。

在政策化方面,农担机构是不以营利为目的企业法人组织,有很强的政策性。农业担保体系的可持续运营依靠财政资金的持续补助以及收缴的担保费实现农业担保的风险代偿,因此,"浙农担"提供"准公共产品",坚守为农惠农政策,杜绝非农担保业务。例如,"财农贷"是专门支持粮食规模化生产的专项担保贷款产品,仅2019年"浙农担"用于特色农业产业和种植养殖业的新增担保26.57亿元,占比76.03%;与团省委等合作开发的"青农贷"是专门支持涉农创业青年的专项担保贷款产品,仅2019年就为320户青年农民提供创业贷款7437万元。除此之外,2019年为符合条件的286家养殖场提供担保服务10004万元,2020年为应对"利奇马"超强台风的严重影响,暖心的"救灾贷"为42家受灾户提供免费担保额1375万元。[1]

在普惠化方面,以小额批量业务扩大惠农覆盖面。农业信贷担保体系的担保融资增信功能为实施乡村振兴战略提供强大的支撑。"浙农担"致力于"贴近农民、惠泽农村、发展农业"服务,开发以"e农贷"为代表的普惠型、小额批量农业信贷担保业务,以提高农担业务的覆盖面和普惠性。2017~2020年,担保放大倍数分别为1.06倍、1.95倍、3.61倍、4.61倍;截至2020年末,"浙农担"在保余额55.37亿元,较上年增长39.12%;2020年末在保项目20388个,比2019年增加4687个,增长23%。[2] 2021年1月8日,浙江省农业担保联盟成立,首批成员由浙江省农民合作经济组织联合会及下辖机构、全省政策性涉农担保机构、农业产业协会等组成,按照"政策主导、自愿参与、平等互利、合作共建"和"虚拟化机构、实质性运作"的原则,设立政策性农业信贷担保风险池,构建由当地政府、合作银行和省县农担机构组成的风险分散支农服务机制,为扩大农担业务覆盖面提供组织保障。

在产业化方面,上下游农户融资难制约了农业产业化的发展。一方面企业发展需要农户扩大生产,另一方面农户作为个体难以持续投入。面对此矛盾,"浙农担"创新金融工具,挖掘农业产业链价值,打造了以农业龙头企业及其供应链贸易上下游客户为对象的"联农贷"产品,结合贸易过程中的物流、信息流和资金流数据及进程,为供应链上的参与方提供担保贷款产

---

[1][2] 笔者根据实地调研资料整理。

品。"浙农担"探索了将农业产业链上下游业务整体"打包"的信贷担保模式，提供了跨区域担保的路径，利用担保的杠杆作用，为龙头企业设计适合其发展的融资担保产品，为产业链条上的各类主体提供服务，助推龙头企业整合资源要素、优化业务流程，实现相关产业链联动的整体发展。

在数字化方面，找准客户需求精准设计担保产品。"浙农担"充分利用数字经济先行区的资源优势，将政务数据、农业数据、信用记录、第三方数据等汇集整理形成数据库，找准客户与合作银行的需求点，以核心企业的历史交易数据或生产经营数据为驱动进行产品设计。根据农业种养周期、投入产出等信息精耕细作，开发了一批期限匹配、额度适当、风控精准的数字化业务产品。例如，基于农家乐经营数据，建立农家乐经营主体评分模型，开发了"农家乐贷"产品；结合农业银行整村授信数据开发了"e农贷"产品；结合互联网农业企业特点，立足"互（物）联网＋产业链"，开发了基于物联网信息和大数据的"联农贷"产品等。

在标准化方面，开发非标抵质押物激发融资潜能。"浙农担"注重强化担保政策与产业政策、财政政策、金融政策的协同，将财政补助、贴息与贷款、担保组合形成合力，面向种粮大户、家庭农场、农民专业合作社等开发"粮农贷""财农贷"等标准化产品，为扩大粮食规模化生产、获得财政支农补助政策项目提供担保服务，以项目补助款作为还款来源解决了项目建设期融资难题。"浙农担"先后开发出了茶园证、机器设备、冷库、苗木地抵押等非标抵质押种类，累计已为24个主体提供8820万元非标抵质押担保贷款，其中，较为典型的创新产品是与宋小菜公司、北京银行共筑供应链平台金融服务，用交易数据作为信用"背书"，依托智能仓储监管破解农产品抵押难题。通过非标抵质押物的开发，既增强了反担保措施，降低了担保业务风险，又盘活了农业存量资产，激发了融资潜能。

2. 核心平台的运营协同机制

浙江省担保集团发挥浙江省融资再担保有限公司、浙江省融资担保有限公司2家全资子公司的作用，履行为小微企业和"三农"，以及相关国有企业、龙头骨干企业提供融资担保等职能，取得了显著成效。

（1）政府主导，非营利运营。担保集团坚定贯彻落实省委、省政府决策部署，坚持"政策性定位、市场化运作、可持续经营"的运行原则，以服务实体经济为中心，积极践行普惠金融理念，为小微企业和"三农"、科技型企业提供增信，全力助推浙江省政策性融资担保体系建设。截至2021年底，集团小微企业和"三农"融资担保业务在保余额766亿元，同比增长93.9%，在保户数10.5万户，同比增长70%。加大对首次申请担保贷款对象的支持力度，首保户达2.9万户。支小支农主业突出，单户担保额度500万元以下业务占比92.3%，户均担保金额仅64万元。惠企降费举措有力，人才类担保费率仅每年0.5%，近年来再担保费率由0.35%降至0.12%，代偿容忍度由3%提高至5%，新冠疫情期间推出再担保和担保费减免政策，引导市（县）担保机构共同为企业减负。再担保业务覆盖全省，在保余额671.8亿元，同比增长93.6%。2020年以来集团已累计向6家市（县）级担保机构投资6.8亿元（包括国家融资担保基金转移给集团的投资），构建了紧密度更高的国家、省（区、市）、市（县）层级的政府性融资担保体系。①

（2）数智担保，扩大股权投资。集团积极落实数字化改革要求，编制"数智浙担"建设规划，明确"数智浙担"整体建设架构为"一网一库三大应用体系"："一网"是基于政务资源网构建担保云资源网；"一库"是担保大数据库，包括主题数据仓库、数据服务中心和数据标准体系；"三大应用体系"分别是面向担保机构的全省一体化业务管理体系和智能风控管理体系、面向企业的"浙里担保"门户体系。早在2003年，浙江省就启动了数字浙江建设，2021年，"数智浙担"已纳入省数字化改革《数字经济重大应用目录1.0》，正式加入全省数字化改革重大应用体系跑道。"数智浙担"作为浙里金融综合服务应用小切口子场景列入省数字经济系统第一批优秀应用。按照省政府要求，在2021年底前已完成市级担保机构全部应用或接入业务管理系统，并对接政务资源网和省金综平台等外部网络平台。"浙里担保"门户体系已接入省金融综合服务平台，正加速接入省政务资源网、人民银行征信系统，面向担保机构的智能风控体系建设工作也进入实质性推进环节。

---

① 笔者实地调研资料数据，以及浙江省担保集团网站公开数据。

目前，浙江省政务服务互联网门户已经形成了统一的行政权力项目库、统一的网上审批系统。借助互联网、大数据、云计算、移动互联网等技术推行了政务大数据治理工程，聚合省级部门800多个信息系统，形成了跨层级、跨部门、跨地区的数据共享中心，建成了省市县统一架构、多级联动的公共服务平台。2018年10月浙江省大数据发展管理局成立后，集中了政府部门的政务数据资源，在确保安全的前提下，实现数据的开放和共享，方便公众检索、获取和利用。2021年4月"浙农担"上线仅一个月，完成担保业务审批366笔4430万元，排黑模型排查项目2037个，通过率达95.3%。① 大数据政务平台充分释放公共数据资源的经济价值和社会效益，为政策性融资担保的风险控制提供了强大的数据资源支撑。

另外，"浙农担"充分利用互联网、大数据、云计算等信息技术手段，从资本实力、经营能力、履约能力、偿债能力和发展前景五个方面建立农业经营主体的遴选准入机制，立体化地评估农业经营主体的信用水平。"浙农担"通过对接省农业农村厅等主管部门，获取了全省种养大户、示范性家庭农场等3万多户（人）农业经营主体的基本信息、资产信息、经营信息和信用信息等；通过对接浙江政务数据，获取农业项目、农业补贴、畜牧、司法、税务等30多个厅局，以及财政、工商、公安、法院、民政、医疗等各部门，获取了36亿多条政务数据；通过对接银行、保险公司、互联网金融数据，获取了全省2000多户粮食贷款户信息，基本覆盖了全省粮食生产借款信息；对接电商平台数据，深入挖掘宋小菜电商平台、惠多利农资供应平台、庆渔堂物联网平台等历史交易和生产经营数据，掌握农业经营主体产业链上下游的生产经营情况。② "浙农担"充分利用大数据资源，动态调整优化评价指标，预测违约概率，为出台金融支农惠农政策、政务决策提供依据。

（3）创新发展，形成再担保机制。2017年以来，省担保集团利用自身平台、专业、人才等优势，会同江山中小保、安吉国信担保机构、新昌兴财担保机构、乐清农信担保机构等市（县）融资担保机构及有关金融机构（银行），已联合创设了"智能制造""绿色担保""专利权质押""小微创

---

①② 笔者根据实地调研资料整理。

业贷"等再担保专项业务。再担保业务范围包括贷款担保、票据承兑担保、信用证担保以及其他满足小微企业和"三农"客户需求的融资性担保。浙江省融资再担保机构根据担保机构原担保项目担保费率差别收取再担保费，鼓励担保机构降费让利。

再担保机构建立与担保机构的共担风险机制，浙江省融资再担保机构承担的再担保责任比例不低于担保机构原担保项目未清偿本金的40%。再担保业务流程：再担保资格申请—再担保资格审核与审批—再担保合同签订—再担保项目受理与审核—再担保项目代偿与追偿。省再担保机构评价担保机构的实际控制人素质、偿债能力、经营状况、发展前景等，并按照评价结果实行分类管理，动态调整与担保机构的业务合作模式、合作额度、风险分担比例、收费比例等。

(4) 探索新模式，加强风险管控。省担保集团已建立新型银担或政银担风险分担机制，包括以下两种模式：一是风险池三方合作模式，即由当地政府部门、担保机构、银行按照约定比例（如4:4:2）出资共同建立风险池基金；二是风险池四方合作模式，即市（县）担保机构、国家融资担保基金、省级再担保机构和合作银行承担风险的比例为4:2:2:2。无论是三方还是四方合作模式，均可采取由政府部门先行代偿损失，后由担保机构、省再担保机构和银行按照约定分别承担相应责任的做法。通过建立风险分担机制，省担保集团作为省级再担保机构的分险职责得到了充分发挥，有效提升了全省融资性担保行业的抗风险能力。目前已经与杭州下沙经济开发区管委会等合作展开风险池模式，同时与温州市金投融资担保有限公司等开展"风险池+再担保"模式，为其提供承担连带责任的比例再担保，分担50%的风险，进一步提升其抗风险能力。

另外，省担保集团已经与农业银行、邮政储蓄银行、浙商银行对接合作，推动政策性融资担保体系与银行系统整体合作。根据合作协议，银行将对融资性担保机构实行优先准入、降低门槛、简化手续、扩大授信、提高放大倍数等优惠政策，以促进政策性融资担保体系的发展。省再担保机构也着力创新业务模式，针对各市（县）政府的实际情况，为优秀小微智能制造企业提供政策性担保。其中，新昌县是全省首个县域综合性科技体制改革试点，省担保集团与新昌兴财担保机构合作，额度为1

亿元。智能制造企业的单户最高贷款额度为 1000 万元（含），担保费率最高不超过担保金额的 0.8%。同时，邮政储蓄银行新昌县支行为智能制造企业提供优惠利率，执行贷款利率不能高于基准利率的 20%。① 这个政银担合作模式为全省政策性融资担保体系建设起到了示范作用。此次合作，不仅推动了政策性融资担保体系与银行系统整体合作，也为智能制造企业提供了更加优惠的融资政策。同时，省再担保机构的创新业务模式也能够更好地适应各市（县）政府的实际情况，为小微企业提供更加精准的服务。

（二）国内政策性融资担保体系协同性分析——以安徽省为例②

安徽省依托安徽省信用担保集团有限公司办理省内各层级担保和再担保业务。根据安徽省担保集团的网页数据，安徽担保集团在 2005 年 11 月注册，资本金是 186.86 亿元，总资产是 290 亿元，净资产是 217 亿元，在国内所有担保机构中，其资本金和净资产体量排第一。作为全国第一批中央和地方政府风险共担试点省份，截至 2020 年底，集团累计为 28 万户企业提供担保 11296 亿元，其中直保业务 3309 亿元，再保业务 7987 亿元。国家和相关部门充分认可安徽省政策性担保工作，表扬其新型政银担合作机制，其担保模式形成文件发到各省（区、市）。新型政银担合作机制，政府、银行、担保三方权责对等、风险分担共管，有效管控了担保业务风险，提高了小微企业的金融服务获得率。在股权参与中，安徽省构建全省政策性担保体系，具体如图 3-2 所示，坚持在省级这一层开始统一安排，由集团以上下投资关系、再担保备案、业务模式为枢纽，架设成省、市、县联动统筹规划的政策性担保体系，国内首创，重组了行业内部秩序，形成了规模集聚效应。截至 2021 年 6 月末，全省累计开展政银担业务 4600.48 亿元、服务小微企业、个体工商户和农户等各类主体 12.3 万户（次）。③

---

① 铭记使命初心扎根小微"三农"［N］. 浙江日报, 2017-12-07.
② 本部分除特别说明外, 资料均整理自安徽省信用融资担保集团官网。
③ 全省政银担业务超 4600 亿元［EB/OL］. 安徽省人民政府官网, 2021-08-09.

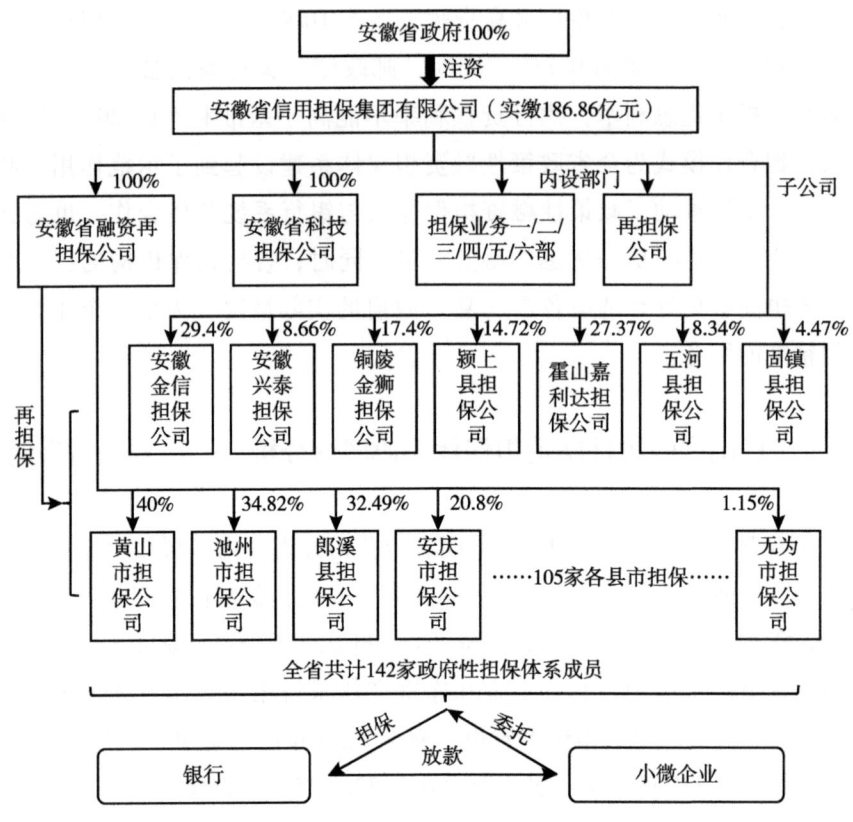

图 3-2 安徽省政策性融资担保体系

在业务参与中，安徽省政策性担保为破解小微企业和"三农"融资难、融资贵问题，借鉴德国担保银行运行机理，创新安徽担保模式，打破原来旧的业务配合，在中国首创形成"4321"风险分担配合方式。在这种方式下，市（县）担保、安徽担保、银行和地方政府，约定4∶3∶2∶1 的损失配比方案。政银担业务累计完成4125亿元，服务企业超10万户（次），代偿率低于3%。在风险参与中，首先，依托国家财政提供的3亿元款项，搭配省政府提供的2亿元款项，形成代偿补偿资金，目的是为代偿补偿省内政策性担保项目，要求单个客户担保额要低于500万元，主体类型必须为小微型。① 其次，由安徽省政府每个年度安排3亿元，建立安徽省省级

---

① 关于印发《安徽省政策性融资担保风险分担和代偿补偿试点方案》的通知［EB/OL］.安徽省信用担保协会官网，2015-09-07.

担保补偿专项基金,目的是若省一层级的再担保业务发生代偿或损失后,已由该基金进行补偿。① 以此计算,至 2020 年,安徽省政府已经提供 15 亿元的专项补偿款项。最后,形成市(县)风险补偿资金,按照创新模式"4321"分担比例,安徽省内市(县)财政负责 10% 的履约风险,市(县)财政需要按照自己辖内政策性担保业务现状,形成自己的风险补偿资金,需要纳入当年预算,努力提升政府信用。本章从协同政策和协同机制两个角度出发,分析安徽省政府性融资担保协同体系具有以下特点。

1. 协同政策

为进一步深化金融改革,加快构建政策性融资担保体系,提升小微企业和"三农"融资担保服务水平,促进大众创业、万众创新,促进全省经济持续健康发展,经省政府同意,安徽省人民政府办公厅推出《关于加快政策性融资担保体系建设的指导意见》。

(1)坚持政策性功能定位。按照扶小微、广覆盖、低费率、可持续的原则,政策性融资担保机构主要以服务小微企业和"三农"为对象,年化担保费率不超过 1.5%,单户融资担保余额一般不超过 500 万元、最高不超过 2000 万元,市级融资担保机构为小微企业担保户数比重不低于 70%、县(市、区)级不低于 90%。

(2)完善国有资本金持续补充政策。2015~2017 年,省财政每年安排 11 亿元资金,各县(市、区)等比例配套,充实县(市、区)符合条件的政府性融资担保机构国有资本金。专项资金分配综合考虑服务人口及放大倍数等因素,提高担保资源使用效益。2015~2017 年,省财政适当安排资金通过省政府性融资担保机构注资参股市、县(市、区)政府性融资担保机构。未设立政府性融资担保机构的市辖区,可将专项资金参股到所在市级政府性融资担保机构。支持符合条件的政府性融资担保机构在多层次资本市场上市(挂牌),建立资本市场股权融资长效机制,不断提升担保能力。

---

① 安徽省改善金融服务支持实体经济 [EB/OL]. 中国政府网,2015-10-11.

(3) 推动错位发展政策。省政府性融资担保机构要加快转型发展，突出再担保龙头功能，采取联保等方式支持市县政府性融资担保机构开展业务，促进担保体系服务功能完善；服务全省和区域发展战略，开展单户融资规模较大的担保业务；探索组建省担保资产管理公司，盘活存量不良担保资产，增强应对风险能力；探索建立小微企业互联网直接融资平台，推行"担保+"合作模式，畅通社会融资渠道。市级政府性融资担保机构要发挥区域性融资担保带动作用，积极构建分层政策性融资担保体系，鼓励有条件的市级政府性融资担保机构注资参股县（市、区）政府性融资担保机构。县（市、区）政府性融资担保机构要落实主体责任，为小微企业和"三农"提供更加丰富的产品和优质服务。

(4) 实行政策性融资监管政策。2015年安徽省财政厅先后印发了《安徽省政策性融资担保机构绩效考核评价暂行办法》和《政府性融资担保、再担保机构绩评价指引》。考核评价的等级、约谈情况及约谈事项整改落实情况，作为安徽省财政注资参股资金分配等扶持政策、负责人薪酬核定及同级政府对金融机构综合考核的重要内容，是安徽省政府大力引导政府性担保机构发挥实际政策作用的有力措施，考核指标设计简单，仅涉及社会效益部分。

(5) 落实风险补偿资金保障政策。由于小微企业的风险相对较高，政府性融资担保机构也面临着较大的风险。因此，为了保证机构的稳健运营，政府性融资担保机构要计提责任准备金和担保赔偿准备金，提高风险拨备覆盖率。其中，责任准备金是指为了应对可能出现的损失而提前计划的一种准备金，它可以帮助政府性融资担保机构应对风险。担保赔偿准备金则是为了保障担保赔偿能力而预先提取的一种准备金。政府性融资担保机构应根据自身业务规模和风险水平，合理计提责任准备金和担保赔偿准备金，确保能够承担可能出现的损失。除了提高风险拨备覆盖率，政府性融资担保机构还要加大不良资产清收和追偿力度，降低流动性风险。不良资产清收和追偿是政府性融资担保机构的重要职责，它们需要积极采取措施，加强对不良资产的管理和处置，确保不良资产的清收和追偿工作得到有效实施。此外，政府性融资担保机构还应加强风险管理，做好流动性风险的预测和防范工作。为了进一步加强政府性融资担保机构的风险管理能力，建立政策性融资担保风险补偿资金持续补充机制也非常重要。政策性融资担保风险补偿资金是为了保障政府性融资担保机构的风险承受能力而设立的，它可以帮助机构应对可能出现的风险。市、县（市、区）政府应根据政府性融资担保机构的担保业务规模及分担比例，制定相应的风险补偿资金计划，确保政府性融资担保机构能够顺利运营。

（6）明确担保体系责任分工。市、县（市、区）政府作为政策性融资担保体系建设责任主体，承担政策性融资担保体系建设第一责任人职责。省政府金融办负责日常监管；省财政厅落实资金保障，加强财务监管，实施绩效考核；省政府性融资担保机构负责注资参股运作，落实体系对接，实施再担保，总结推广成功经验，引领带动全省政府性融资担保机构健康发展；省融资性担保业务监管联席会议成员单位要按各自职责，通力合作，推进政策性融资担保体系可持续协同健康发展。

2. 协同机制

（1）坚持准公共定位的协同机制。近年来，安徽省政府将政银担工作列入政府重点工作，相继出台了一系列政策文件，确立政府性融资担保的准公共定位。此举旨在区分政府性融资担保与商业性担保、准公共产品与市场化产品之间的关系，明确规定政府性融资担保体系的服务对象为小微企业和"三农"，限定了政府性融资担保机构的费率。这些政策文件的出台，有效地促进了政银担工作的规范化、标准化和专业化。此外，安徽省政府还重视政银担机构的建设和管理工作。政府加强对政银担机构的监管，规范其经营行为，防范金融风险。同时，政府通过资金投入、政策支持等多种方式，帮助这些机构提升服务能力和水平。

在安徽省政府的积极推动下，政银担工作取得了显著成效。政府性融资担保机构的数量、规模和服务能力均得到大幅提升。政府性融资担保的服务对象也得到了更好的覆盖，小微企业和"三农"的融资需求得到了更好满足。同时，政府性融资担保机构的服务费率得到了限制。

（2）风险共担的协同机制。安徽省借鉴德国担保银行的实践经验，在全国首先推行"4321"的新型政银担风险分担模式，旨在为这些企业提供更加优质的金融服务，同时也为银行和担保机构减少风险提供了更好的保障。根据"4321"模式,承办担保机构、省级再担保机构、银行和地方将按照4:3:2:1的比例承担风险责任。这意味着,如果出现了担保风险,各方将按照比例承担相应的责任。这样一来,银行和担保机构就可以更加放心地为小微企业和"三农"贷款提供担保服务,同时也为企业提供更加优惠的贷款利率,促进了经济发展。

为了更好地实施"4321"模式,安徽省设立了省再担保机构,专门从事省内再担保业务。该公司的注册资本为40亿元,分10年到位,顺利完成全省再担保业务和体系建设职能承接工作。这样一来,省级再担保机构可以为小微企业和"三农"贷款提供更加优质的担保服务,同时也为银行和担保机构提供更加可靠的风险保障。通过"4321"模式,安徽省实现了风险分担与共管,创新构建了"资源共享、风险共管、优势互补、多赢互利"的新型政银担合作关系。这种合作关系不仅可以为小微企业和"三农"贷款提供更加优质的金融服务,也可以为银行和担保机构减少风险提供更好的保障。同时,这种合作关系也有利于促进经济发展,为全省的经济建设和发展提供更加可靠的支持。

(3)以股权为纽带的政府性融资担保体系。安徽担保集团通过股权投资参控股省内担保机构,形成了多纽带的体系支撑。在2013~2017年,省财政累计安排了132亿元注资地市级、县级政府性融资担保机构,并进行了布局设点。同时,安徽省担保集团向县(市、区)政府性融资担保机构注资参股77亿元,从而进一步促进了担保机构的发展。①此外,民营经济发展资金也通过转移支付到各市、县级财政,用于补充县(市、区)政府性融资担保机构资本金。这样做不仅有助于支持民营企业的发展,同时也为担保机构的业务发展提供了更好的资金支持。通过构建省、市、县(市、区)三级全覆盖的政策性融资担保体系,改变了原先担保机构"小、弱、散"的状况,重组了行业内部秩序,实现了服务对象和融资价格的高度统一。

(4)持续稳定的风险补偿协同机制。为了保障担保机构在担保业务中出现的风险,从而促进小微企业的发展和经济的稳定,安徽省建立风险补

---

① 洪昀至. 安徽省政府性融资担保体系建设研究[J]. 中国市场,2022,32:22-24.

偿机制。首先,安徽省政府设立了小微企业信用担保代偿补偿资金,用于补偿单户500万元以下的小微企业和个体工商户的担保代偿项目。这一资金的设立,将大大减轻企业的负担,提高企业获得融资的能力,同时也可以促进企业的发展。同时,为了进一步保障政府性融资担保机构的可持续运营,安徽省政府还设立了省级融资担保风险补偿专项基金。这一基金用于承担政府性融资担保业务代偿补偿及损失补偿。通过基金的设立,政府可以承担更多的风险,从而促进小微企业的发展,同时也可以保障担保机构的可持续运营。

除此之外,地方政府也积极参与到风险补偿机制中来。市、县(市、区)政府承担10%的风险责任,并根据担保业务开展情况建立风险补偿资金。这一举措可以促进地方政府的积极性,同时也可以促进小微企业的发展。

(三)国内政策性融资担保体系协同性分析——以广东省为例*

广东省以广东粤财融资担保集团有限公司(以下简称粤财担保集团)为主体,进行政策性担保。粤财担保集团在2009年2月创立,首期注册资金20亿元,当下已增资到60.6亿元,作为广东省仅有的一家省层级的担保集团,办理担保和再担保业务,曾经有拿过评级AAA的担保机构,也拿过主体长期评级AAA。自创建以来,粤财担保集团,遵循广东省政府部门文件精神,保持政策性功能,努力拓展增信作用,针对小微企业的贷款难情况,发挥政策性功能,不断增长自身评级,形成全省统筹统一的政策性担保架构,不断形成新的业务产品和模式,同时也获得很好的业绩。依其官方网站数据,到了2020年底,担保项目累计发生额3419亿元,年底时点余额376亿元,共为高于5.1万户次的小微型企业和"三农"主体担保过。[①]

在股权参与中,广东省政府通过推动粤财担保集团加强和地市级政府

---

* 本部分除特别说明外,资料均整理自粤财担保集团官网。

① 笔者根据广东省融资担保业协会的官方网站及《广东粤财融资担保集团有限公司2021年主体信用评级报告》等公开资料整理。

部门联动，用担保股权参与、再担保备案两个重要事项，打造了一个可以触及整个省份的政策性担保体系，以强控股的模式，推动整个省内的担保增信方式、政策地位整齐划一。当下，粤财担保集团对省内地和县级政府性担保机构进行参股或控股，共计10户，投资资本总计13.71亿元，其中，粤财担保集团总出资7.36亿元，比例占到53.68%。粤财担保集团一般采取的是强控股、统一业务模式和风险分担比例来统筹省内整个政策性担保。当下，在中国境内仅有广东采取这样的模式，其他地方并无此类模式的案例，相关辅助措施不到位的困难下，粤财担保集团创造出了适合广东省的粤财普惠担保模式。

在业务参与方面，广东省政府依靠粤财担保集团的上下渠道，为下属县市的担保业务备案再担保分担风险和责任，较好地解决了小微型企业贷款的难题。粤财担保集团通过精准定位产业群体来明确自身发展方向，并在此基础上为省内小微企业提供贷款担保服务，也为省内银行分担贷款风险。不仅服务省内政策性担保，对于私营担保机构、粤财担保集团形成很多创新的模式。服务省内70个担保机构，对省内的担保项目进行风险分担，让下级担保机构无后顾之忧，更充分地展示政策性担保的力量。除此之外，粤财担保集团参股或控股约10个地市级担保机构，聘任职业经理人，保障政府性担保机构的不断进步。在政策扶持方面，首先，广东省政府部门发布多个文件通知，要求构建以粤财担保集团为核心的全省政策性担保体系，实现模式统一、风险共担，并保持步伐一致；其次，广东政府部门不间断地给予款项扶持，粤财担保集团的资本金已经实现翻番，其资本雄厚程度让其成为全国政策性担保行业龙头。

如图3-3所示，广东财政部门又投资建立了多个风险资金和多个担保基金，由粤财担保集团统一打理，主要用于为省内担保机构注资和为省内不良贷款补偿扶持。同时，要求下属地、县层面的政府部门也要成立各个层级的风险资金，由省一级层面强化政策性担保，统筹要求，整个政策性担保体系即可实现省内全范围、全方面服务小微企业。本章从协同政策和协同机制两个角度出发，分析广东省政府性融资担保协同体系具有以下特点。

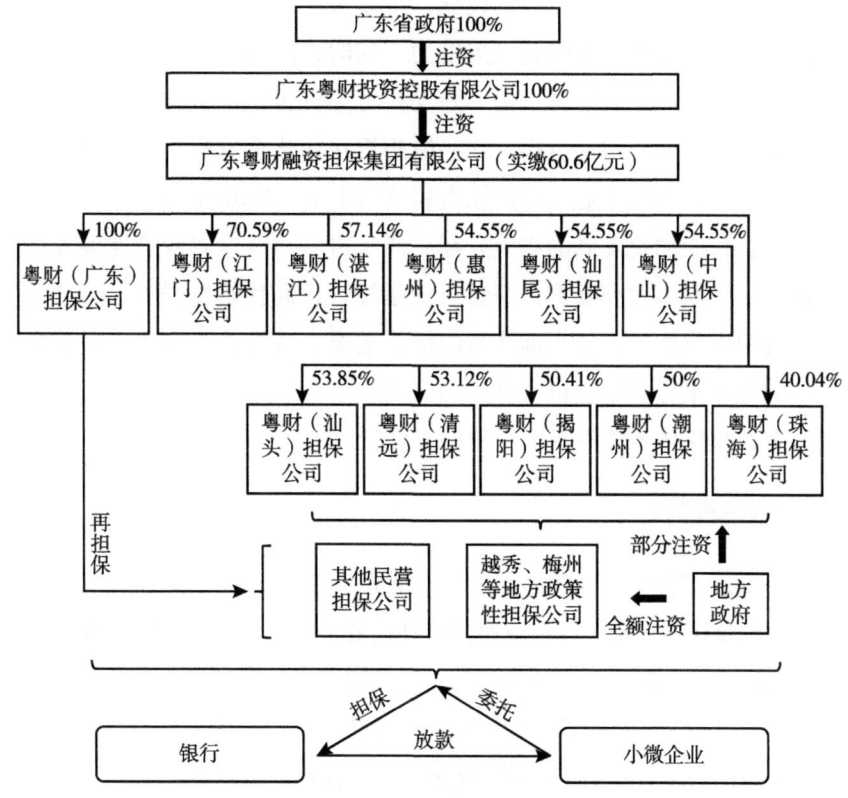

图3-3 广东省政策性融资担保体系

1. 协同政策

2011年4月,广东省中小企业局出台了《广东省中小企业融资服务示范机构管理暂行办法》及其评分标准,对之前的标准进行了完善。2015年,广东省政府出台了一系列关于小微企业投融资机制的改革意见,如《广东省人民政府关于创新完善中小微企业投融资机制的若干意见》《广东省人民政府印发关于促进广东省融资担保行业加快发展实施方案的通知》。其中,《广东省人民政府关于创新完善中小微企业投融资机制的若干意见》和《广东省人民政府印发关于促进广东省融资担保行业加快发展实施方案的通知》,是该系列政策的重要组成部分。为了支持小微企业的发展,广东省财政还安排了专项资金,用于地市组建小微企业政府性融资担保机构。这些政府性融资担保机构的设立，可以为小微企业提供更多的融资渠道，降低其融资成本，增强其发展能力。同时，广东省政府还要求各地级市建立市级政府性融资担保机构，并支持省融资再担保机构出资控股或参股地市级政府性融资担保机构。这些措施旨在构建全省统一的政策性融资担保体系，提高小微企业的融资能力和信用水平。2016年《关于促进广东省融资担保行业加快发展的实施方案》要求进一步改进对政策性融资担保的考核机制，取消盈利要求，完善风控指标，提高代偿和损失容忍度。广东省融资担保机构的评价指标体系的优势主要表现在是否有效地对融资担保机构的社会服务状况进行了排序和说明。这些政策的出台，标志着广东省小微企业担保体系建设进入了新的发展阶段。

2. 协同机制

（1）风险管控的协同机制。担保行业是一种经营管理风险的行业。在政策性融资担保体系内部，存在政府风险补偿资金，这是为了保障担保机构的稳健运营。然而，随着市场的变化和经济的波动，部分担保机构出现了重大代偿损失，这就会间接影响其他机构的风险防护和议价能力。因此，为了保障整个体系的可持续发展，必须构建覆盖整个体系的风险管控机制。

在这个过程中，省再担保机构作为整个体系的核心，发挥着重要的作用。它通过公司治理、风险管理、再担保业务、信息化系统等方面的措施，严格管控体系内政府性融资担保机构的业务风险。首先，公司治理是保障整个体系稳健运营的基础。省再担保机构必须建立健全公司治理结构，明确各级管理岗位职责，确保管理层的决策能够及时、准确地传达到各个部门和机构。同时，公司还要加强对担保机构的监管，确保担保机构的业务质量和风险把控。其次，风险管理是保障整个体系稳健运营的关键。省再担保机构必须建立完善风险管理体系，包括风险评估、风险监控、风险分散等方面。公司需要对担保机构的业务风险进行全面评估，及时发现和解决风险问题，确保体系内各个机构的风险得到有效控制。再其次，再担保业务是保障整个体系稳健运营的重要组成部分。省再担保机构需要通过再担保业务的开展，为担保机构提供额外的风险保障，帮助其更好地开展业务。同时，公司还需要对再担保业务进行全面评估，确保再担保业务的风险得到有效控制。最后,信息化系统是保障整个体系稳健运营的重要保障。省再担保机构需要建立完善的信息化系统,包括风险管理系统、业务管理系统、数据分析系统等方面。通过信息化系统的建设,公司可以更加全面、准确地掌握担保机构的业务情况,及时发现问题,做出有效的决策和措施。

(2)融资担保产品的协同机制。政策性融资担保体系是指由政府在支持小微企业融资发展过程中,通过担保机构为企业提供担保服务,降低企业融资风险,促进企业获得融资的一种体系。在广东省,政策性融资担保体系是由省再担保机构统筹设计和推广的,采取"自上而下"与"自下而上"相结合的方式,旨在为小微企业提供多样化的再担保产品和服务,促进企业获得融资,推动经济发展。"自上而下"是指广东再担保结合政府配套政策资源和合作银行渠道,设计具有普适性的再担保产品,形成多样化的产品线,支持政府性融资担保机构开展融资担保业务。这种方式可以保证政府性融资担保机构提供的担保产品和服务具有标准化和规范化,提高了担保业务的效率和质量。"自下而上"是指地市政府性融资担保机构结合当地的产业特征、政策资源、银行特色产品等,因地制宜开发个性化、差异化的担保业务和产品。这种方式可以根据不同地区的实际情况,为企业提供更加个性化的担保产品和服务,提高了担保业务的适应性和针对性。

广东省再担保机构依托于省小微企业信用担保代偿补偿资金,推动银行参与风险分担,建立多方参与的风险分担和补偿机制。这种机制可以有效降低企业融资的风险,提高银行对小微企业的信任度,促进银行更多地参与小微企业的融资。

二、政策性融资担保体系运行协同效率测算

(一)担保体系运作绩效评价的理论基础及现实意义

1. 信息不对称理论

关于政策性融资担保问题,学术界主要集中于理论研究与案例分析这

两个方面。在理论研究方面，1970年阿克洛夫（Akerlof，1970）的"柠檬市场理论"被认为是最早的关于担保作用的研究。阿克洛夫认为，在信贷市场上，借款人和贷款人之间的信息不对称可能导致金融风险。担保可以减少这种信息不对称，减轻金融损失的风险。后来，有学者基于"信号担保理论"，认为在信息不对称的情况下，担保可以作为一种间接信号，提高借款人评估预期收益的能力（Chan and Kanatas，1985）。然而，一些学者对融资担保的有效性提出了质疑。沃格尔和亚当斯（Vogel and Adams，1997）认为，信贷担保的干预可能会增加交易成本，加剧借款人和贷款人之间的信息不对称。伯杰等（Berger et al.，2021）认为小微企业往往受到信贷约束，是因为其质量和抵押品价值方面的高度信息不对称。结合信息不对称理论，英国学者赫斯特（Heste，2021）研究认为，银行在借贷双方之间的关系中非价格条款的重要性不言而喻，因为贷款主体的合约并不能作为银行所有风险的抵御者，他们之间存在信息的不对称性，且贷款的利率受到法律方面约束的可能性非常大，价格条款也不能作为具有最大利益的保证，道德风险不能完全避免发生，信用欺骗也会存在，所以银行更需要与实力雄厚、有回报潜力的借款者形成良性的借贷关系，贷款合同对银行才更加有利，所以信息不对称理论促进了借贷关系的形成。美国学者伯杰和尤德尔（2021）提出了信息不对称理论在小企业融资中的作用更加明显，与银行应该建立有序的合作关系，企业将获得更低的贷款利息，而且较少抵押担保附加品。在企业建立合作关系的过程中，银行应该完善贷款合约，通过完善企业个人信息方式来完成借贷过程。两者之间信息存在不对称性、互相制约、互相影响。

　　从理论角度出发，银行金融机构与小微企业之间的信息不对称。小微企业在运营过程中存在风险性大的问题。例如，出现运营困难，需要资金支持，就需要向金融机构申请贷款，但是在实际申请中，很多小微企业无法满足银行的要求，向银行申请贷款难以获得批准。贷款难以获得批准的原因就在于信息不对称理论，银行为了规避风险减少给企业的信贷配给，导致小微企业出现融资困难。政策担保机构在其中起到辅助性作用，充当解决交易双方的桥梁，可被认为是信息不对称的信用工具，来为企业信用增级，通过各种手段收集信息，减少银企之间的信息差距，促使银企交易的同时又给政策担保机构经营绩效带来好处。

通过对该理论的分析，政府性融资担保机构与小微企业之间的关系也存在信息不对称性（见图3-4）。小微企业由于经营方面需要大量的资金，政府性担保机构为小微企业提供担保使其能够获得更多的经营资金，对促进小微企业的发展具有重要意义。

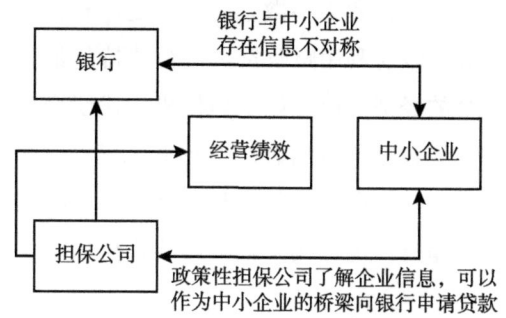

图3-4　信息不对称理论作用机理

2. 委托代理理论

最早提出委托代理理论的是英国经济学家威尔逊和罗斯（1969）。委托代理理论的主要内容指考察委托人和代理人之间分担风险，进行利益共享和激励机制之间的关系，确定产权结构的具体实施计划，为设计激励机制提供基本概念。莫里斯在1974年对模型进行了优化求解，但由于模型存在唯一性问题，因此无法保证解的最优性。与此同时，具有唯一性的一阶条件方法的有效性得到了验证，西方的委托代理理论因此为经济学的发展奠定了坚实的经济基础。

具有委托和代理关系的企业和合作人，选择中出现逆向思维和发生的道德风险情况会迫使企业完善供应链结构，以此来维持战略合作关系（宋维，2016）。信息不对称理论揭示了委托人与代理人之间资源配置关系中的一个关键问题，这个问题在以往的理论中难以得到解答。在融资担保领域，委托代理理论的应用也呈现出一定的变化，这些变化对于理解和解决信息不对称所带来的挑战具有重要意义（周耿，2021）。依据此理论，本章研究发现有很多关于政策性担保的委托及代理的关系，主要包括三种：

(1) 担保机构是政府；(2) 由政府进行担保，小微企业进行融资；(3) 违约情况出现时，政府性的担保机构赔偿贷款。这三方是一个利益的共同体。以政府为担保机构的委托和代理关系可分为担保和被担保的关系，监督和被监督，起到共同配合和进步的作用。政府对担保机构实施监督和扶持工作，可以提高担保机构的有效性，而且可以让经营绩效具有可持续性，因为担保机构主要受益者为小微企业，但是也有代偿风险，导致担保机构的道德风险加大。政府利用财政资金进行扶持的最重要的是追求社会经济效益，提高社会的经济价值。如果担保机构代偿金额过高，那么经营绩效将会遇到问题，导致资金链断裂，财政资金流失，政府负担加重。在代理关系中，小微企业和担保企业具有相互促进、风险共担的作用。如果担保机构的担保风险超过一定比例，就会影响代偿风险，风险太低可能起不到融资作用。

关于委托代理理论的作用机理（见图3-5），从委托代理理论看，政府委托政府性担保机构为企业担保，银行向企业提供资金，企业支付担保费，发生风险向银行进行代偿，在控制风险的前提下，担保企业越多，公司收入越多，经营绩效越好。同时，政府作为委托人，加强代理人担保机构经营绩效的考核和监督，促使代理人完善治理结构，有利于担保机构经营绩效管理的提升。

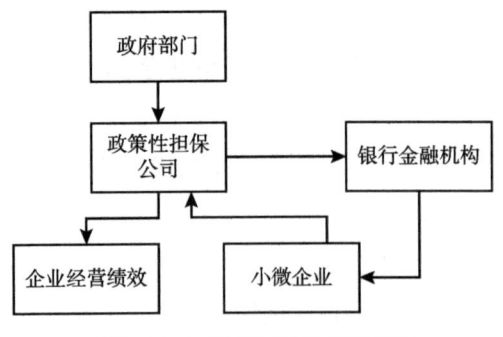

图3-5 委托代理理论作用机理

3. 担保体系运作绩效评价的现实意义

在案例研究方面，钱野（2012）针对杭州市政府支持的科技担保案例研究发现，政府担保机构有效解决了科技企业的资金缺口，降低了融资成本，有助于提高企业发展的速度和质量。许黎莉和陈东平（2019）针对内蒙古自治区政府农业信贷担保机构的案例研究发现，农业产业链特有的资金闭环、业务选择机制、风险分散机制等，缓解了政策性担保贷款的签约和履约困难。梁积江（2020）在民族地区小微企业融资担保体系的研究中，发现民族地区的政府担保机构发展滞后，在解决小微企业融资难方面成效不大。郑建明等（2007）研究认为担保中存在"隧道效应"，即公司的控股股东通过担保行为转移公司的财产和利润来增加自己的利益。此外，商业担保行为往往不是单向的，尤其是小微企业，其担保行为往往形成互助性的担保圈或担保网络。在担保网络中，如果一家企业出现债务危机，会通过担保链迅速蔓延到网络内的其他企业，甚至造成区域性金融风险（万良勇和魏明海，2009）。加入担保网络对公司本身的业绩有负面影响（曹廷求和刘海明，2016）。正是由于近年来我国担保圈问题日益突出，成为影响企业健康发展和区域金融稳定的重大隐患，政府开始重视政策性融资担保的作用。政策性融资担保体系自运行以来，部分学者如苑梅（2013）、马松等（2014）、冯晓雷（2014）、叶莉等（2016）均肯定了政策性融资担保的作用，能够降低小微企业融资担保成本。然而，我国大部分学者研究也发现政策性融资担保体系运行效率低，运行中存在诸多问题。

其中，在国家政策性融资担保体系运行效率分析方面，文学舟和吴永顺（2014）认为政府扶持力度有待加强，风险分担机制不完善，与银行的合作关系不够密切等。任键（2018）认为政府性融资担保机构要实现可持续发展还面临着不少困难，如持续盈利难度大、完善机制之路漫长、治理结构存在先天性缺陷。张承慧（2019）认为与发达国家比较，我国融资担保放大倍数和覆盖面还是过低。吴晓冀（2020）认为行业协会型管理相对松散。文学舟和许高铭（2021）以江苏省融资担保机构为研究对象，运用三阶段数据包络分析（Data Envelopment Analysis，DEA）模型，研究小微企业融资担保经营效率，其结果显示，融资担保经营效率不高的原因在于规模效率明显低下。

在地方政策性融资担保体系运行效率分析方面，陈菲琼等（2011）采用层次分析法和主成分分析法分析了影响信用担保机构效率的主要因素，研究认为这些因素来自担保机构的内部风险。黄庆安（2011）基于调研数据，采用 DEA-Tobit 两步法计算了福建省 50 家农村信用担保机构的运行效率，并分析了其影响因素。研究发现，农村信用担保机构的整体运营效率较低，金融机构的成立年限、存贷比、担保费率等因素都对其运营效率有影响。文学舟和张金文（2014）采用因子分析法对江苏省不同地区的 6 家融资性担保机构的运营绩效进行了评价。结果显示，苏南、苏中地区的担保机构的综合运营绩效普遍好于苏北地区的担保机构。陆宇锋和张智勤（2015）研究认为，银担合作基础薄弱影响了双方责任分担的积极性，政策性担保资源存在地区分布不均，风险缓释作用得不到充分发挥。部分受保企业存在代偿风险，与银行风险分担地位不对等且政府的补助金机制尚未健全完善（唐侃，2015）。安徽等政银担合作模式也存在政府注资的持续性、逆向选择规制等方面的缺陷（杨松和张建，2018）。再担保体系尚不健全，作用发挥不明显、配套政策支持不到位，再担保机构可持续发展动力不足（魏少贤，2019）。温州市政府性担保机制虽然降低了企业贷款成本，提高了申贷率，但融资担保的覆盖面不够（蔡吟茜，2020）。民族地区政府性融资担保机构超低的收费覆盖着几乎全部信贷的风险，代偿压力大，严重制约了担保机构的可持续成长（梁积江，2020）。

因此，建立政策性融资担保体系，分别探索"分级"和"分轨"的运行效率，以及影响其运行效率的因素，不仅关系到缓解小微企业和"三农"融资难、融资贵的问题，也关系到实体经济的健康发展和转型。对我国金融供给侧结构性改革的顺利推进具有重要的现实意义。

（二）政策性融资担保体系运行效率的测算与分析

目前，国内外学者对政策性融资担保的运作效率还没有具体的定义。为了说明这个问题，不妨从效率的定义入手。樊刚在《公有制宏观经济理论大纲》（1995）中提出了经济效率的定义，即现有资源用于生产商品和服务以满足人们需求的程度，一般称为资源利用率。这个定义主要表示投入与产出之间的关系为效率，可以适用于政策性融资担保的运行效率，具体指小微企业政策性融资担保的投入与它的产出之间的关系。这可以用公式 $E = P/I$ 来表示，其中，E 是小微企业政策性融资担保的效率，P 是小微企业政策性融资担保的投入，I 是小微企业政策性融资担保的产出。要分析小微企业政策性融资担保的运行效率的投入，需要从小微企业政策性融资担保的运行过程入手，如图 3-6 所示。小微企业融资担保的三个核心机构是政府性融资担保机构、商业银行和小微企业。小微企业向政府性融资担保机构缴纳保费，由其为小微企业提供担保并向银行交纳保证金。然后，银行向小微企业放贷。这些担保活动的主要投入是政府性融资担保机构的保证金，其数量和比例决定了银行是否愿意向小微企业放贷。政策性融资担保的政策性特点主要体现在政策性担保的运作资金上，其资金来源是政府或国有企业。政府和国有企业用这笔资金建立政府性融资担保机构，保证政府性融资担保机构担保金的支出。因此，对小微企业政府性融资担保的主要投入是政府对政府性融资担保机构的投入。相应地，小微企业政策性融资担保的产出水平主要反映了小微企业政府性融资担保机构的支持状况。在相同的投入条件下，更多的小微企业获得更多的银行贷款资金，说明小微企业政策性融资担保的效率更高。

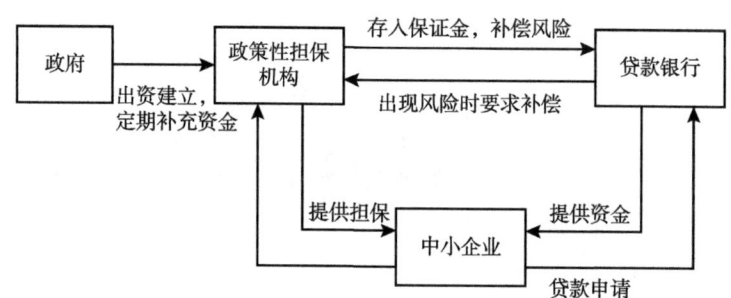

图 3-6　政策性融资担保机构关系

1. 测算方法介绍与指标选取

DEA 模型是测算担保机构运行效率的常用方法。但是，传统的 DEA 模型对无效率程度的测算重点考虑投入（产出）等比例缩减（增加）这一情况。对于无效决策单元来说，除了等比例改进外，往往还会存在着松弛改进，而该部分在传统 DEA 模型中并不能得到体现，从而造成测算结果的有偏（成刚，2014）。为了解决这个问题，托内（Tone，2001）提出了 SBM-DEA 模型。SBM-DEA 模型（slack based measure-data envelopment analysis model）的优点就是对无效率的测算考虑了松弛变量问题。另外，考虑到在测算政府性融资担保机构运行效率时存在着非期望产出，因此，最终选择包括非期望产出的 SBM-DEA 模型来测算运行效率。

模型设定具体如下。

假设某生产系统有 n 个独立的决策单元，表示为 $DMU_j(j=1,2,\cdots,n)$，每个 DMU 有 m 种投入 x，记为 $x_i(i=1,2,\cdots,m)$，有 n 种产出 Y，其中期望输出 Y_r^g 有 S_1 个，记为 $Y_r^g(r=1,2,\cdots,S_1)$，非期望输出 U_r^b 有 S_2 个，记为 $U_r^b(r=1,2,\cdots,S_2)$。生产可能集 P 定义为

$$P = \{(x, y^g, u^b \mid x \geq x_{ij}\lambda, y^g \geq y_{ij}^g\lambda, u^b \geq u_{ij}^b\lambda), \sum_{i=1}^m \lambda_i = 1, \lambda_i \geq 0\} \tag{3.1}$$

其中，$\lambda \geq 0$ 为权重变量，$x \geq x_{ij}\lambda$ 表示决策单元投入大于等于前沿投入水平，$y^g \geq y_{ij}^g\lambda$ 表示实际期望产出小于等于前沿期望产出，$u^b \geq u_{ij}^b\lambda$ 表示实际非期望产出大于等于前沿非期望产出。政府性融资担保机构运行效率可以通过求解如下模型获得：

$$\begin{cases} \min\rho = \dfrac{1 - \dfrac{1}{m}\sum_{i=1}^m \dfrac{S_i^-}{x_{ik}}}{1 + \dfrac{1}{S_1+S_2}\left[\sum_{r=1}^{S_1} \dfrac{S_r^g}{y_{rk}} + \sum_{r=1}^{S_2} \dfrac{S_r^b}{u_{rk}^b}\right]} \\ s.t. \sum_{j=1,j\neq k}^n x_{ij}\lambda_j + S_i^- = x_{ik} \\ \sum_{j=1,j\neq k}^n y_{ij}^g \lambda_j - S_i^g = y_{rk}^g \\ \sum_{j=1,j\neq k}^n u_{ij}^b \lambda_j + S_i^b = u_{rk}^b \\ S^-, S^g, S^b, \lambda \geq 0 \\ j = 1, 2, \cdots, n(j \neq k) \end{cases} \tag{3.2}$$

其中，S^-、S^g、S^b 分别表示政府性融资担保机构的投入松弛变量、期望产出松弛变量、非期望产出松弛变量；λ 表示投入产出指标权重；ρ 为决策单元效率值，且 $0 \leq \rho \leq 1$。当 $\rho = 1$ 且 $S^- = 0$，$S^g = 0$，$S^b = 0$ 时，决策单元是有效率的，当 $0 \leq \rho \leq 1$ 时，决策单元是无效率的，可以在投入产出上改进。

根据指标选取的代表性与数据的可获得性，同时参考相关研究①，从投入与产出两个方面选取 9 个指标来构建政府性融资担保机构运行效率评价体系，如表 3-1 所示。为了衡量担保机构的盈利能力、风险承受能力、担保覆盖面及信用能力，选取实收资本（万元）、资产总额（万元）、货币资金（万元）分别作为投入指标，另外为了衡量融资担保机构在为小微企业提供增信时的人力资源投入、管理水平以及审查小微企业所需的资金投入，也另选取了从业人员数量和业务以及管理费用作为投入指标。

表 3-1　　　　　　　政府性融资担保机构的投入产出

项目	指标名称	指标解释
投入	实收资本	政策性融资担保机构实际收到的资本
	资产总额	政策性融资担保机构拥有的资产总额
	货币资金	政策性融资担保机构拥有的现金、银行存款与其他货币资金
	从业人员数量	政策性融资担保机构拥有的从业人员数
	业务及管理费	经营和管理中发生的各项费用总和
期望产出	担保金额	当年期末政策性融资担保机构的担保余额
	担保户数	当年期末政策性融资担保机构的担保户数
	放大倍数	在保余额占净资产比重
非期望产出	代偿金额	当年期末政策性融资担保机构的代偿金额

另外，金融业利用杠杆实现资源优化配置是经营能力的体现。担保机构不可能按照担保责任余额和资本金（或净资产）1∶1 的比例去从事担保业务，这样从事资源配置是无法发挥财政资金"四两拨千斤"的作用，也就没有必要专门设立担保机构。当然，放大倍数越大，杠杆率越高，风险也越大，杠杆率的高低应基于担保机构承受风险的能力，由于实力差异，政府性融担机构放大倍数都会高于商业性融担机构。2018 年 4 月 23 日，中国银行保险监督管理委员会印发《融资担保公司监督管理条例》，明确担保机构的融资担保责任余额不得超过其净资产的 10 倍；对小微企业和"三农"融资担保业务在保余额占比 50% 以上且户数占比 80% 以上的融资担保机构，可以提高至 15 倍。融资担保本来就是面向特定的群体，如小微企业和"三农"、科技创新企业及特定产业等。如果覆盖面过小，融资担

---

①　徐攀，李玉双. 政策性融资担保机构运行效率的测算及其影响因素——基于浙江省微观政策性融资担保机构运行效率的测算及其影响因素 [J]. 财经论丛，2022, 5: 56-65.

保机制难以有效发挥作用；如果覆盖面过大，融资担保机制可能对支持对象进行了过度保护，不利于市场竞争。因此，合理的覆盖面是融资担保机制有效率运行的前提条件，融担服务客户占比和担保贷款占比两个指标能够衡量服务效率，有时也使用"件均"概念，即平均单个客户的担保贷款规模。因此在产出指标选取方面，选取融资担保金额数（万元）、担保户数（户）和融资担保机构放大倍数（倍）三个指标分别衡量担保机构为小微企业提供融资担保增信的能力强度、衡量担保机构为多少小微企业提供了增信服务，以及衡量担保机构的风险控制水平和经济效益。在非期望产出方面，以融资担保机构代偿金额（万元）作为产出指标。最后，参考伍海华和马媛（2003）的研究，对原始数据做了无量纲化处理。

2. 测算结果分析

浙江省民营经济发达，是小微企业的集聚地，全国首个金融综合改革实验区就设立在浙江。关于如何解决小微企业融资难、融资贵的问题，浙江省已经累积了很多经验，其政策性融资担保也走在全国前列。2015年，《浙江省人民政府关于推进政策性融资担保体系建设的意见》出台，要求健全完善以政府性融资担保机构为主、其他融资担保机构为补充的融资担保体系。2017年，浙江省政府要求：全省各设区市必须成立政府性融资担保机构，年底前各市（县）必须成立一家注册资金不少于1亿元的国有控股或参股的政府性融资担保机构。[①] 在政府的引导下，浙江省融资性担保业务取得了快速发展。2016年浙江省融资性担保余额为133.76亿元，其中担保户数为10613户，到2019年，融资性担保余额增长到448.10亿元，担保户数增加到65625户。2019年底，浙江省共有109家政府性融资担保机构，注册资本共计293亿元，从业人员1155人。鉴于此，以下依据浙江省政府性融资担保机构的微观数据，运用SBM-DEA模型测算政府性融资担保机构的运行效率，并分析影响因素。此样本空间为2016~2019年浙江省11个地级市86家政府性融资担保机构。[②]

---

① 我省加快建设融资担保体系［EB/OL］. 浙江日报，2017-04-02.
② 数据来源于笔者2020年3~12月的调研。政府性融资担保机构运行效率的测算过程利用Ultra Max DEA 8.10软件完成。2016年浙江省政府性融资担保机构一共有87家，随后逐年增加，2019年政府性融资担保机构增加到109家，为了形成一个平衡面板数据，剔除了在此期间破产倒闭、新成立等政府性融资担保机构。

（1）整体状况的比较分析。政府性融资担保机构运行效率的整体状况如表3-2所示。2016~2019年浙江省政府性融资担保机构运行效率的中位数分别为0.576、0.529、0.502、0.506，平均数分别为0.633、0.585、0.544、0.555。可以发现，浙江省政府性融资担保机构运行效率总体偏低，而且2017年与2018年运行效率还出现小幅下降，2019年才开始有所回升。这说明，浙江省政府性融资担保机构还处于政策调整与初步发展阶段，政府投入了大量资金，但是如何有效利用依然存在问题。另外，调研发现，大部分政府性融资担保机构成立时间不长，有些管理人员也没有从事过担保工作。另外，政府性融资担保机构绝大部分属于国有全资或国有控股，所以政府性融资担保机构的管理者还面临国有资产不能流失这条高压线。简言之，管理经验不足再加上国有资产不能流失的意识最终使许多政府性融资担保机构运行效率不高。虽然政府性融资担保机构运行效率总体偏低，但是国家也在加大政策引导与调控，推动政策性融资担保事业有序发展，如2017年国务院颁布了《融资担保公司监督管理条例》，2018年财政部、工业和信息化部联合印发了《关于对小微企业融资担保业务实施降费奖补政策的通知》，2019年国务院发布了《关于有效发挥政府性融资担保基金作用切实支持小微企业和"三农"发展的指导意见》。随着相关配套政策的有效实施与相关制度的不断完善，政府性融资担保机构正在快速发展，其运行效率也开始有所提升。

表3-2　　　　浙江省政府性融资担保机构运行效率统计

效率区间分布	2016年	2017年	2018年	2019年
[0~0.3)	3	2	2	2
[0.3~0.6)	47	51	60	63
[0.6~0.8)	15	20	16	10
[0.8~1.0)	21	13	8	11
平均数	0.633	0.585	0.544	0.555
中位数	0.576	0.529	0.502	0.506

另外，本书研究也进一步从浙江省政府性融资担保机构运行效率的分布区间分布进一步的分析（见表3-2）。可以看出处于0~0.3区间的机构

非常少，2016~2019年基本固定在2~3家；处于0.8~1.0区间的机构，2016年达到了21家，随后出现大幅下降，2019年基本保持在10家左右；处于0.3~0.6区间的机构比较多，而且2016~2019年一直在逐渐增加，2019年已经达到了63家；处于0.6~0.8区间的机构个数，2017~2019年处于下降阶段，2019年已下降到10家。这说明，政府性融资担保机构之间的运行效率存在较大差异。另外，2016~2019年政府性融资担保机构运行效率的平均数均大于其中位数，这也说明86家担保机构运行效率并没有呈对称分布。

（2）不同层级的比较分析。从行政归属角度进行划分，浙江省政府性融资担保机构可以分为三个层级：省属的政府性融资担保机构、市辖区管辖的政府性融资担保机构、县管辖的政府性融资担保机构。这里，我们将从该角度分析政府性融资担保机构运行效率的状况。图3-7描述了省属、市辖区管辖的及县管辖的政府性融资担保机构运行效率状况。可以发现，省属的政府性融资担保机构的运行效率最近几年提升很快，已经远高于市辖区管辖的和县管辖的政府性融资担保机构的运行效率；市辖区管辖的政府性融资担保机构的运行效率最近几年一直保持在0.500左右，变动不大，是三类政府性融资担保机构中运行效率最低的；县管辖的政府性融资担保机构的运行效率最近几年有些明显的下降趋势，2016年为0.699，2019年已下降到0.568。从年均值来看，省属的政府性融资担保机构运行效率为0.839，市辖区管辖的政府性融资担保机构运行效率为0.520，县管辖的政

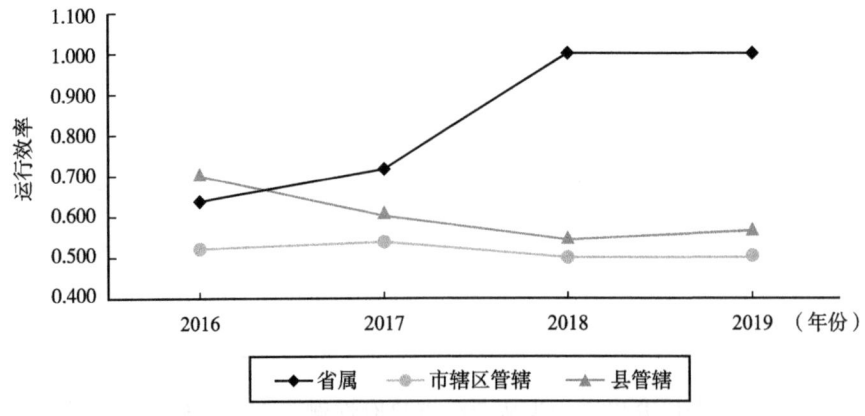

图3-7 省、市辖区、县政策性融资担保机构运行效率的状况

府性融资担保机构运行效率为 0.606，即省属的政府性融资担保机构的运行效率高于市辖区管辖与县管辖的政府性融资担保机构的运行效率，分别高出 61.35% 与 38.45%。

省属的政府性融资担保机构运行效率最高的主要有三方面原因。（1）资金方面有绝对的规模优势，如浙江省担保集团有限公司的实收资本早已经达到了 90 亿元。（2）业务方面，省属的政府性融资担保机构除自己开展政策性融资担保业务外，还与其他优质的市辖区与县管辖的政府性融资担保机构展开合作，发展速度非常快。县管辖的政府性融资担保机构运行效率高于市辖区管辖的政策性融资担保机构的原因在于，浙江省的县域经济非常发达，民营企业资金需求很大，推高了县管辖的政府性融资担保机构的运行效率。（3）不同规模的比较分析。图 3-8 描述了不同规模政府性融资担保机构运行效率状况。可以发现，注册资本大于等于 10 亿元的政府性融资担保机构运行效率总体呈现上升趋势；注册资本小于等于 1 亿元政府性融资担保机构运行效率总体呈现下降趋势，但幅度并不大；注册资本大于 1 亿元且小于 10 亿元的政府性融资担保机构运行效率总体也呈现下降趋势，且下降幅度比较大，2016 年运行效率为 0.634，2019 年下降到 0.443。注册资本大于等于 10 亿元的政府性融资担保机构基本上是省属的政府性融资担保机构，已经形成了规模效应，运行效率较高。注册资本小于等于 1 亿元的政府性融资担保机构大部分是区县管辖的政府性融资担保机构，运行效率居中。

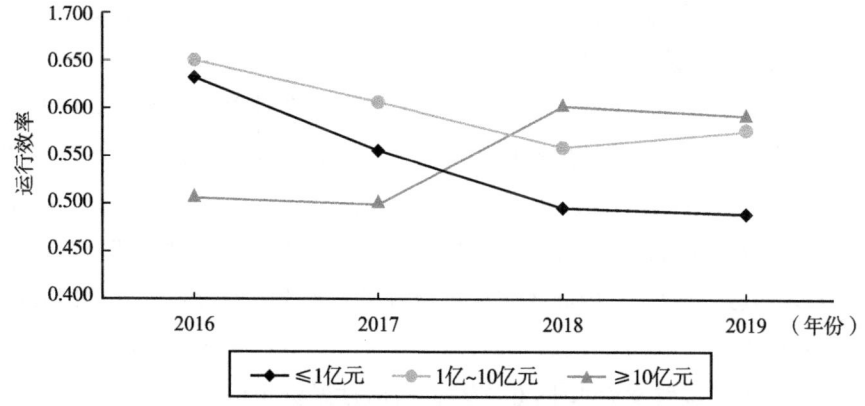

图 3-8　不同规模政府性融资担保机构运行效率的状况

(三) 政策性融资担保体系运行效率的影响因素分析

1. 模型设定与变量说明

政府性融资担保机构的价值体现在其与其他生产要素共同发挥作用时，其价值涉及社会经济方方面面。政府性融资担保机构运行效率的影响因素具有多样性与复杂性。归纳起来可以包括两方面原因：一是外部因素，包括地区经济发展水平、社会信用环境、信贷环境、行业政策等；二是内部因素，包括人力资源状况、信用扩张能力等。

在参考相关研究基础上，同时考虑数据的可得性，这里将分析以下因素对浙江省政府性融资担保机构运行效率的影响。

(1) 人力资本水平（QHR）：各政策性融资机构本科及以上学历员工占比。政府性融资担保机构的人力资本通常与机构运行效率息息相关，人力资本越高，机构的管理水平会越高，因而其运行效率也会越高。

(2) 成立年限（YOE）：各政策性融资机构的成立年限，一般用评价年度和成立年份的差值进行度量。政府性融资担保机构成立越长，所积累的管理经验可能就会越多，因而其运行效率就越高。但是，政府性融资担保机构成立越长，也有可能容易形成固有的管理理念，因循守旧，缺乏创新，因而导致其运行效率不高。

(3) 业务集中度（$PFGI$）：各政府性融资机构的担保业务收入占总收入的比例。政府性融资担保机构业务越集中，管理者的精力就越集中，因而其运行效率可能就越高。

(4) 产权比率（ER）：各政府性融资机构的负债总额与所有者权益总额的比率来衡量。政府性融资担保机构的产权比率越大，则说明政府发挥"四两拨千斤"的财政杠杆作用就越强，因而其运行效率也会越高。除了政府性融资担保机构的内部因素影响其运行效率外，有时候外部经济环境也会影响其运行效率，因此我们也将金融发展水平（LFD）等外部因素纳入研究对象。

(5) 地区金融发展水平（LFD）：政府性融资担保机构所在城市的金融发展水平，用每万人商业银行分支机构数量来衡量。金融发展水平较高的地区，其金融市场化程度也较高，市场信息也相对更透明，因而政府性融资担保机构的运行效率也会较高。

以上人力资本水平、成立年限、业务集中度、产权比率等相关原始数据来源于课题组调研，金融发展水平相关原始数据来源于国泰安数据库（CSMAR）。表3-3汇报了各个变量的统计性描述。

表3-3 变量的描述性统计

变量	样本量	均值	标准差	最小值	最大值
OE	344	0.579	0.202	0.172	1
QHR	344	0.615	0.274	0	1
YOE	344	11.735	5.074	0	20
PFGI	344	0.923	0.228	0	1
ER	344	0.130	0.127	0	0.644
LFD	344	2.852	1.854	1.810	14.955

根据上述变量定义，本章构建 Tobit 模型：

$$Y_{it} = \beta_0 + \beta_1 X1_{it} + \beta_2 X2_{it} + \beta_3 X3_{it} + \beta_4 X4_{it} + \beta_5 X5_{it} + \varepsilon_{it} \quad (3.3)$$

其中，Y_{it} 为第 i 家政府性融资担保机构运行效率；$X1$ 为人力资本水平；$X2$ 为政府性融资担保机构成立年限；$X3$ 为机构业务集中度；$X4$ 为产权比率；X_5 为政府性融资担保机构所在城市的金融发展水平；t 表示时间序列，ε 为误差项。因此，根据上述分析，政策性融资担保机构运行效率影响因素的计量模型进一步转化为

$$OE_{it} = \beta_0 + \beta_1 QHR_{it} + \beta_2 YOE_{it} + \beta_3 PFGI_{it} + \beta_4 ER_{it} + \beta_5 LFD_{it} + \varepsilon_{it}$$

$$(3.4)$$

2. 基准结果与稳健性检验

政府性融资担保运行效率为非负，且小于等于1，属于归并数据，因此，这里将采用面板数据 Tobit 模型进行回归分析。表3-4汇报了政府性融资担保机构运行效率影响因素的回归结果。

表3-4　　政策性融资担保机构运行效率影响因素的回归结果

变量	(1)	(2)	(3)	(4)
QHR	-0.082* (0.043)	-0.072 (0.045)	-0.079** (0.038)	-0.052 (0.048)
YOE	-0.010*** (0.002)	-0.009*** (0.002)	-0.008*** (0.002)	-0.011*** (0.003)
PFGI	-0.022 (0.025)	-0.026 (0.028)	-0.019 (0.022)	-0.038 (0.027)
ER	0.528*** (0.094)	0.455*** (0.097)	0.456*** (0.083)	0.358*** (0.102)
LFD	0.016** (0.007)	0.017** (0.007)	0.011* (0.006)	0.021*** (0.008)
常数项	0.650*** (0.051)	0.643*** (0.053)	0.644*** (0.045)	0.645*** (0.055)
样本数	344	344	344	258

注：括号内为标准误差z值；*、**、***分别代表在10%、5%和1%水平上显著。

列（1）是基准回归分析的结果，列（2）至列（4）是稳健性检验。从基准回归分析的结果可以发现，人力资本水平的系数为负，且在10%的显著性水平下拒绝原假设。这与理论预期并不一致。笔者在调研中发现，许多政府性融资担保机构的管理人员是从其他政府部门或事业单位临时调派过来的，而且很多管理人员没有担保行业的工作经历与管理经验，因此人力资本水平并没有产生正向影响。成立年限的系数为负，且在10%的显著性水平下拒绝原假设。这说明，政府性融资担保机构成立越长，则容易形成管理固化，缺乏创新，导致其运行效率不高。业务集中度的系数为负，但并不显著，则说明业务集中度并没有对运行效率产生显著影响。产权比率的系数为正，且在1%的显著性水平下拒绝原假设，这与理论预期相一致。产权比率越大则说明政府财政资金的引导作用越强，因而其运行效率也就越高。地区金融发展水平的系数为正，且在1%的显著性水平下拒绝原假设，这与理论预期也一致。地区金融发展水平越高，市场信息就越透明，市场中各主体间的信息也越对称，因而担保机构的运行效率就会越高。

关于政府性融资担保机构运行效率影响因素回归结果的稳定性检验，这里主要从更换被解释变量、调整估计方法、排除潜在内生性三个方面展开。在基准回归中，采用投入导向的 SBM-DEA 模型来测算机构运行效率，这里采用产出导向的 SBM-DEA 模型重新测算其运行效率，然后重新进行回归分析，具体结果见表3-4列（2）。可以发现，更换被解释变量后，其实证结果依然很稳健。在基准回归中，采用面板数据 Tobit 模型进行分析，这里将采用普通的面板数据模型进行分析，具体结果见表3-4列（3）。可以发现，调整估计方法，其实证结果依然很稳健。本章试图检验人力资本水平、成立年限、业务集中度、产权比率、金融发展水平等因素对政府性融资担保机构运行效率的影响，但是，机构运行效率本身可能也会反向影响这些因素。因此，为了排除这种互为因果带来的内生性问题，这里将式（3.3）中当期的解释变量替换成滞后1期，然后进行面板数据的 Tobit 回归，具体结果见表3-4中的列（4）。可以发现，排除潜在内生性后，其实证结果也比较稳健，除人力资本水平系数的显著性出现了下降外，其他解释变量并没有出现大的变动。

通过上述实证分析可以发现，成立年限（YOE）与政府性融资担保机构效率呈显著负相关关系，这说明浙江省部分政府性融资担保机构的"后起之秀"，如省担保集团等近年来取得了较好的经营成效。相反，一些成立时间较早的机构作用未得到充分发挥。人力资本水平（QHR）与政府性融资担保机构运行效率具有较显著的负相关关系。业务集中度（PFGI）与政府性融资担保机构运行效率具有负相关关系，但是并不显著。产权比率（ER）与政府性融资担保机构运行效率具有较显著的正相关关系。政府性融资担保机构的产权比率越大，则说明政府发挥的财政杠杆作用就越强，因而其运行效率也会越高。地区金融发展水平（LFD）与政府性融资担保机构运行效率具有较显著的正相关关系。该指数是反映政府性融资担保机构所在城市的金融发展水平，金融发展水平较高的地区，其金融市场化程度也较高，市场信息也相对更透明，因而政府性融资担保机构的运行效率也会较高。

3. 同群效应

企业做决策时往往会学习与模仿同地区企业的行为，尤其是模仿同一地区同一行业内企业的行为，这一现象通常被称为"同群效应"。已有研究表明，同群效应已经体现在企业行为的方方面面，例如公司资本结构（陆蓉等，2017）、公司违规行为（陆蓉和常维，2018）、公司会计信息质量（冯玲和崔静，2019）、公司慈善捐赠行为（彭镇等，2020）、公司精准扶贫行为（文雯等，2021）、企业金融化（李秋梅和梁权熙，2020；夏子航，2021），等等。尽管越来越多的学者关注企业行为的同群效应，但有关政府性融资担保机构运行效率同群效应的研究还鲜有学者涉及。为此，这里分析政府性融资担保机构运行效率的同群效应。参考陆蓉和常维（2018）、李秋梅和梁权熙（2020）的相关研究，设定以下检验模型：

$$OE_{it} = \beta_0 + \gamma PEER_{it} + \beta_1 QHR_{it} + \beta_2 YOE_{it} + \beta_3 PFGI_{it} \\ + \beta_4 ER_{it} + \beta_5 LFD_{it} + \varepsilon_{it} \quad (3.5)$$

其中，解释变量 $PEER$ 为政府性融资担保机构 i 所在城市剔除自身后该地区政府性融资担保机构平均的运行效率，如果系数 γ 显著为正，则说明存在着同群效应。其他变量与式（3.4）相同，这里不再赘述。

表 3-5 汇报了政府性融资担保机构运行效率同群效应的检验结果。列（1）是基准回归分析的结果，列（2）是更换被解释变量的估计结果，[①] 列（3）是调整估计方法的估计结果，[②] 列（4）是解释变量滞后一期的估计结果。可以发现，在列（1）至列（3）中，$PEER$ 的系数为正，且在 5% 的显著性水平下拒绝原假设，这说明政府性融资担保机构的运行效率存在着同群效应，即政府性融资担保机构的运行效率并非仅受自身因素的影响，也会受到周边地区政府性融资担保机构运行效率的影响，而且这种影响是正向的。之所以存在着同群效应，其可能的原因是政府性融资担保机构之间存在着学习机制。通过实地调研发现，政府性融资担保机构之间交流比较频繁，尤其运行效率低的机构常常主动到运行效率高的机构进行考察、交流与学习。列（4）的结果显示，$PEER$ 的系数为正，但并不显著，这说明政府性融资担保机构运行效率的同群效应只发生在同期，不存在着时间滞后效应。

---

① 在基准回归中，采用投入导向的 SBM-DEA 模型来测算机构运行效率，这里采用产出导向的 SBM-DEA 模型重新测算其运行效率，然后重新进行回归分析。

② 在基准回归中，采用面板数据 Tobit 模型进行分析，这里采用普通的面板数据模型进行分析。

表 3-5　　　　　　　　　　　　同群效应的检验结果

变量	(1)	(2)	(3)	(4)
PEER	0.265** (0.119)	0.283** (0.122)	0.254** (0.106)	0.190 (0.131)
QHR	-0.081* (0.043)	-0.071 (0.044)	-0.079** (0.038)	-0.050 (0.047)
YOE	-0.009*** (0.002)	-0.009*** (0.002)	-0.008*** (0.002)	-0.011*** (0.003)
PFGI	-0.019 (0.025)	-0.021 (0.026)	-0.016 (0.022)	-0.035 (0.027)
ER	0.525*** (0.093)	0.461*** (0.096)	0.455*** (0.082)	0.357*** (0.102)
LFD	0.018** (0.007)	0.019** (0.007)	0.013** (0.006)	0.022*** (0.008)
常数项	0.501*** (0.084)	0.489*** (0.084)	0.501*** (0.075)	0.537*** (0.093)
N	344	344	344	258

注：括号内为标准误差 z 值；*、**、***分别代表在 10%、5% 和 1% 水平上显著。

政府性融资担保机构运行效率的测算及其影响因素研究不仅事关化解小微企业融资难、融资贵的问题，也事关实体经济的健康发展与转型升级，对我国金融供给侧结构性改革的顺利推进也具有重要的现实意义。依据浙江省微观调研数据，运用 SBM-DEA 模型测算了政府性融资担保机构的运行效率，并构建面板数据模型探讨其影响因素。效率测算结果显示：政府性融资担保机构运行效率总体偏低；省属的政府性融资担保机构运行效率较高，然后是县管辖的与市辖区管辖的融资担保机构；注册资本大于等于 10 亿元的政府性融资担保机构运行效率总体呈上升趋势，其他的则呈下降趋势。影响因素的实证结果显示：人力资本水平、成立年限等变量对政府性融资担保机构运行效率有着显著的正向影响，产权比率、金融发展水平等变量对运行效率有着显著的负向影响，而业务集中度的影响并不显著。另外，进一步研究还发现：政府性融资担保机构之间的运行效率还存在显著的同群效应，即政府性融资担保机构的运行效率并非仅受自身因素的影响，也会受到周边地区政府性融资担保机构运行效率的影响，而且这种影响是正向的。

三、政策性融资担保体系运行效率要素博弈

借鉴已有文献研究成果对融资担保实践中参与主体的利益实现机制和共生决策行为进行深入讨论,同时,从融资担保机构财务实力和业务能力、小微企业资信水平和经营状况、政府协同机制和银行合作态度六个维度剖析政策性融资担保有效性影响因素,以期更有针对性地分析我国政策性融资担保体系层级关系失调原因,并提出不同层级政府协同优化路径。

政策性融资担保涉及小微企业、融资担保机构、商业银行、政府和互联网金融平台等多方主体,各主体围绕信贷资源各司其职却又相互依存,共同形成政策性融资担保多主体合作关系,如图3-9所示。

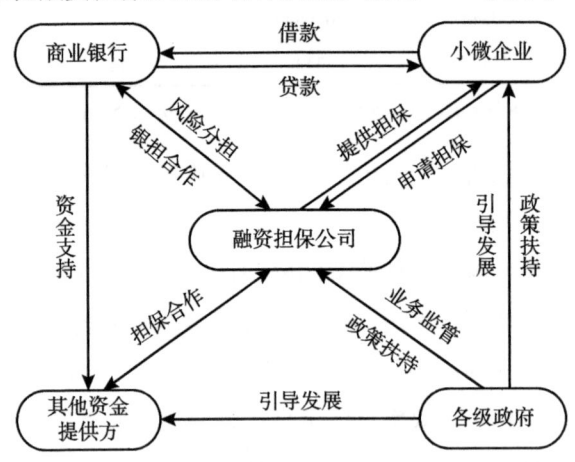

图3-9 政策性融资担保多主体合作关系示意

(一)政策性融资担保多主体共生决策行为分析

1. 基本假设

假设一个由小微企业、融资担保机构和商业银行构成的融资担保圈正在运作。且其中每个参与者都是约束理性的。在这个融资担保业务中,三

方——小微企业、融资担保机构和商业银行——都面临着合作或不合作的策略选择。一旦其中一方决定合作，其他方将基于此决策采取相应的行动。如果小微企业无法提供足够的抵押物，融资担保机构的担保成为银行是否发放贷款的关键因素。如果担保机构选择担保，银行愿意发放贷款；如果没有担保，银行则要求小微企业提供足够的抵押品作为发放贷款的条件。一旦小微企业违约，银行可以通过处置抵押物来获得收入，以补偿不良贷款的损失。这个机制体现了融资担保业务中风险与收益的平衡，以及各方在追求自身利益最大化的同时如何通过合作来实现整体的经济效益。

2. 模型构建

融资担保机构可以选择提供担保或不提供担保，商业银行可以选择发放贷款或不发放贷款，而小微企业则可以选择履约或不履约。假设小微企业选择"履约"的比例为 x、选择"违约"的比例为 $1-x$；融资担保机构选择"担保"的比例为 y，选择"不担保"的比例为 $1-y$；商业银行选择"放贷"的比例为 z，选择"不放贷"的比例为 $1-z$ （$0 \leq x, y, z \leq 1$）。

根据模型假设可确定小微企业—融资担保机构—商业银行的收益矩阵，其中各主体选择合作记为 1，不合作记为 0，具体如表 3-6 所示。

表 3-6　　　　　　　融资担保主体的博弈矩阵

决策组合	小微企业	融资担保机构	商业银行
$(x=1, y=1, z=1)$	$T_1 - C_1 - C_2 - C_3 + E_t$	$S_1 + E_s - H_1$	$B_1 + E_b - K_1$
$(x=0, y=1, z=1)$	$T_2 - F_e - C_2 - C_4$	$S_1 - H_1 - H_3 + S_2$	$B_2 - F - D_1 - K_3$
$(x=1, y=0, z=1)$	$T_1 - C_1 - C_3 + E_t$	$-H_2$	$B_1 + E_b - K_1$
$(x=1, y=1, z=0)$	$-C_1$	0	$-D_2$
$(x=0, y=0, z=1)$	$T_2 - D_e - C_4 - D$	0	$B_2 - F - K_1 - L + O$
$(x=1, y=0, z=0)$	$-C_1$	$-H_2$	$-K_2$
$(x=0, y=1, z=0)$	$-F_t$	0	0
$(x=0, y=0, z=0)$	$-F_t$	0	0

其中，T_1 代表当小微企业投资符合国家宏观经济政策的项目时，从贷款中获得的营业收入；T_2 代表当小微企业投资违反国家政策的项目时，从

贷款中获得的营业收入；C_1 代表投资符合政策要求项目的机会成本；F_e 代表小微企业投资违规项目被政府发现时的惩罚；E_t 代表政府对投资合规项目的小企业提供的税收优惠；C_2 代表企业的担保成本；C_3 代表履约企业的贷款利息；C_4 代表不履约企业的贷款利息；D 代表企业提供的抵押物的价值。

对于融资担保机构而言，S_1 代表担保机构为企业提供担保所获得的保费收入；E_s 代表担保机构为投资符合国家宏观经济政策的项目的企业提供担保所获得的额外收益；H_1 代表担保成本；H_2 代表担保机构不为守信企业提供担保而产生的经营损失或机会成本；L 代表企业违约造成的补偿损失；H_3 代表企业违约后担保机构承担的补偿损失，其中 $H_3 = IL$，I 代表联合担保中担保机构承担的风险分担比例；S_2 代表政府向担保机构提供的补偿损失赔偿。

对于商业银行而言，B_1 代表银行向投资符合国家宏观经济政策的项目的企业放贷时获得的营业收入；B_2 代表银行向投资违反国家政策的项目的企业提供贷款时获得的营业收入。由于银行在向后者贷款时承担了更高的风险，因此需要更高的利率，因此 $B_1 < B_2$。E_b 代表银行向投资第一类项目的企业提供贷款时获得的额外收益，如政府的商业补贴或奖励，以及银行自身的声誉提升；F 代表银行因与企业合谋而被政府抓住的惩罚；K_1 代表银行的贷款成本，K_2 代表银行不向守信企业贷款而产生的经营损失或机会成本；D_3 代表企业违约后银行承担的赔偿损失，其中 $K_3 = (1-I)L$；O 代表银行处置小微企业提供的抵押物而获得的净收益。

3. 三方动态方程及渐进稳定性分析

设 $N_{履约}$ 和 $N_{不履约}$ 分别代表守信和不守信的小微企业的预期收益，$N_{企业}$ 代表小微企业的平均预期收益、$N_{担保}$ 和 $N_{不担保}$ 分别代表提供或不提供担保的担保机构的预期收益，$N_{担保机构}$ 代表担保机构的平均预期收益。$N_{放贷}$ 和 $N_{不放贷}$ 分别代表放贷或不放贷的银行的预期收益，$N_{银行}$ 代表银行的平均预期收益。则

$$N_{履约} = yz(T_1 - C_1 - C_2 - C_3 + E_t) + y(1-z)(-C_1) + (1-y)z(T_1 - C_1 - C_3 + E_t) + (1-y)(1-z)(-C_1) \qquad (3.6)$$

$$N_{不履约} = yz(T_2 - F_e - C_2 - C_4) + y(1-z)(-F_t) + (1-y)$$
$$z(T_2 - D_e - C_4 - D) + (1-y)(1-z)(-F_t) \tag{3.7}$$

$$N_{企业} = xN_{履约} + (1-x)N_{不履约} \tag{3.8}$$

$$N_{担保} = xz(S_1 + E_s - H_1) + (1-x)z(S_1 - H_1 - H_3 + H_2) \tag{3.9}$$

$$N_{不担保} = xz(-H_2) + x(1-z)(-H_2) \tag{3.10}$$

$$N_{担保机构} = yN_{担保} + (1-y)N_{不担保} \tag{3.11}$$

$$N_{放贷} = xy(B_1 + E_b - K_1) + x(1-y)(B_1 + E_b - K_1) + (1-x)y(B_2 - F - D_1 - K_3) + (1-x)(1-y)(B_2 - F - K_1 - L + O) \tag{3.12}$$

$$N_{不放贷} = xy(-K_2) + x(1-y)(-K_2) \tag{3.13}$$

$$N_{银行} = zN_{放贷} + (1-z)N_{不放贷} \tag{3.14}$$

根据马尔萨斯动态方程：

$$F(x) = \frac{\mathrm{d}x}{\mathrm{d}t} = x(N_{履约} - N_{企业}) \tag{3.15}$$

$$F(y) = \frac{\mathrm{d}y}{\mathrm{d}t} = y(N_{担保} - N_{担保机构}) \tag{3.16}$$

$$F(z) = \frac{\mathrm{d}z}{\mathrm{d}t} = z(N_{放贷} - N_{银行}) \tag{3.17}$$

分别对三方的复制动态方程求导，可得如式（3.18），根据复制动态方程稳定性定理及演化稳定策略性质，当 $F(x) \equiv 0$ 且 $F'(x) < 0$ 时，x 为演化稳定策略。

$$\begin{cases} F'(x) = (1-2x)[z(T_1 - C_3 - T_2 + C_4 + E_t + D) - yzD + F_t - C_1] \\ F'(y) = (1-2y)[xH_2 + z(S_1 + S_2 - H_1 - IL) + xz(E_s - S_2 + IL)] \\ F'(z) = (1-2z)[x(B_1 - B_2 + E_b + F + L + K_2) + yIL + xy(2-I)L \\ \qquad + B_2 - F - K_1 - L + O] \end{cases} \tag{3.18}$$

如图 3-10 所示，当 $F(x) \equiv 0, z(T_1 - C_3 - T_2 + C_4 + E_t + D) - yzD + F_t - C_1 = 0$，即小微企业策略选择不随时间推移改变，处于策略稳定状态；当 $z(T_1 - C_3 - T_2 + C_4 + E_t + D) - yzD + F_t - C_1 < 0$ 时，则 $x = 0$ 为演化稳定点，表明小微企业选择不守信是稳定的；当 $z(T_1 - C_3 - T_2 + C_4 + E_t + D) -$

$yzD + F_t - C_1 > 0$ 时，则 $x = 1$ 为演化稳定点，表明小微企业选择守信是稳定的。

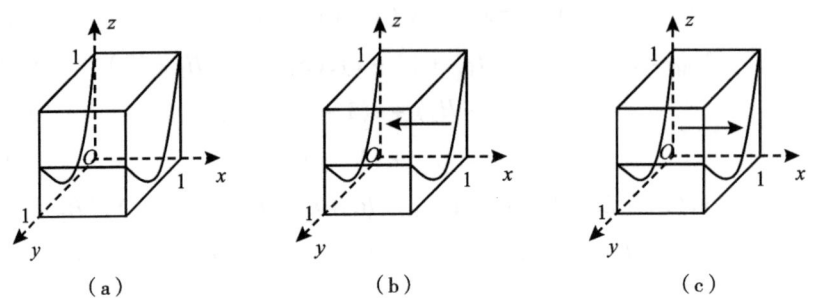

图 3-10 小微企业群体动态趋势

如图 3-11 所示，当 $xH_2 + z(S_1 + S_2 - H_1 - IL) + xz(E_s - S_2 + IL) = 0$ 时，$F(y) = 0$，无论 y 取何值都处于稳定状态，即担保机构策略选择不随时间改变，处于策略稳定状态；当 $xH_2 + z(S_1 + S_2 - H_1 - IL) + xz(E_s - S_2 + IL) < 0$ 时，则 $y = 0$ 为演化稳定点，表明融资担保机构选择不担保是稳定的；当 $xH_2 + z(S_1 + S_2 - H_1 - IL) + xz(E_s - S_2 + IL) > 0$ 时，则 $y = 1$ 为演化稳定点，表明融资担保机构选择担保是稳定的。

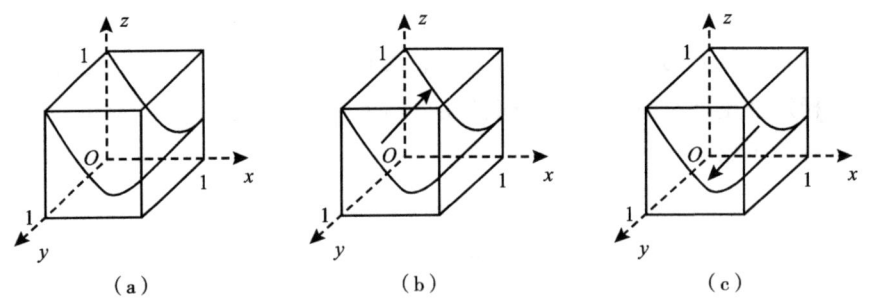

图 3-11 融资担保机构群体动态趋势

如图 3-12 所示，当 $x(B_1 - B_2 + E_b + F + L + K_2) + yIL + xy(2 - I)L + B_2 - F - K_1 - L + O = 0$ 时，$F(z) = 0$，无论 z 取何值都处于稳定状态，即商业银行策略选择不随时间改变，处于策略稳定状态；当 $x(B_1 - B_2 + E_b + F + L + K_2) + yIL + xy(2 - I)L + B_2 - F - K_1 - L + O < 0$ 时，则 $z = 0$ 为演化稳定点，表明商业银行选择不贷款是稳定的；当 $x(B_1 - B_2 + E_b + F + L + K_2) +$

$yIL + xy(2-I)L + B_2 - F - K_1 - L + O > 0$ 时,则 $z = 1$ 为演化稳定点,表明商业银行选择贷款是稳定的。

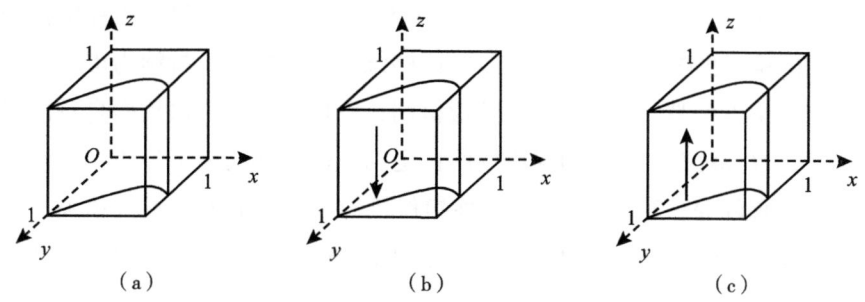

图3-12　商业银行群体动态趋势

综上所述,银行、担保机构和企业三方的稳定发展状态与它们之间合作的比例密切相关,而这个合作比例会随着时间的推移而不断变化。通过调整和控制一系列关键变量,如担保机构因执行政府政策而获得的额外收益、保费收入、企业违约导致的担保赔偿损失、银行与担保机构之间的风险分担比例、政府对担保机构的损失补偿、银行与企业共谋时受到的政府惩罚、银行向不同项目企业提供贷款的利息收入差异、贷款成本、银行未能服务守信企业的机会成本等,我们可以引导这些参与方的行为朝着我们期望的方向发展。具体来说,我们的目标是鼓励企业保持信用、担保机构提供担保服务、商业银行发放贷款,从而实现小微企业融资担保有效性的第一层目标——确保担保的成功执行。

(二) 政策性融资担保有效性影响因素分析

1. 担保机构财务实力和业务能力

评估融资性担保机构财务实力的方法,与普通商业企业类似,通常以注册资本作为核心指标。然而,鉴于融资性担保业务的独特属性,担保基金规模、担保基金补偿机制等也成为衡量其财务实力不可或缺的重要标准。中国境内多数担保机构存在自有资本规模相对有限、承保能力不足这一问题。注册资本的微小规模,致使担保机构难以实现规模经济,无法充分满足部分小微企业在特定时期对高额融资的需求，也削弱了它们抵御潜在风险的能力。注册资本的不足，会直接限制担保业务的扩展，从而降低小微企业获得融资支持的机会（罗建华等，2009）。一个健全的补偿机制对于保障担保机构在面临代偿风险时能够维持财务稳定、持续为市场提供担保服务至关重要。缺乏有效的补偿机制，不仅会影响担保机构自身的财务健康，也会对整个融资担保市场的稳定和小微企业的融资环境产生负面影响（李俊峰等，2016）。当融资性担保机构因补偿而发生重大损失，而自身利润又无法弥补时，其资本金就会不断减少，公司就需要补充资本。但众多融资性担保机构尚未构建起完善的持续注资机制，无法依据实际需求及时进行增资，这导致其资金难以满足日益增长的小微企业对担保服务不断扩展的需求。此外，金融担保公司的保证倍数也会对金融担保的规模及对小微企业的支持程度产生影响。当保证倍数较高时，担保机构能够承担较大的资产净值，确保公司正常盈利与资金积累。反之，若保证倍数偏低，则会限制其功能的发挥，进而限制其业务范围与服务水平。

评估融资性担保机构业务能力的核心要素聚焦于产品多样性、专业人才储备以及风险管控水平三个维度。首先，鉴于融资性担保机构所提供的核心服务为信用背书，拓展担保产品种类、拓宽担保物范围以及创新融资性担保业务模式对于提升其针对小微企业的融资担保服务效能具有重要的意义。其次，融资性担保机构的运营伴随着固有风险，其风险控制能力与机构的可持续发展紧密相关。风险控制工作不仅繁复且充满不确定性，不合理的治理架构与管理机构设置可能导致职责界定模糊，不规范的业务流程可能导致任务目标不明确，而业务管理制度的不健全则可能使得风险控制工作缺乏必要的后续支持。此外，若政府、银行、企业之间的多方联动机制运行不畅，易导致风险过度集中，进而阻碍小微企业融资担保业务的持续健康发展。最后，融资担保行业属于高风险的知识密集型领域，风险的识别与控制操作必须依赖于专业人才。尽管中国的担保行业起步较晚，但发展态势迅猛，也暴露出诸多问题，其中担保专业人才的稀缺尤为突出。高等教育机构在构建融资担保专业知识教育体系方面尚未达到成熟阶段，融资担保机构在实际操作培训方面的投入不足，加之行业吸引力有限，这些因素共同造成了当前担保行业从业人士在专业能力和职业素养方面的不足。

鉴于此,本章参考相关学者的研究(周文雪,2013;赵爱玲,2014;张晓玫,2016),将融资性担保机构的财务状况及业务执行能力的现实情况相结合,选取担保机构相关变量进行设计,具体如表3-7所示。

表3-7　　　　　　　　担保机构相关变量

影响因素	衡量标准	参考文献
担保机构 财务实力	注册资本	罗建华等(2009)
	担保资金补偿机制	李俊峰等(2016)
	担保放大倍数	周文雪(2013)
担保机构 业务能力	担保业务品种丰富度	陈菲琼(2010)
	风险管理及控制水平	赵爱玲(2014)
	从业人员专业水平和综合素质	张晓玫(2016)

2. 担保机构财务实力和业务能力

在金融领域,小微企业作为融资主体,其信用等级与经营状态的量化评估对于融资担保机制的效能发挥具有决定性影响。银行及融资担保机构在作出融资决策时,必须依据对这些小微企业信用状况与经营成果的精准评价。然而,金融体系的现存缺陷以及小微企业自身的信用瑕疵,常常成为其获取资金支持的障碍(Francesco,2015)。小微企业普遍在信用的发掘、评定、优化、扶持与保障等环节存在明显短板,特别是融资信用的不足,严重制约了自身的成长与扩张(李荣成,2012)。缺乏足够的抵押品和不完善的金融体系影响了小微企业的融资(Rodrigo et al.,2012)。企业主的基本特征对小微企业的融资需求和可得性有重要影响。预期融资比例较高、信用状况较差、技术密集型行业的小微企业的融资可得性较低。不同地区的小微企业的融资可得性也不尽相同(罗荷花和李明贤,2016)。小微企业的融资情况与自身的产能过剩、规模、行业特征等密切相关(贾俊生,2017),小微企业的技术创新能力和市场反应能力会影响生产经营的稳定性,从而影响融资担保机构的补偿风险(陈菲琼等,2010)。

此外,调查还发现,在批前审查阶段,被调查的融资担保机构主要考虑申请担保的小微企业的法人和管理团队的信用、产品前景、信用记录等。他们还对产品技术、企业管理水平、资产规模等方面进行审查。因此，综合考虑调查结果和文献研究结果并参考相关学者的量表设计，最终指标如表3-8所示。

表3-8　　　　　　　　　　小微企业相关变量

影响因素	衡量标准	参考文献
小微企业 资信水平	企业偿债能力	弗朗西斯科（Francesco, 2015） 李容成（2012） 罗德里戈等（Rodrigo et al., 2012）
	企业财务信息透明及完整性	
	企业历史信用记录	
	企业抵质押品充足性	
小微企业 经营情况	企业主及组织特征	贾俊生（2017） 李新春等（2017） 陈菲琼等（2010）
	企业盈利能力	
	企业核心竞争力	

3. 政府扶持政策变量测度

自1992年中国信用担保体系建立之初，政府便持续释放政策红利以促进行业发展。1999年，政府进一步加大了政策扶持的力度，政策的覆盖范围广泛，涵盖了税收优惠和资金支持、行业监管强化及再担保体系的构建等多个关键领域，核心目的在于推动担保行业的稳健成长。这一过程中，财政政策在提供融资担保方面扮演着至关重要的角色。政府部门在政策制定上采取了"加减并举"的策略。一方面，在财政收入方面采取"减法"策略，推出一系列税收减免措施，有效降低了融资性担保机构的运营负担；另一方面，在财政支出方面采取"加法"策略，通过增加资金投入，持续扩展资金支持的形式（如资本注入、风险补偿、奖励补贴、担保补偿等），扩大资金支持的规模，从而增强融资性担保机构的资金实力和市场竞争力。监管政策是确保融资担保体系稳定运行的关键保障。融资性担保行业的规范化发展、良好的市场秩序，实现融资性担保机构"减少数量、提高质量、精细经营、做大做强"的战略目标，均依赖于政府部门制定的监督管理政策。再担保体系的构建，实为推动融资担保行业发展的关键驱动力。鉴于融资担保行业固有的高风险属性，风险的完全规避与化解实属不易，再担保体系的建立能够协助担保机构分散风险，增强其抗风险能力。

因此，本章在深入分析我国当前小微企业融资担保的实际情况以及现有相关研究的基础上，提出了相应的对策建议，同时选择相应的观测变量

（蔡文宇等，2009；张波，2010；米文通，2011），并对测度方案进行调整与优化，如表3-9所示。

表3-9　　　　　　　　　　政府扶持相关变量

影响因素	衡量标准	参考文献
政府扶持政策	资金支持及税收优惠	张波（2010）；蔡文宇等（2009）；
	融资担保行业监管及政策规范	米文通（2011）
	再担保体系建设	耿建芳（2013）；顾海峰等（2016）

4. 商业银行变量测度

作为担保贷款的主要资金来源，银行是融资性担保机构和小微企业的重要合作伙伴。融资性担保机构能否与银行建立平等互利的合作关系，对其生存和小微企业的发展至关重要。首先，融资性担保机构在与银行的合作中处于弱势地位。银行在对企业进行信贷评估时，对企业的信用状况、注册资本规模及经营管理水平设定较高的标准，并对合作的杠杆倍数加以严格限制。尤其是对于商业性担保机构而言，其面临的市场准入门槛较高，银行授予的信用额度相对较低，部分银行甚至规定融资担保公司必须全额缴纳保证金。此外，在实际操作中，鲜有商业银行愿意与担保公司共同承担信贷风险。与此同时，国内商业银行在发展针对微型企业的理财产品方面仍有待提升，信贷审批流程亦需进一步优化（林乐芬等，2017）。而且，由贷款利率、融资附加费用、担保费用等构成的交易成本，也在一定程度上制约了担保业务的拓展。鉴于此，立足于商业银行对小微企业融资担保服务的现实情况，并结合众多学者的研究成果选择相应的观测变量，并对测度方案进行调整与优化，如表3-10所示。

表3-10　　　　　　　　　　商业银行相关变量

影响因素	衡量标准	参考文献
银行合作态度	银行对担保机构所设准入门槛	马松等（2015）
	银行参与风险的比重	侍苏盼（2010）
	银行担保贷款审批程序	林乐芬等（2017）；施岗（2016）
	银行交易成本	尹志超等（2015）

(三) 政策性融资担保有效性作用结果分析

政策性融资担保中多主体合作关系和决策行为的演化博弈分析过程，为之后的影响因素分析提供了理论基础，反映了小微企业融资担保效果中担保效果（担保是否成功）的部分影响因素，但还不够全面。小微企业融资担保效果中的担保效率（担保成功所付出的成本）的影响因素还有待进一步探讨。因此，有必要结合相关理论和研究结果进行系统分析。

基于弗里曼（Freeman，1984）提出的利益相关者理论，公司的存续和成长与各利益相关者的需求和利益紧密相连。在涉及政府、银行、融资担保机构以及小微企业这四方主体的案例中，它们之间存在着相互协作与相互制衡的复杂关系，共同构成了一个利益相关者网络。从这个视角出发，我们可以看到，小微企业的金融状况和业务执行能力、资信水平与经营成效，以及银行的合作意愿和国家政策的支持力度，彼此之间都存在着紧密的联系。具体而言，银行在对潜在合作的担保机构进行准入评估、信用评级以及授信额度确定时，首要考量的因素包括担保机构的注册资本数额以及担保资金的规模等财务指标。这一事实凸显了担保机构的财务实力在小微企业融资担保有效性中的核心地位。其财务状况的稳健性直接关系到能否为小微企业提供有力的融资支持，进而影响整个融资担保体系的运作效能。如果担保机构的财务实力不足，可能无法承担担保责任，从而影响小微企业的融资（胡德海，2013）。因此，担保机构需要提高自身的财务实力和业务能力，以保证担保责任的履行。第二，银行在向小微企业贷款过程中，小微企业财务体系的完善程度等资信状况影响着银行对小微企业的信任，进而造成银行放贷积极性的差异（Francesco，2015）。如果小微企业的资信状况不佳，银行可能会对其放贷产生疑虑，从而影响小微企业的融资。因此，小微企业需要提高自身的资信水平和经营状况，以增加银行放贷的积极性。第三，政府在小微企业融资中发挥政策导向作用，通过税收优惠和资金支持作用于小微企业，通过信贷政策和监督机制作用于商业银行，以改善银行合作态度，增加信贷支持（韩亚欣，2016）。政府的扶持政策对于小微企业的融资具有重要作用，可以降低融资成本，提高融资效率。第四，担保机构财务实力、小微企业资信水平、政府扶持政策对银行合作态度有显著正向影响。如果担保机构的财务实力足够强大，小微企业的资信水平较高，政府的扶持政策得到充分落实，银行合作态度将会更加积极，提高小微企业的融资成功率。

首先，担保机构的增信能力和财务实力是影响小微企业融资担保有效性的重要因素。担保机构作为融资担保的主体，其增信能力和财务实力直接决定了其能否为小微企业提供有效的担保服务（陈菲琼等，2010）。担保机构的增信能力包括其信誉度、专业能力和服务质量等方面，如果担保机构的增信能力较强，则可以有效提高小微企业融资的成功率。此外，担保机构的财务实力也很重要，只有财务实力雄厚的担保机构才能承担更多的风险，为小微企业提供更多的担保服务。其次，企业资信水平也是影响小微企业融资担保有效性的重要因素。企业资信水平是指企业在市场经济活动中所形成的信用记录和信誉度等方面的表现。如果小微企业的资信水平较高，则可以有效提高其融资成功率，同时也能降低担保机构的代偿风险。再其次，政府扶持政策对小微企业融资担保的有效性也有显著影响。政府的扶持政策可以促进担保机构的业务发展，提高其服务质量和增信能力，同时也可以降低代偿损失率，为小微企业提供更多的融资支持。例如，政府可以通过财政补贴、税收优惠等方式来扶持担保机构的发展，从而提高小微企业融资担保的有效性。最后，银行合作态度也对小微企业融资担保的有效性有重要影响。银行是小微企业的主要融资渠道，如果银行合作态度良好，则可以为小微企业提供更多的融资机会，同时也可以促进担保机构的业务发展。如果银行合作态度不佳，则可能导致小微企业难以获得融资支持，从而影响担保机构的业务发展和增信能力。综上所述，担保机构财务实力、小微企业资信水平、政府扶持政策和银行合作态度都对小微企业融资担保有效性有显著正向影响。担保机构应该加强自身的财务实力和增信能力，同时也应该积极与银行合作，提高服务质量和业务水平。政府应该加大对小微企业融资担保的扶持力度，为小微企业提供更多的融资支持。小微企业也应该加强自身的资信水平，提高融资申请的成功率。只有各方面的积极努力和合作，才能提高小微企业融资担保的有效性，促进小微企业的健康发展。

银担企合作模式参与小微企业融资担保业务的实践过程中，银行作为小微企业融资担保的主要资金来源，拥有决策主动权。在小微企业和融资担保机构的成长和生存过程中，银行扮演着重要的合作伙伴角色。但由于银行实力雄厚，小微企业和融资担保机构在与银行合作中往往处于弱势地位，需要通过合作来获得更多的资金支持。商业银行为追求利润最大化，通常采取较为保守和谨慎的合作态度，对小微企业和融资担保机构设置高门槛。这种合作态度对担保机构财务实力、小微企业资信水平、政府扶持政策对小微企业融资担保有效性的影响中起着中介作用。因此，担保机构和小微企业需要采取一系列措施来应对银行的合作态度。结合上述融资担保的操作实践和相关学者关于商业银行支持对融资担保服务效率影响的观点，基于现有的逻辑关系，本书研究认为，银行的合作态度在担保机构的资金实力对小微企业融资担保效率的影响中起中介作用；银行的合作态度在小微企业的信用水平对小微企业融资担保效率的影响中起中介作用；银行的合作态度在政府扶持政策对小微企业融资担保效率的影响中起中介作用。

实际上，担保经营的效率直接受到担保产品的组合、资产负债和风险管理水平，以及人才的专业素质的影响（陈菲琼等，2010）。虽然不同的担保机构面临相似的风险因素，但运营效率因业务能力的不同而不同。特别是在经营环境不佳、竞争激烈的市场中，专业人才的创新能力显得尤为关键。他们能够通过精心设计，推出与市场需求相契合的创新性担保产品，优化担保流程，或构建有效的风险分散机制，从而显著提升担保机构的运营效率。基于此，本书明确提出，担保机构的业务能力对小微企业融资担保成效发挥着至关重要的正面作用。此外，小型和微型企业大多属于劳动密集型的传统制造业和服务业，其产品往往具有高度同质性，相较于技术水平较高的企业，盈利能力有限，且在生产经营过程中面临诸多不确定性因素，这导致违约风险的增加，无疑加大了担保补偿的风险。因此，小微企业的经营状况直接且显著地影响着融资担保的效果，良好的经营状况能够在一定程度上降低担保风险，提升融资担保的成功率，进而促进小微企业与担保机构之间的良性互动，促进小微企业融资担保业务的持续健康发展。

四、政策性融资担保体系运行失调原因分析

（一）政策性融资担保体系有效运作的条件

1. 银担合作机制的有效性

担保人的资金实力和企业的信用水平对融资担保的效果都有积极影响，金融机构（银行）的合作态度起部分中介作用。实践证明，担保人的资金实力和企业的信用水平直接影响金融机构（银行）参与融资担保的积极性，而改善金融机构（银行）的合作态度可以提高融资担保的效果。企业的信誉、财务的透明度和规范性、借款人承担连带责任的意愿等因素，成为企业与金融机构（银行）能否建立长期稳定合作关系的关键。因此，金融机构（银行）会对不同资金实力的担保人和不同信用水平的企业在合作门槛、风险分担比例、审批程序、交易成本等方面采取差异化的合作方式，以对担保贷款总额、担保成功率、代偿率产生积极影响（文学舟等，2019）。

2. 政策性补偿机制的有效性

鉴于小微企业和"三农"对经济社会的重要贡献和融资担保服务具有准公共品的性质，政府提供适当的资金补偿与政策扶持很有必要。应借鉴许多国家的运作经验，提高政府基于出资人的权利或者补偿条款而对融资担保业务进行直接支配与决策的效率。健全风险控制和资金补偿机制，走政府支持的市场化道路；建立基于公司治理路径的融资担保风险防范与控制机制，建立融资担保机构与金融机构（银行）之间有效的风险分担与业务协同机制，构建完备高效的融资担保行业监管机制（顾海峰，2012）。加强企业融资担保行业的制度建设和外部监管、利益激励机制、和银保企合作与风险共担机制建设，激发不同利益者共同支持。完善企业融资担保法律体系、积极建立风险防范与补偿机制、积极进行行业优化整合、建立小微企业信用评级体系、多渠道筹措担保资金（张婷，2012）。

3. 融资担保行业监管制度的有效性

一般情况认为，没有银担合作关系的担保机构，以及规模较小的担保机构对金融机构（银行）的贷款安全影响较小，风险也是可控的，因此，这两类担保机构可以少监管或者不监管，而有合作关系或担保贷款规模较大的担保机构就要加大监管力度。担保机构应根据风险类别设计量化信息的系统，并运用内部控制措施预警各类风险，如设定风险管理限额、设计授权权限等。但是，如果按照机构监管的要求，灵活掌握适当原则，对担保机构从事的所有业务进行监管，则会造成监管资源浪费，还会过度限制担保机构发展。担保机构应该有统一的监管规则，包括行业准入监管、资本金运作监督、信息披露制度和信用评级制度等，只有这样，才能有效避免无效监管、重复监管和监管冲突的现象，提高监管效率。同时，实施强制信息披露的要求有利于发动市场力量对担保机构进行监管，能够极大降低监管成本，减少监管的道德缺陷，提高监管的有效性。

4. 融资担保机构信贷规模的有效性

信用担保机构介入企业信贷，可以减少企业和金融机构（银行）之间的信息不对称，节约企业和金融机构（银行）的交易成本。金融机构（银行）是商业性的营利机构，当信用担保机构介入能够为银行带来利润增加时，金融机构（银行）才会愿意与信用担保机构合作。扩大信贷规模，可以降低均衡利率。担保机构和金融机构（银行）的风险分配由担保比例决定，当担保比例在相对较小范围内或在政府注入资金补偿后，担保机构能够维持运营。一般来讲，金融机构（银行）和担保机构往往通过协议来约定合适的担保比例，而代偿率则表示担保机构和金融机构（银行）对申请贷款企业资信审核的严格程度。尽管担保机构和金融机构（银行）无法控制单个担保业务的风险，但是能够通过控制审核标准来掌握总体信贷风险。因此，信用担保机构介入不仅仅是追求收益，但是，对于营利性的金融机构（银行）来说，担保贷款至少应满足担保的收益不低于同一笔资金投资于无风险国债产品的收益。然而，担保业是一个高风险行业，有限的担保收入无法满足巨大的损失代偿，只有完善的再担保体系和长期的资金来源才能维护担保机构的持续运营。

5. 融资担保机构绩效评价的有效性

担保机构的运行效率受到多种因素的影响，包括内部风险和外部风险。内部风险是主要的影响因素，它包括担保机构自身的管理、运营和风险控制等方面。如果担保机构的治理机制不健全，管理不到位，风险控制不力，那么其运行效率就会受到很大的影响。因此，担保机构需要加强内部管理，完善治理机制，提高风险控制能力，以确保其长期稳健运营。外部风险因素也会对担保机构的运行效率产生影响，尤其是在经济环境不稳定的情况下。这些因素包括宏观经济环境、市场竞争、政策变化等。然而，这些外部风险因素通常是通过内部风险而发生作用，因为担保机构在面对外部风险时，往往需要依靠其内部管理和风险控制能力来保护自身利益。治理机制的健全与否对担保机构的运行效率影响很大。一个好的治理机制可以帮助担保机构建立良好的内部管理体系，提高风险控制能力，保证担保业务的安全性和有效性。因此，担保机构需要重视治理机制的建设，不断完善其内部管理和风险控制体系，提高运营效率和服务质量。政府性担保机构是为支持小微企业和"三农"业务而设立的，其规模、放大倍数、担保费率、代偿率、风险控制等指标应成为评估的重点。评估结果需要面向社会公开，作为监管部门绩效考核、风险预警以及政策支持的重要依据。此外，评估结果也有利于金融机构（银行）遴选实力强风险小的担保机构，从而提高银担合作效率（李江源等，2017）。

（二）政策性担保体系"分级"失调原因分析

近年来，浙江省担保行业发展迅速，但在快速发展的背后也暴露了一些问题。为了深入了解担保体系存在的问题，本书研究采用访谈调查的形式，访谈对象包括政府监管部门、担保机构领导和职员、担保行业协会人员。通过分析访谈数据，发现政策性担保体系层级关系失调是担保体系存在的主要问题之一。政策性担保体系中层级关系的失衡，是指体系中不同层级之间缺乏协调性和一致性，导致体系运行中出现问题。采访不同岗位的人，主要是为了从不同角度了解担保体系存在的问题，分析当前担保体系中层级关系协调中存在的问题，找出政府需要排除的障碍。造成政策性担保体系中层级关系失衡的原因可能包括以下几个方面。

1. 政策指导问题及原因分析

政策性担保体系的层级应该是协调有机的，但若政策设计不合理，如层级设置不当或政策目标不明确等，就可能导致层级关系失衡。其中在国家层面有关担保行业的法律法规能够为担保机构提供法律保障，但存在部分遗漏。虽然我国已经颁布了《融资担保公司监督管理条例》等一系列法律法规，对担保行业进行了规范，但是由于担保行业的快速发展，一些新兴的担保业务还未被法律法规涵盖，导致相关政策设计不够完善，无法提供足够的保障。

省级层面上存在代偿补偿、保费补贴等相关办法落地执行方面的阻碍。尽管一些省份已经出台了相关政策，但是在具体的落地执行过程中，仍然存在着一些问题。比如，代偿补偿的实施难度较大，需要政府部门与担保机构之间进行多次沟通协商，而保费补贴等政策的执行也受到了一些限制，导致政策效果不如预期。

市县级层面上各市均存在配套政策缺失，政策执行难以落地的情况。虽然一些地方政府已经开始重视政策性担保体系建设，但是在实际的执行过程中，仍然存在配套政策缺失的情况。这导致政策执行难以落地，影响了政策性担保体系的发展。

各地市政府对担保体系建设重视程度不一，基层财政资源普遍紧缺，担保机构资源投入不足成为地方普遍现象。在政策性担保体系建设中，各地市政府的重视程度存在较大差异。一些地方政府重视政策性担保体系的建设，积极出台相关政策，而另一些地方政府则对此不够重视。此外，基层财政资源普遍紧缺，担保机构资源投入不足也成为地方普遍存在的问题，这都限制了政策性担保体系的发展。

在国家政策法规上位文指导下，根据本省融资担保现状，浙江省发布了一系列关于融资担保的相关政策法规，如表3-11所示。这些政策法规对担保行业具有一定的指导作用，但政策的针对性还不够强，缺少关于担保机构补偿等实际操作指南。因此作为融资担保行业"稳定器"的省再担保来说,还需要出台政策法规的具体细则与指南。

表3-11　　　　　　　　浙江省融资担保政策

时间	政策措施	主要内容
2014年3月	《浙江省经济和信息化委员会关于进一步做好中小企业融资担保和行业监管工作的通知》	简化办事程序,提高办事效率,不断提高中小企业融资性担保业监管工作质量和水平
2014年8月	《浙江省经济和信息化委员会关于加快我省融资性担保行业信息化监管系统建设的通知》	加强我省融资性担保机构信息化监管系统建设,提高经营业务监管质量和效率,提升行政监管的规范化水平
2014年12月	《浙江省经济和信息化委员会关于进一步加强融资性担保机构监管工作的意见》	加强融资性担保机构监管制度建设,切实规范融资担保相关服务,有效防范和处置融资担保经营风险
2015年10月	《浙江省人民政府关于推进政策性融资担保体系建设的意见》	提出探索省、市州、区县担保相关方共同参与构建的省级担保体系构建
2016年3月	浙江省担保集团有限公司成立	充分发挥浙江省融资担保的作用,建立省级担保和再担保体系
2019年1月	《浙江省人民政府办公厅关于促进融资担保行业健康发展的实施意见》	为主动适应融资担保行业改革转型要求,促进融资担保行业健康发展
2019年7月	《浙江省财政厅关于做好小微企业融资担保业务降费奖补和信息报送工作的通知》	引导融资担保机构扩大小微企业融资担保规模、降低担保费率,助力融资畅通工程
2019年12月	《浙江省政府性融资担保机构小微企业和"三农"融资担保业务尽职免责工作指引》	提出担保业务出现代偿后勤勉尽职地履行了职责的,应免除其全部或部分责任
2021年1月	《浙江省融资担保机构监督管理办法》	规范融资担保机构行为,加强融资担保行业风险防范,促进省融资担保行业健康发展

2. 担保机构监管力度问题及原因分析

监管不力是政策性担保体系层级关系失调的另一个原因。政策性担保体系的层级关系需要得到有效的监管和管理,但如果监管不力,比如缺乏有效的监测和评估机制、监管责任不明确等,就会导致层级关系失调。

作为监管辖区内担保机构的指南，我国政府通过《融资性担保公司监督管理条例》（2017年）、《中国银保监会关于印发融资担保公司非现场监管规程的通知》（2020年）和《浙江省融资性担保公司监督管理办法》（2021年，暂行）对担保行业进行监管。另外，省内的主要监管机构是地方金融监督管理局，但是通过访谈发现，政府性融资担保机构要接受政府部门的多方监管。其中在一些城市，财政部门作为投资者，同时也履行监管职责，而在其他城市，国有资产监督管理委员会负责监管。多方监管的后果是监管不到位，监管要求不一致，担保机构经营方向混乱，不利于行业的稳定发展。

省担集团作为省级再担保机构，代表地方财政调节管理本省担保行业，对下负责辖内的担保机构合作准入管理与日常监督。调研中发现，省内各市（县）的政府性担保机构存在小而散现象，资本金参差不齐问题突出。一方面，担保机构规模小、实力弱。另一方面，担保机构之间缺乏联合和分工协作，分层与差异化发展的格局尚未形成，导致担保层级之间风险的防控能力、业务拓展能力都比较弱，难以取得银行的信任。目前，浙江省担保集团和义乌农信担保集团两家公司的规模占浙江省所有担保机构的七成，其他的融资担保机构规模和实力都相差甚远，10亿元资本以下的政府性融资担保机构占了70%。过于集中并不利于资源的高效流通，并且一些小规模的担保机构由于缺乏资金而被整改。

市（县）担保机构资本实力不足，不具备代偿能力，导致省担集团无法较好地对辖内的担保机构进行管理监督职责，不能很好地开展其再担保业务，在扩大覆盖面、担保体系的搭建过程中都存在一定难度，主要原因是政府性担保机构的准入门槛较低。《融资担保公司监督管理条例》第七条规定：设立融资担保机构注册资本不低于人民币2000万元。由于融资担保机构准入门槛低，导致省内市（县）政府性担保机构注册资本大部分都低于5亿元，部分城市缺少大型政府性担保机构，不利于省担集团对辖内的层级构建。该条例并未区分政府性担保机构和商业性担保机构，商业性担保机构属于营利机构，而政府性担保机构属于准公共产品，保本经营或微利行业，两者存在本质的不同。

第一，政府性担保机构人才缺乏，专业性不强。市（县）级政府性担保机构的规模小，企业实力有限，薪资报酬普遍较低，对人才的吸引力也低，导致整体人员队伍较弱，资历较深的老员工也会因为企业报酬和福利待遇等原因难以留下来。由于融资性担保业务需要具有担保专业知识和信贷管理知识的复合人才，担保品种的设计和开发、担保风险的控制也要由专业技术和专家团队来实现。然而，笔者在调研中了解到，截至2021年12月末，浙江省79家政府性融资担保机构从业人员共913人，每家担保机构平均约11.56人。其中，硕士研究生仅80人，占比约7%；本科693人，占比约60%；余下的专科373人，占比约33%。多数市（县）级担保机构从业人员只有个位数。且人员学历结构等明显不能满足业务需求。第二，担保机构内控建设不完善，管理水平较低。大多数担保机构缺乏科学有效的内部控制制度，仅是在各类具体的业务制度、风险管理制度、决策制度上体现与内控相关的要求，导致企业内部管理水平不足。在内部控制建设中，处在风险管控第一线的就是内部审计。内部审计制度的缺失使得担保机构内部控制管理和各项管理措施的履行缺乏监督和评价，进而无法保证经营活动在合法合规的背景下顺利开展。内部审计制度的缺失，也使得管理层和决策层缺少决策依据，难以及时改进经营管理中的薄弱环节。缺乏内部审计制度的内部控制，无法适应企业和市场的变化发展。随着政府性担保机构业务规模的不断扩大，管理控制范围持续增大，各类经营风险、业务风险和公司的管理难度也在持续增大。

3. 担保体系构建问题及原因分析

《国务院关于促进融资担保行业加快发展的意见》明确提出，构建国家融担基金—省再担保机构—市（县）直保机构三层组织体系，这样的组织形式促进了资源和信息的整合与共享，实现了业务流程、管理要求、风控体系和服务标准的统一。再担保机构通过股权投资和再担保业务参控股市（县）担保机构，形成了"银、担、再担"或政银担风险分担模式，实现了再担保体系的有效运行。这种模式不仅可以让担保机构分担风险，还可以提高其信用等级和资金来源，为其提供更好的发展机会。然而，我国担保体系建设仍存在许多问题。政府性融资担保体系没有充分发挥作用，聚焦"支小支农"效果不明显，存在不同地市发展不均衡的现象。这是因为各地方政府对担保体系的认识和投入不同,各地区体系开展的业务规模差异较大。省级担保资本实力还不够充足,业务也较单一,政策和财政支持力度不够等原因导致无法改善辖内担保机构弱小,担保资源分散的境况,担保机构也很难享受到金融机构(银行)的优惠待遇。

为了解决这些问题,需要进一步加强担保体系建设。一是加强政策支持力度,提高政府性融资担保体系的效果,实现各地市发展的均衡。二是加强对省级担保资本的扶持力度,增加其资金来源和业务范围,促进其发展壮大。三是通过加强监管和引导,规范担保机构的经营行为,提高其风险管理能力和服务水平。四是进一步加强信息共享和互联互通,提高担保机构的业务合作和协同能力,促进担保体系的健康发展。

4. 风险参与问题及原因分析

信用担保体系风险控制的核心是各个企业信用担保机构,影响信用担保机构运行风险的因素有很多。一是企业的风险因素。例如,财务信息、反担保手段、技术创新能力、应对市场变化能力、逆向选择、道德风险。二是金融机构(银行)的风险因素。例如,银保合作机制、逆向选择、道德风险、贷款制度变革。三是信用担保机构自身的风险因素。例如,资金投入、内控制度、管理水平、专业人才。四是法律制度层面的风险因素。例如,法律体系、信用体系、咨询评估、风险补偿制度。五是宏观经济层面的风险因素。例如,经济周期波动、政府直接干预、技术创新冲击等。这些因素构成指标体系,以浙江为例分析影响信用担保机构运行效率的风险水平。

首先,本章使用层次分析法(analytic hierarchy process, AHP),选用"5/5,7/3,3/7,9/1,1/9"标度法(分别表示二者同样重要、前者比较重要、后者比较重要、前者更重要、后者更重要),并在采用群组评判定权时选用综合向量平均法。①

调研组在浙江省内发放专家问卷40份,收回问卷36份,包括省级政

---

① 为使转换后的判断矩阵仍满足互反性要求,我们选用了几何平均,权重都为1/n(其中n为群组数),因为用于计算的专家问卷都已通过效度检验。

府部门、高校、中介机构、担保机构。效度检验后剩余22份，经SPSS计算得到三个判断矩阵。第一个判断矩阵是微观宏观二要素判断矩阵，其最大特征值对应的特征向量为（0.8850，0.4656）T，归一化后有（0.6552，0.3448）T（见表3－12），一致性比率$CR=0.0000$，小于0.10，满足要求。即影响信用担保机构运行效率的风险因素中，微观层面比宏观层面更重要。第二个判断矩阵是宏观层面二要素判断矩阵，其最大特征值对应的特征向量（0.8024，0.5968）T，归一化后有（0.5735，0.4265）T（见表3－12），一致性比率$CR=0.0000$，小于0.10，满足要求。即在宏观层面的影响因素中，法律制度的重要性超过了宏观经济的运行状况。第三个判断矩阵是微观层面三要素判断矩阵，其最大特征值对应的特征向量（0.7542，0.6302，0.184T，归一化后有（0.4808，0.4018，0.1174）T（见表3－12），一致性比率$CR=0.0043$，小于0.10，[①]满足要求。由此可见，担保机构是影响信用担保机构运行效率的风险因素中最重要的，小微企业，金融机构（银行）的影响程度相对较低。

其次，主成分分析法。采用AHP定权，增加5个两两比较的判断矩阵。在赋权时，以提取的第一主成分作为分析基准。通过浙江省信用与担保协会向全省180家担保机构发放问卷，收回有效116份。

在收回问卷后，为保证测量工具能准确且稳定地反映现实情况，需进行信度和效度分析。信度即可靠性，克朗巴哈系数（Cronbach's alpha，以下简称α系数）是现阶段最常用的信度参考标准。通常情况下，当α系数大于0.8时，量表便达到较好的信度水平。借助SPSS进行可靠性分析，测算得出量表的信度检验结果。根据信度检验结果，量表总体α系数为0.912，融资担保有效性的α系数为0.843，影响因素各维度的α系数也均大于0.8，因此，该量表具有较好的信度水平。

另外，对数据结果使用SPSS进行进一步的效度分析检验，效度即有效性主要包括内容效度和结构效度。一般来说，在市场调查中，效度分析主要是对问卷的结构效度进行测量。而效度测量最为常用的方法就是因子分析模型的KMO（Kaiser-Meyer-Olkin）检验和巴特利特球形检验。在统计

---

① 需要注意的是，二阶矩阵不需要检验一致性，这里CR值非常接近于0。

学上，KMO 值越接近于 1，意味着变量间的相关性越强，原有变量越适合作因子分析。经过检验后，KMO 检验值为 0.614，巴特利特球面形性检验结果为 75.315，$p<0.0001$，说明结果可接受。结果为：第一主成分的特征值为 2.030，可解释方差的 33.836%。形成主成分得分系数矩阵：$(0.442, 0.379, 0.767, 0.790, 0.434, 0.539)T$。归一化后得到小企业层面 6 个指标的权重向量：$(0.1319, 0.1131, 0.2289, 0.2358, 0.1295, 0.1608)T$。同理，得到其他 4 个指标的权重向量。

综上，形成最终权重系数表（见表 3-12），影响担保机构运行效率程度最大的前三个因素分别是担保机构的管理水平、内控制度和专业人才。

表 3-12 评估体系最终权重系数

目标	准则	权重	子准则	权重	指标	权重	综合权重	排序
担保机构运行效率	宏观层面	0.3448	宏观经济运行	0.4265	经济周期波动	0.3362	0.0494	8
					政府直接干预	0.3308	0.0486	10
					技术创新冲击	0.3330	0.0490	9
			法律制度环境	0.5735	法律体系不完备	0.1818	0.0359	14
					信用体系不健全	0.3426	0.0677	4
					咨询评估等中介不健全	0.2659	0.0526	7
					风险补偿不健全	0.2097	0.0415	12
	微观层面	0.6552	小微企业	0.4018	财务信息失真	0.1319	0.0347	15
					反担保手段缺乏	0.1131	0.0298	17
					技术创新能力不强	0.2289	0.0603	6
					应对市场变化能力不强	0.2358	0.0621	5
					逆向选择	0.1295	0.0341	16
					道德风险	0.1608	0.0423	11
			信用担保机构	0.4808	缺乏专业人才	0.2403	0.0757	3
					内控制度不健全	0.2919	0.0920	2
					管理水平不高	0.3407	0.1074	1
					资金投入不足	0.1271	0.0400	13
			银行	0.1174	逆向选择	0.2650	0.0204	20
					道德风险	0.1837	0.0141	21
					银保合作不顺畅	0.2707	0.0208	19
					贷款制度变革	0.2806	0.0216	18

5. 担保行业协会职能发挥作用问题及原因分析

行业协会是指介于政府与企业之间，商品生产者与经营者之间，并为其服务、咨询、沟通、监督、公正、自律、协调的社会中介组织。行业协会是一种民间性组织，它不属于政府的管理机构系列，而是政府与企业的桥梁和纽带。2013年1月18日，经中国银行业监督管理委员会和中华人民共和国民政部批准，中国融资担保业协会正式成立。协会是由融资担保机构、地方融资担保行业自律组织和担保领域具有一定影响的个人自愿组成的全国性融资担保行业自律组织，是非营利性社会团体法人。截至2022年3月31日，中国融资担保业协会共有363名会员，国家融资担保基金担任会长。中国融资担保业协会主要是在行业自律、行业统计、机构信用管理、专业人才培养和文化建设等方面统筹设计，制订人才培养、储备和使用的战略规划以及从业人员管理制度等。

中国融资担保业协会要发挥政府与企业之间的桥梁纽带和行业服务、行业维权、行业自律等作用，然而，目前协会的作用非常有限。中国融资担保业协会的性质为民间组织，代表本行业企业的利益，实行政会分开，按市场化模式运作，而要真正体现这个原则，必须在组织结构上体现以企业为主体。因此，如果省担集团不能担任协会会长，而由其他个人或政府相关人员担任会长，可能导致协会协调力度不够，不能充分反映行业会员诉求及行业治理存在的问题，不能发挥负责市（县）级担保机构的管理职能，对省内行业监管就缺乏必要手段，处于无法制定行业标准的尴尬境地。

（三）政策性担保体系"分轨"失调原因分析

1. 内部结构失衡

从数量和规模的构成来看，我国的政策性融资担保体系中政府性担保机构占据了显著的份额，相比之下，合作制和商业性担保公司的占比则相对较小。小微企业及"三农"领域融资难题的核心症结在于银企间信息的不对称性所导致的市场机制失效。政府的主要职责在于通过制定法律法规对宏观经济环境实施有效监管。对于海量的小微企业，政府应从宏观层面着手，收集相关数据，精确掌握小微企业的发展态势，依据本地区实际情况，制定符合本地小微企业可持续发展需求的政策，有效引导社会闲置资本。从微观层面审视，鉴于其有限的财力与人力资源，对其进行有效引导颇具挑战。因此，在此背景下，单纯依赖政策性金融担保机构解决我国小微企业资金缺口问题并不现实。

小微企业及"三农"领域的兴衰对国民经济的全局发展具有举足轻重的影响，因而政府在政策与资金扶持方面向其倾斜是必要的举措。然而，在提供支持的过程中，政府需精准把控支持的"度"，在纠正市场失灵现象的同时，避免违反市场经济的基本原则，以保持经济秩序的稳定。依据世界各国的实践经验，以日本、美国等国家为例，政策性银行所提供的小额信贷融资对中小型企业而言，仅提供了有限的融资支持。相对而言，在我国，政策性担保所占比例较高，这在一定程度上对互助和商业担保体系的良性发展形成了阻碍。这直接关系到我国对小微企业和"三农"领域的金融支持能力和效益的提升。

2. 盈利与可持续经营能力不足

政策性融资担保不以营利为目的，专注于支持符合国家政策导向的小微型企业发展。在这种融资机制下，企业能够以较低的成本获得资金，主要融资渠道为当地政府，但融资规模受限于地方财政状况。这导致商业银行在为小微企业提供信贷担保方面的能力有限，难以从根本上解决我国小微企业面临的融资难题。此外，该模式还可能引发"寻租"行为，进而干扰资源的合理配置与高效利用。而商业性担保模式虽以盈利为目标，但存在经营规模有限、资金来源渠道狭窄的问题。其盈利模式主要依赖于为小微企业提供融资担保服务。商业担保机构为了确保获得相应的收益，往往会设定超出其财务能力的高抵押比率。加之我国金融体系中存在的信息不对称问题，极易引发逆向选择和道德风险，对我国商业担保体系的持续健康发展构成了严峻挑战。因此，大多数中小型金融担保公司面临的问题是资本补偿机制尚不健全，持续经营能力亦显不足。这在一定程度上限制了担保机构在支持小微企业融资方面的效能发挥。

3. 缺乏有效的风险分散机制

在我国，商业担保公司与银行之间的合作模式所依赖的风险分担机制尚待完善。通常情况下，商业银行为了降低自身风险，倾向于将大部分风险转嫁给融资平台。《中国融资担保业发展报告》数据显示，超过60%的银行已对该领域进行了全面投资，而余下约40%的银行则提出了更为严格的合作条件，这导致整个行业风险分配的严重失衡。同时，主要商业银行建立了较高的合作门槛，要求担保公司注册资本超过1亿元，并要求提高10%~30%的利息，而自身不承担任何风险，这极大地限制了担保公司职能的发挥。为了保障业务的持续发展，商业信用担保机构通常会要求提供反担保或增加担保费率。然而，小微型企业通常难以提供足够的抵押品，也难以承受高额的担保费率，从而陷入了一种"以物易物"的困境：由于无法向银行提供足够的抵押品，他们不得不求助于担保公司进行抵押，而银行则要求他们偿还贷款，这使得小微企业因抵押品不足而陷入困境。这种长期存在的低效银企关系，不仅阻碍了我国担保业的健康发展，也与我国建立"三农"金融保障体系的初衷相悖。

第四章 政策性融资担保体系"分级"与"分轨"运行协同机制

一、政策性融资担保体系运行协同可行性分析

在金融领域,针对小型微型企业以及"三农"的信贷担保服务,本质上蕴含着公共产品属性。若此类担保服务完全交由商业机构运作,极有可能因商业利益驱动而导致供给量无法满足市场需求,进而产生供应缺口。政府介入并提供担保,能在一定程度上预防供应短缺现象的发生。究其原因,主要在于担保产品自身具备以下独特特征:其一,担保所产生的收益与所承担的风险之间存在显著的不对称性;其二,依据保险理论,担保所面临的诸多风险被归类为不可保风险范畴;其三,担保产品在为特定主体提供保障的同时,亦能为社会及政府带来广泛的外部收益。若将小微企业与"三农"信贷担保视为一种准公共品,那么在市场机制下,便不可避免地会出现"搭便车"现象。在此情形下,担保生产者的成本难以得到充分补偿,从而引发效率损失。因此,唯有采用公共产品模式来提供担保服务,方能有效弥补因供应不足所造成的效率损失。此种观点在一定程度上揭示了政策性担保的内在特点,然而,运用保险理论来剖析担保风险的做法,却忽略了担保与保险在运营机理上的本质差异。二者最为关键的区别在于,保险业务开展的前提是基于损失风险的客观存在,而担保业务的开展则是建立在确认不存在损失风险的基础之上,仅当项目评估出现失误时,才可能导致损失的产生。

有学者指出,近年来,我国担保行业呈现出迅猛发展的趋势,但在快速发展过程中,也暴露出诸多问题,如信用体系尚不健全、管理秩序混乱、监管机制缺失等问题。针对上述问题,学者们提出了一个分类方法,将其划分为两大类:一类是由国家推动的;另一类则是基于市场客观需求产生的。并在此基础上进一步明确政府在两种担保经营活动中的职能定位(吴敬琏,2004)。王传东(2006)提出了一个综合性的制度框架,旨在通过政策性担保的主导作用,辅以互助性担保的协同配合,同时激发商业性担保的积极参与,构建一个多元化的信用担保生态系统。他进一步深入研究了担保行业的风险管理以及政府补偿机制,建议政府应当直接对小微企业融资担保机构实施补偿。以优化担保资源配置,提升担保服务效能,助力小微企业突破融资瓶颈。

随着社会经济结构的不断优化升级,"一体两翼"模式在我国担保体系建设领域的契合度已然式微。诸多政策性担保机构在实践操作中暴露出规模偏小、功能不够多元等短板,使得担保市场的供需矛盾愈发尖锐。同时,这些机构如同其他政府主导型产业一般,面临着财政成本过度积聚的困境。针对这一现状,有些学者提出了建立"双主一辅"的信用保障制度框架,通过政府的支持和引导,使其能够协同合作,实现协同发展。旨在精准把控风险,实现风险的全方位分散与有效化解(胡海波,2007)。

(一)政策性融资担保制度设计的理论模型

诸多国内研究将现行担保机构归类为政府性、商业性及互助性担保机构三大类,然而此种分类依据缺乏明晰性。具体而言,互助性担保机构兼具双重属性,一方面能够为会员企业提供具有商业性质的担保服务;另一方面又展现出与政府部门协作,积极寻求政策性扶持的倾向。本章突破传统分类局限,将担保机构重新划分为政府性与商业性两类。政府性担保机构以政府为资源配置主导者,旨在通过担保手段助力产业政策等特定目标的达成;而商业性担保机构则以企业或个人作为资源配置核心,专注于为商业性业务提供担保服务,其运作逻辑与市场机制紧密契合。

信用担保机构加入信贷市场时必须符合三个条件:第一,担保机构必须能够利用小微企业和农户的全部资产作为抵押，包括不动产、动产和无形资产，并有能力控制这些资产；第二，担保机构必须能够获取小微企业和农户的信息，以解决银行所面临的信息不对称问题；第三，担保机构必须以非营利为基础运作，且不会给小微企业和农户带来额外的负担。在满足这些条件的前提下，担保机构与银行、小微企业和农户签订双边合同，确保信贷市场的正常运转。

假设一个公司需要一个单位的资本（$D=1$），且全部需要从银行借贷。投资结果可以分为两种：高产出，表示为 R，概率为 p；低产出，表示为 0，概率是 $1-p$，其中 $p \in (0,1)$。公司投资这个项目的机会成本是 e，只有当项目的预期产出超过 e 时，公司才会借钱。银行贷款的一个单位资本的本金加机会成本是 $b(b>1)$，只有当贷款资本的到期收益大于 b，银行才会考虑贷款。也就是说，项目的预期产出大于投资的机会成本时，投资才有利可图，不等式 $pR>e+b$ 才成立。

银企之间的贷款利率规定为 r，小微企业和"三农"信贷到期时向银行偿还 $F=1+r$。当无力偿还时，信贷担保机构实施替代性补偿，取代银行成为债权人，继续执行合同并追偿。担保机构提供信用担保，并收取 $T \times 1$ 的担保费和固定加工费，这里担保费是分期支付的，在期末支付，另外固定加工费相对较少，可以忽略不计。信用担保机构收取 $U \times 1$ 的风险保证金（即小微型企业的"全部资产"）。当企业无力偿还时，全部风险保证金将被没收。如果企业进行偿还，信用担保机构将归还全部质押的风险保证金。银行与担保机构的合同规定，担保机构承担贷款总额的 e 倍，银行不再要求小微企业和"三农"提供抵押物。此时，若小微企业和"三农"项目投资失败（即产出为零）时，信贷担保机构需要代表小微企业和"三农"向银行赔偿 $e \times F$ 的本金和利息。

1. 政策性融资担保"分级"机制

社会资源的配置需达成双重核心目标：一是为经济效用，即确保资源配置过程能够产生可观的经济回报；二是为社会效用，即资源配置应有助于调和各方利益，保障社会公正及机会的平等性。这两大目标呈现出一种矛盾而统一的复杂关系，追求经济效用最大化往往与社会效用的实现背道而驰，经济资源的有效配置在某些情况下可能会对社会公平与机会均等造成损害。资源的科学分配不仅关乎资源利用的效率，而且对于经济和社会的健康持续发展具有至关重要的影响。担保资源的配置亦遵循此规律。在市场自发调节机制的驱动下，担保资源倾向于从经济欠发达地区向经济繁荣地区转移，从长期投资项目流向短期项目，从高风险行业流向低风险行业。此类资源流动在一定程度上有利于担保资源的高效利用，从担保机构的经营效益角度审视，其存在具有一定的合理性。然而，从社会效用的维度审视，这种流动模式可能会破坏机会的平等性，忽略了资金流出项目或地区的真实资金需求。尽管投资周期漫长且风险较高，但那些社会效益显著的地区、部门或产业，在经济发展的初期往往难以获得合理的资源配给。这将导致产业结构失衡，各地区、各部门、各行业在生产发展方面存在的显著差异以及分配的不均衡性，显现出"马太效应"，从而可能引发社会结构的失衡乃至危机。鉴于市场机制并非全能，单纯依赖市场机制难以在社会各个领域实现有效资源配置，亦难以确保经济与社会的和谐及稳定发展。为了最大化公共利益的实现，国家的积极参与是不可或缺的。基于"市场失灵"理论，我国农业保险制度的构建具有重要的现实意义。"市场失灵"的显著表现之一是外部性的存在。小微企业的金融担保体系能够有效调整社会资本资源的分配模式，使其获得更为优越的金融条件，提升筹资能力，进而增加就业岗位，同时促进税收和出口的增长，推动科技创新，转变经济发展模式，从而在更广泛的层面发挥出积极的社会效用。

综上所述，小微企业担保活动蕴含着显著的正向外部性。对于具备此类正外部性特质的产品或服务，政府理应采取相应的补贴策略予以扶持。从宏观层面考量，资金供给与需求之间存在着一种结构性的不平衡，即资金供给在相对意义上呈现出一种稀缺状态，难以充分满足市场的庞大需求。这一矛盾在处于经济转型阶段的国家表现得尤为突出，"市场失灵"现象频繁出现，在众多领域中，市场机制这一"看不见的手"，往往存在功能上的盲点和效率上的不足。对于那些市场机制难以或无法有效发挥调控作用的关键领域，政府则扮演了"看得见的手"的角色。政府应积极主动地介入，发挥其宏观调控与引导作用，以推动经济与社会的稳定、协调及均衡发展，避免因市场机制的缺陷而导致资源配置的不合理以及经济社会发展的失衡。政策性担保机构的设立与运作，正是政府"看得见的手"在金融领域发挥作用的生动体现，其通过为小微企业提供担保服务，弥补市场机制的不足，助力小微企业跨越融资障碍，促进经济结构的优化与社会的和谐稳定。

2. 政策性融资担保"分轨"机制

经过对境外小微型企业的初步研究，可以发现，当前国际商业担保机构大多已经撤出市场。相对而言，在我国小微型商业银行的金融担保业务正处于增长阶段。民营资本投身其中的热情高涨，其关键缘由在于小微企业的融资担保并不属于典型的纯粹公共物品。纯公共物品是指在市场经济条件下，所有人都能享受到的商品，然而在市场经济条件下，这类商品的供应却往往稀缺或难以保证。这类商品应具备两个核心特性：首先是非竞争性，意味着在任何给定时刻，众多消费者可以同时享用同一产品，且增加一个消费者的边际成本几乎为零；其次是非排他性，即在人们消费某种商品时，无法有效阻止他人也消费该商品。即便是在国家主导下进行的小微企业担保业务，也通常采取市场化的运营模式，通过收费方式向符合条件的小微企业提供服务。不存在免费担保的情形，因此，该服务并不具备纯粹公共物品的属性。也并非必须依赖政府供给。此现象背后主要有两大动因。第一，我国的信用体系仍在持续完善之中。在海外，随着信用体系的持续演进与日益成熟，银行贷款审批主要依据信用评级结果。一些商业性担保公司因涉足商业信贷的担保业务而面临倒闭的风险。除了专注于特定政策范围的政策性担保公司外，其他商业担保公司已停止对融资保证的投资。当前，国内企业资信环境的建设尚处于初级阶段，资信评估体系还不健全，商业银行获取企业资信信息的渠道相对有限。然而，在某些情况下，与银行相比，小微企业金融担保公司因其在信息获取上的优势，能够为其提供信贷担保，有效弥补了小微企业在贷款信息方面的不足。第二，商业担保体系得以从中国迅猛的发展态势中获益。与全球多数国家相比，中国的经济增长速度极为迅猛，其中，小微企业作为拉动经济增长的主要动力，其快速扩张带来了庞大的资金需求。对于众多小微型企业而言，单一的政策性担保已难以满足其资金需求。在这一迅速发展的担保市场中，商业担保机构能够把握机遇，创造可观的利润。近年来，民间资本大量涌入担保领域，这一现象充分证实了商业担保体系的有效性及其发展的必然趋势。

（二）担保模式的划分以及"分级"和"分轨"协同的必要性

1. "分级"和"分轨"的协同机理

通过上述分析可以看出，政策性担保与商业性担保在我国都有存在的必要性与合理性，是完整的担保体系中不可或缺的两个部分。二者相互补充，平等合作，不存在对立、从属或竞争的关系，在担保资源配置当中发挥不同的作用。

政策性担保资源的配置主体是在宏观金融资源配置中起整体调控作用的政府，商业性担保资源的配置主体是在微观金融资源配置中起着基础性主导作用的企业或个人。商业性担保的目标是经济有效性。政策性担保的目标是社会合理性。为了实现社会效益，政策性担保机构的宗旨就是充当政府发展经济、促进就业的工具，贯彻、配合政府特定社会经济政策或意图。与之相反，商业性担保机构则按照市场法则运作，其业务宗旨是追求利润的最大化。政策性担保机构的资金来源主要是政府预算拨付、国有土地及资产划拨，政府信用担保基金商业性担保机构的资金来源主要是股东的自有资本和募集的股东投资。

政策性担保与商业性担保在运作机制上具有根本性的差异。政策性担保机构的业务范围通常被严格限定在特定领域，以避免与商业性担保机构形成直接竞争关系；而商业性担保机构则不受此类限制，其业务活动主要以市场为导向，只要存在盈利机会，便会积极参与市场竞争。策性担保机构以国家宏观政策为指导，其核心目标是通过提供优惠的融资条件（如降低贷款利率、延长还款期限等）来支持特定对象的融资需求，从而实现政策目标。相比之下，商业性担保机构以市场动态为驱动，其运营重点在于实现安全性、流动性和盈利性的平衡，以确保机构的可持续发展。政策性担保机构的运作基于特定的法律法规框架，其活动受到明确的政策约束；然而，商业担保的经营方式基本遵循一般担保法的规定进行规范。政策性担保与商业性担保的协调发展，并不意味着两者在微观层面上必须完全一致。所以，在市场定位、机构数目、市场占有率、员工数量上，二者可能呈现出同步发展或此消彼长的复杂关系。这种关系的演变取决于宏观经济环境、政策导向以及市场需求的变化。例如，在市场经济的正常运作条件下，商业性担保理应占据主导地位，政策性担保则扮演辅助与补充的角色；然而，对于某些地区或某些工业，由于市场机制不能很好地运作，政策性担保则需上升为主导力量；当政策性担保所扶持的区域或产业发展至特定阶段时，具备足够的吸引力吸纳民间投资时，商业性担保便会重新占据优势地位。因此，在各种情境中，二者展现了动态且相互制衡的协调关系。

2. 政策化担保商业化与商业化担保政策化

目前，关于"政策性担保与商业性担保业务的融合"这一议题的讨论仍在继续。其核心指向的是两类担保机构在业务领域的相互渗透，而非二者性质的相互转变。具体而言，政策性保证的商业化，意味着在主要业务领域之外，适度拓展与之相关的商业性担保活动；政策性保证是商业保证制度化的体现，标志着商业保证公司发展至一定阶段后，开始涉足政策性保证领域。

在推进我国政策性担保市场化进程中，需关注以下几方面的问题。首先，政策性担保公司已涉足商业性担保市场，与商业性担保公司产生了一定的利益冲突。这些机构可能会偏离其政策初衷，为了追求卓越的经营成果，积极拓展商业性担保公司同样感兴趣的业务领域，并借助政策上的强力支持，将商业性担保公司排挤在外，从而扰乱了市场竞争秩序。其次，政策性担保机构提供的商业性担保服务也获得了政府的支持。鉴于对政策性担保的资助主要面向整个政策性担保机构，而未对符合国家产业政策的政策性担保与一般商业经营进行明确区分，这导致了一些以国有资金设立的担保机构在其业务范围内存在一定程度的不规范操作。不当获取政府财政补贴，导致财政资源的错配与浪费。最后，政策性担保机构在开展商业性担保业务的过程中，存在滥用国家信用的潜在风险，这不仅可能损害国家信用的严肃性与权威性，也可能引发金融市场的系统性风险，对整个金融体系的稳定运行构成威胁。政策性担保机构从事商业性担保业务时，银行与客户一般看重其政府背景，实质上是以国家信用为保障来从事业务。商业性担保机构从事政策性业务的主要问题是没有获得政策性业务的补贴，影响了商业性担保机构为小微企业服务的积极性。解决上述问题最重要的方法就是通过外部监管严格要求担保公司对政策性担保和商业性担保分账户管理，无论是哪一类担保机构，只要从事政策性担保业务，就应该获得政策补贴，只要从事商业性担保业务，就按照商业原则运作。既要避免政策性担保机构滥用国家信用，又要保护商业性担保机构为符合国家政策的小微企业服务的积极性。

3. 信用评级与信用交易

在贷款市场上存在一种信用评级的不均衡现象：一些实体虽然信用等级高，但并不需要借款；而另一些实体虽然需要借款，但由于信用等级低而无法获得贷款。信用担保系统可以缓解这种不平衡，如果信用担保机构具有较高的信用等级，企业就可以依靠担保机构的信用等级来获得贷款，如图4-1所示。

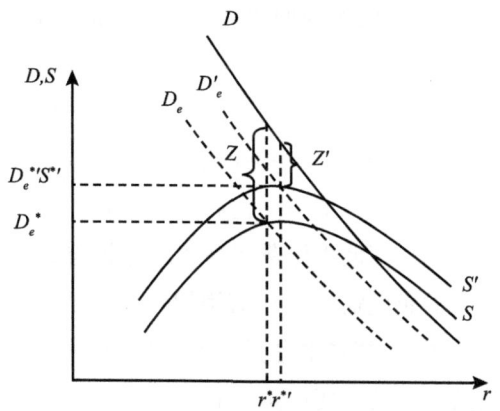

图4-1 信用担保机构参与下的信贷市场的均衡分析示意

注：S——资金供给曲线随利率的提高而先升后降。由于市场存在逆向选择行为，当利率过高时，信贷市场的平均风险水平提高，投资项目的期望利润将会降低，银行愿意提供的信贷资金将减少。

在第二方信贷市场中，信贷资金的供给和总资金需求分别由曲线 S 和 D 表示，而有效资金需求则出曲线 D_e 表示。当市场达到均衡时，利率为 r^*，供给为 S^*，有效资金需求为 D_e^*，无法获得信贷分配的需求为 Z。

在第三方信贷市场中，企业通过购买担保服务提高信用等级，从而增加信贷总额。这导致有效资金需求曲线向 D_e' 移动，而供给曲线向 S' 移动。新的市场均衡点为 $r^{*'}$，有效资金需求和供给分别为 $D_e^{*'}$ 与 $S^{*'}$，而无法获得信贷分配的需求为 Z'。这表明信用担保体系下，资金供给和有效资金需求增加（$S^{*'} > S^*$，$D_e^{*'} > D_e^*$），而无法获得信用分配的需求减少，从而缓解了双重资金过剩问题。

4. 逆向选择与风险识别

银行通常采用直接法来识别企业的风险类型。对具有较长信贷活动历史且信用记录完整的小微型企业和"三农"可以采用直接调查法来确定其风险类型。另外也有银行根据企业风险类型的识别使用间接法，这里间接法一般要求小微型企业和"三农"可以提供足够的抵押品，但是众多企业都无法满足间接方法的要求。因此，银行通常会根据担保机构提供的担保责任来确定风险类型。一般来说，信用担保机构提供较低比例的担保责任给高风险的小微企业和"三农"，提供较高比例的担保责任给低风险的小微企业和农村家庭。担保机构的期望回报 $EU_G = pT + (1-p)(U-eF) = pT + (1-p)U - (1-p)eF$，这里因承担担保责任，担保机构招致的期望损失为 $(1-p)eF$，当 e 上升时，担保机构希望 p 上升，即担保低风险的项目；当 p 下降时，同时减少预期损失 e；担保机构的预期损失受到 F 的影响很小。

担保机构比银行更擅长识别小微企业和"三农"的风险类型。他们可以提供两种不同的合同，即低担保费和高风险存款与高担保费和低风险存款，以满足不同类型的企业需求。在信用担保体系下，担保费 T、风险保证金 U、担保责任金额 e、贷款本息 F、项目成功概率 p 五个重要参数变量之间存在着内在的关系，其中变量 p 是主导的。当项目成功概率 p 增加时，风险降低，银行提供贷款的可能性增加，利率降低，担保机构愿意承担较高的担保责任额，并收取较低的担保费 T 和高风险存款 U；当 p 降低时，其他四个变量也相应发生相反的变化。

（三）企业特征与担保差异化

1. 企业类型与担保差异化

一般来说，企业效益好、经营规范，安全度就高，反之就低。如果行业规模大且竞争程度高，地理位置上的分布集中，企业家集聚的愿望高，则此企业集聚度高，反之则低。按安全度和集聚度两个维度可以将小微企业分Ⅰ、Ⅱ、Ⅲ和Ⅳ类，如图4-2所示。

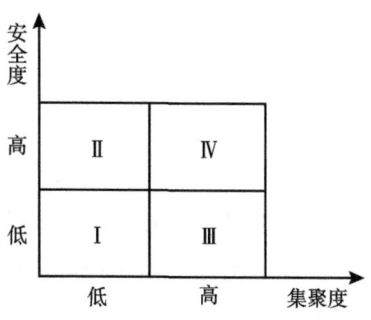

图4-2 小微企业分类

显然，政府性担保机构主要服务于Ⅰ类企业。这类企业一般为建立时间短且风险高的高新技术企业，高新技术企业通常面临着许多困难，包括空间分散、效益差、经营不规范等。这些问题使得这些企业难以从银行和市场获得贷款和帮助，这对他们的发展带来了很大的阻碍。商业性担保机构主要服务于Ⅱ类企业，这类企业通常是成熟企业，集聚度较低但安全度高，空间分散或规模较小，经营规范且效益良好。由于这类企业只能单独从市场上获得贷款，商业性担保机构可以为其提供担保服务。互助性担保机构服务于Ⅲ类和Ⅳ类企业。属于行业规模大、竞争程度高、空间分布集中且聚集度高的企业，它们往往难以获得政府性担保机构的担保，也难以寻求商业性担保机构的帮助。这些企业通常面临着更加严重的问题，例如资金短缺、经营不善等。只有互助性担保机构为会员提供担保的主动性最好，在减少信息的非对称性、避免逆向选择风险方面具有较强的优势。商业性担保机构在专业化服务方面具有优势，但可能会挑选企业，厌恶风险，担保费用高，申请条件苛刻，决定了其服务范围的有限性。政府性担保机构在为借款者增信方面具有优势，但需要靠政府的拨款，增加了财政负担，且有政府干预行为，不利于维护市场规则。因此，各种担保机构应根据市场需要有选择地开展业务。

我国融资担保机构大多为政府性担保机构，国家融资担保基金公布的数据显示，2021年国家担保基金新增再担保合作业务7542.15亿元、户数72.49万户，较上年分别增长78.63%、164.69%。自2018年9月底开业以来，基金累计完成再担保合作业务14631.53亿元、户数118.10万户。

与国家基金合作的省级机构增至28家、市（县）级担保机构达1203家，合作业务覆盖25个省（区、市）、5个计划单列市，其中九成以上省份实现业务地市级全覆盖，八成以上省份实现地市业务覆盖率高于90%。①

2. 担保机构模式和治理结构

政府性担保机构经历了从原来的政府拨款到政府出资的变化。前者主要是通过行政手段运作，政府极易用行政手段干预信贷市场，治理结构单一。后者主要是通过组建政府性担保机构实行市场化运作。2021年，95%的政府性担保机构都属于此模式。商业性担保机构是由企业或个人单独出资，或多方出资成立共同基金，专业化运作，治理结构多元化。互助担保基金或私募基金是由互助担保机构运作，特点是担保机构的担保业务、诊断服务、基金经营合一，担保基金的所有权与经营权合一。但是，担保机构业务的专业化优势没有得到发挥，市场定位边界不清，影响了担保机构的运行效率。

在实际运行中，两种模式同时存在。一是担保基金委托专业机构管理和运营，担保机构作为担保基金的所有者有担保决策权和提供专业化服务的义务。该模式有利于担保机构作出准确担保决策的资信调查，同时，担保通过专业化的经营实现基金保值、增值的目的。二是担保基金理事会负责担保决策，基金管理公司负责经营，担保机构负责担保业务操作和提供专业化的咨询服务。该模式能够借助专业化分工的优势产生规模效益。一般来说，政府性担保机构适合第一类模式，商业性担保适合第二类模式，而互助性担保机构采用任何一种模式进行治理机构运作都会有发展空间。

3. 担保机构的风险管理制度

担保机构风险管理制度包括三个方面。一是担保前的风险管理。集体评审机制是准确决策的前提，风险保证金制度是反担保的要求。二是担保中的风险管理。实行审、保、偿分离以及担保债务总量控制（总的在保债

---

① 撬动更多金融资源助企纾困（财经观）[EB/OL]. 人民网, 2022 - 06 - 06. 国家融担基金再担保合作业务继续快速发展 [EB/OL]. 国家融资担保基金官网, 2022 - 01 - 20.

务余额和单笔担保债务额）机制是有效的管理措施。计提风险准备金可以按在保债务余额的一定百分比、逾期债务的一定百分比（按逾期年限不同计提不同的百分比）、利润的百分比等计提。三是担保后的风险管理。如果担保机构受不可预见性事件的影响而发生重大损失，政府应给予补偿。贷款如期偿还，担保机构为银行承担了较高的风险的补偿，银担合同应有相应的约定。

二、政策性融资担保体系多元主体风险分担

（一）担保信用风险多元分担的必然性

1. 商业银行与担保机构

由于内外部信息不对称的存在，担保机构在降低交易风险的同时可能产生担保机构内部所有人（委托人）与经理人（代理人）之间、担保机构与企业之间的金融风险。担保机构放大资金效应的同时也放大了风险，因此，建立金融机构（银行）与担保机构的外部协作机制以实现担保风险外部分散目标，建立担保投资理论内部分散机制以实现担保风险内部分散目标。商业银行和信用担保机构共同承担风险，以确保小微企业能够获得贷款，并且信用担保机构能够获得合理的收益。这种合作关系对于促进小微企业的发展和维护信用担保体系的良性运转具有重要意义。第一，共担风险能够确保信用担保机构获得合理收益，促进担保机构健康稳健发展。在小微企业贷款过程中，信用担保机构扮演着重要角色。他们提供担保服务，为商业银行减轻风险，帮助小微企业获得贷款。然而，如果商业银行不与信用担保机构共担风险，信用担保机构的收益将会受到影响。商业银行可能会选择与其他信用担保机构合作，导致信用担保机构的市场份额下降。因此，共担风险能够确保信用担保机构获得合理收益，促进担保机构健康稳健发展。第二，共担风险能够防止商业银行由于不承担风险，出现对小微企业放松审查、过度放贷的道德风险。如果商业银行不与信用担保机构共担风险，他们可能会面临道德风险。商业银行可能会因为不承担风

险而过度放贷或者放松审查，导致小微企业出现还款困难，信用担保机构也面临损失。因此，共担风险能够防止商业银行出现道德风险，保障小微企业和信用担保机构的利益。第三，共担风险能够维护信用担保体系的良性运转。信用担保体系是一个涉及商业银行、信用担保机构和小微企业的复杂系统。如果其中任何一个环节出现问题，都可能会导致整个体系的崩溃。因此，商业银行和信用担保机构共担风险，能够增强信用担保体系的稳定性和韧性，维护信用担保体系的良性运转。

（1）银保内外部协作分险路径与机制。担保机构与协作银行应明确保证责任、担保放大倍数、担保范围、分担比例、资信评估、违约责任、代偿条件等内容。这些关键点的明确规定可以帮助担保机构和合作银行更好地进行合作，确保担保投资的风险得到有效控制和降低。

首先，担保机构应避免全额担保，与贷款银行确定合理风险比例。全额担保意味着担保机构承担全部风险，这种做法对于担保机构来说是不可承受的。因此，担保机构应该与贷款银行协商确定合理的风险分担比例，以减轻担保机构的压力。其次，担保投资是信用担保和风险投资的有机结合，可通过公开上市、偿付协议、收购和兼并等方式退出，实现投资收益。担保机构的主要目的是为企业提供信用担保，帮助企业获得银行贷款。但是，担保机构也可以通过投资企业股权等方式获得投资收益，实现担保机构的可持续发展。另外，担保机构的保费作为风险投资后，可获取几倍甚至十几倍于保费的收益。担保机构的保费可以看作一种投资，担保机构可以通过对企业股权的投资获得更高的收益。当然，这也意味着担保机构承担的风险更高，需要进行更加谨慎的风险评估。

传统的担保机构经营模式是准债权的，即只有在发生代偿时才能取得债权保费收入。这种经营模式存在着高风险、低收益的问题。为了解决这一问题，担保投资应运而生。担保投资是将债权模式和股权模式相结合，通过投资借款人的股权，实现担保风险与收益的匹配。担保投资不仅能够提高担保机构的收益水平，还能够降低担保机构的风险，是实现担保风险内部分散的有效途径。担保投资的实施需要担保机构具备一定的资金实力和风险管理能力。担保机构需要对借款人的财务状况和经营管理能力进行全面评估，以确定其是否具备担保投资的资格。同时，担保机构需要制定科学合理的风险管理策略,降低担保投资的风险。此时,担保机构从准债权经营模式向准股权经营模式转变。

(2)银保协作的风险分散机理分析。从金融经济学视角揭示金融机构(银行)与担保机构的协作机理,假设及标记如下:

第一,全额担保且用于担保的担保机构的净资产为 X,担保费率为 r;

第二,没有抵押品,贷款 $X+T$ 取决于金融机构(银行),如果贷款成功,项目成功的概率为 λ,如果失败,投入的资金就会全部损失;

第三,如果贷款超过担保机构的净资本,金融机构(银行)将承担部分资金的风险,这时,金融机构(银行)愿意贷款的概率为 θ,贷款利率为 i。

根据假设,可得到金融机构(银行)的期望利润(记为 Y)为

$$Y = \theta[\lambda(X+T)i - (1-\lambda)T] \quad (4.1)$$

而担保机构的期望利润(记为 D)为

$$D = \theta[\lambda(X+T)r - (1-\lambda)X] \quad (4.2)$$

根据式(4.1),可以得到

$$\frac{dY}{d\theta} = \lambda i(X+T) - (1-\lambda)T \quad (4.3)$$

令 $\frac{dY}{d\theta} = 0$,得到

$$\lambda^* = \frac{1}{1 + \left(1 + \frac{X}{T}\right)i} \quad (4.4)$$

当 $\lambda > \lambda^*$ 时,则 $\frac{dY}{d\theta} > 0$;而当 $\lambda < \lambda^*$ 时,则 $\frac{dY}{d\theta} < 0$。

金融机构(银行)的理性决策必然是将贷款的发放要求设定在 $\lambda > \lambda^*$,即 $\frac{dY}{d\theta} > 0$ 的区域内。金融机构(银行)的期望利润与发放贷款的意向呈正相关关系。同时,当 $\frac{d\lambda^*}{dT} > 0$,临界成功率 λ^* 与 T 也呈正相关关系。

当 $\text{Lim}_{T \to 0} \lambda^* = 0$,意味着假设金融机构(银行)不承担风险,那么贷款项目运作成功率 λ^* 为零。当 $\text{Lim}_{T \to \infty} \lambda^* = \frac{1}{1+i}$,意味着假设金融机构

(银行)承担全部责任,那么将不需要引入担保机构贷款项目且运作临界成功率即为风险收益率 λ^* 等于贷款利率的折现率 $1/(1+i)$,但金融机构(银行)要求贷款利率最好能高于项目的风险收益率。

根据式(4.2),可得到

$$\frac{\mathrm{d}D}{\mathrm{d}\lambda} = \theta[(X+T)r - X] > 0 \qquad (4.5)$$

担保机构期望利润与担保项目的成功率呈正相关,即成功率越高,担保机构获得的利润越高。当担保机构介入时,银行承担的风险较小,因此风险收益率(λ^*)下降。这意味着担保机构的临界成功率(λ^*)将位于区间$(0,1/(1+i))$内。这也意味着较高风险的项目可能会得到批准。因此,担保机构控制信用风险的路径主要是通过建立银保外部协作机制来实现信用风险的外部分散目标;通过建立基于担保投资理论的风险内部分散机制来实现信用风险的内部分散目标。

2. "分级"与"分轨"多元风险分担的必然性

(1)补充融资担保资源。政府性担保机构主要为政策性、公益性项目提供担保,而商业性担保机构主要为市场化、营利性项目提供担保。这两种机构的定位和业务范围互补,共同构成融资担保体系,有助于更好地满足不同类型企业和项目的融资需求,实现风险多元分担。

(2)分散担保风险。政府性担保机构和商业性担保机构各自承担不同类型和领域的担保业务,有助于分散担保风险。在经济形势发生变化时,某一领域或行业的风险可能会上升,而另一领域或行业的风险可能会降低。多元化的风险分担机制可以降低整个融资担保体系的风险敞口,提高系统的稳定性。

(3)发挥政府和市场双重作用。政府性担保机构在政策导向、信用支持、风险缓释等方面具有优势,而商业性担保机构在市场化运作、资源整合、效率提升等方面具有优势。两者结合起来,可以充分发挥政府和市场双重作用,促进融资担保行业的健康发展。

(4)提高融资担保效益。政府性担保机构和商业性担保机构在风险多元分担的过程中,可以相互学习和借鉴管理经验、业务模式和风险控制手段,提高融资担保效益。政府性担保机构可以借鉴商业性担保机构的市场化运作经验,提高自身的业务管理水平;而商业性担保机构可以借鉴政府性担保机构的政策支持优势,拓宽业务领域和融资渠道。

因此,政府性担保机构和商业性担保机构的风险多元分担有利于构建更加稳健、高效的融资担保体系,为实体经济发展提供更加有力的支持。

(二) 实施多层级再担保风险分担机制的可行性

政府可以采取一些措施来提供补贴,以减少不确定性所带来的社会不公,从而提高国家的整体福利水平(Barr,1987)。典型外部性的公共产品可能导致私人利益小于社会利益(Mishra,1996),因此政府应该为私人相关产品的供应成本大于社会成本的部分提供补贴,以使私人成本(收益)和社会成本(收益)相符,从而实现产品的供需平衡。由于存在信息不对称,在没有足够抵押的情况下,担保机构的高费率必然会增加企业的逆向选择和道德风险,很可能导致将绝大多数风险转嫁给了担保机构(顾海峰,2008),地方财政应对担保机构承担的超出担保基金余额以外的担保责任发放一定比例的奖励(李征和王跃,2008),同时提高风险分担比例,有效发挥担保的放大功能,吸引更多的社会资金进入担保领域。

1. 融资担保体系三级四层风险共担现状

针对政策性融资担保体系运行中存在的问题,本章研究倡导国家融资担保体系—省级再担保体系—市(县)级融资担保体系这一政府主导、上下联动、三级四层的政策性融资担保体系。如图 4-3 所示,其核心是国家融资担保基金为省级再担保机构提供再担保,省级再担保机构主要做再担保业务,市(县)级的担保机构只做直保业务。在不断优化的过程中,市(县)直保机构有一体化的发展趋势。

国家融资担保体系要建设成一个可信、可靠、可持续的体系,需要构建市(县)、省(区、市)、国家对政府性融资担保机构多层级的增资机制,探索建立政府、企业、金融机构(银行)等出资入股与无偿捐资相结合的多元化资金补充机制。另外,政府性融资担保机构通过自建网络平

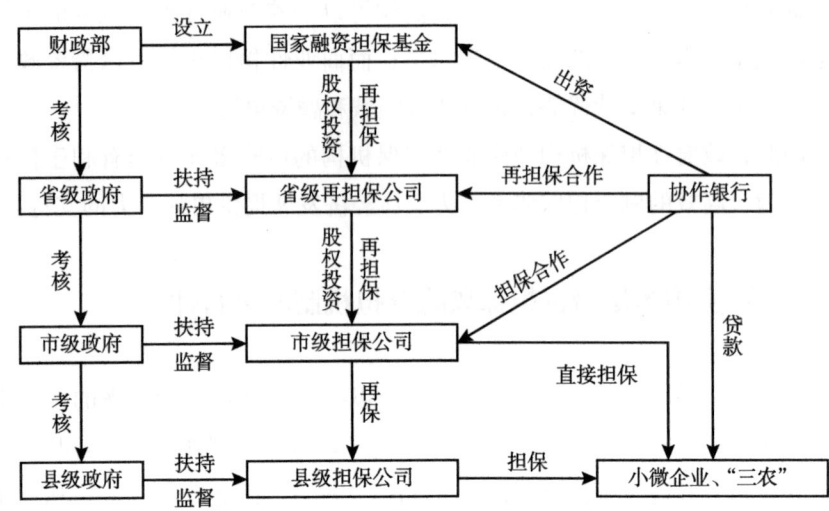

图 4-3 三级四层政策性融资担保体系运行示意

台,依托互联网平台传播信息,拓宽融资担保渠道,吸引各类投资者,实现线上线下、产业链以及跨行业的联动。

从省级政策性融资担保体系来看,一是建立科学的融资担保考核机制。在相应政府层级指定考核部门,对政策性融担资金的使用定期审核。二是加强信用体系建设。将企业信息收集纳入其中,扩大信用评级范围。三是创新担保机构运作模式。通过合并、控股、托管等方式兼并地方国有融资担保机构,建设省级区域性融资担保集团,以较低担保费率支持小微企业和"三农"产业发展。

从各市(县)级担保机构来看,要及时识别、防范和控制风险,注重人才的选取和培养,注重担保产品的开发和创新,以满足不同层次、不同种类的小微企业和"三农"等的融资需求。首先,依靠大数据进行信贷数据分析、网络审批,借助客户信用评级(评分)系统、人脸识别,结合电话核查等远程信贷审批技术手段,实现尽职调查和信贷客户的远程对接,进而增加机构的盈利水平,节省机构营运成本,提高信贷工作效率,从而分散担保机构风险。其次,创新担保模式。要充分发挥线下网点人员优势,弥补线上营销和风控等方面的不足,实现线下向线上转化,线上靠线下提升,线上线下优势互补、相互融合,形成整体合力。

2. 多元风险共担机制的要求

为了建立互信氛围，实现政府性信用担保机构资金来源的长期性与稳定性，必须建立信用担保体系中所有主体之间不同的风险共担机制，充分保证财政资金的运用效率。我国对担保比例没有明确的制度规定，在实际操作过程中，风险损失基本上由担保机构100%承担，不仅导致担保机构的责任与能力不对等，也弱化了金融机构（银行）对企业的评估，加大了整体风险（刘玲和王婉秋，2010），对于信用担保体系中金融机构（银行）、企业和信用担保机构三方相互之间的协作关系，应重点关注信用担保风险分担机制中的比例担保和反担保问题（熊熊和谭健美，2011）。融资担保体系参与各方利益相互影响、相互制约。制定适当的风险分担比例、担保费率、放大倍数、代偿率等使担保体系各方分担融资风险的利益均衡（薛菁和侯敬雯，2012）。

担保体系的风险共担机制应包括四方面内容。一是担保机构的风险责任。担保机构应建立和完善专家评审制度，根据风险大小对被担保对象的担保费用合理定价。另外，信用担保机构应根据风险状况提取足够的风险准备金。二是金融机构（银行）的风险责任。金融机构（银行）作为专业信贷提供机构，在信贷审核业务方面的经验要超过信用担保机构，金融机构（银行）承担部分损失（一般在10%~30%）就是让其加强对被担保对象的信贷审查，以控制信贷风险。三是借款人的风险责任。如果不能承担贷款损失，就会产生道德风险，为此，要求借款人提供相当于贷款金额10%~20%的担保品或者企业股权作为抵押，让其承担一定的风险责任以降低道德风险。四是政府的风险责任。如果要形成政府性担保机构持续性出资的机制，必须让政府拥有风险控制权力。因此，政策性担保体系中必须强化财政部门的风险监督作用（贾康和刘微等，2012）。

关于金融机构（银行）在信用担保中的风险责任，存在不同的学术观点。张文远和王曦晨（2014）研究认为，银行通过一定比例的风险分担赢得长期稳定的小微企业贷款，使银行在经济转型过程中降低对大型以及超大型企业的依赖。为了确保风险共担对信用再担保体系系统模型内主体经济收益的影响，梅强和许红珍（2014）利用江苏省再担保数据，通过模型仿真模拟表明，银行在银保合作中承担一定风险，可以抵御代偿率增加的负面影响，从而保证银行能够获得长远的利益。李海峰（2011）认为银行是贷款的主体，必须承担一定的风险才能避免出现道德风险。银行承担风险的比例可以根据借款企业资信、担保机构担保能力、贷款产品风险等来综合确定。于孝建和徐维军（2013）认为，通过提高银行的风险分担比例可以改善各方风险和收益不对等的关系。为尽可能减少风险收益不对等，应针对每一个合约设定风险分担比例。王淼（2017）认为，如果政府提供补贴，可以通过双方合作博弈模型，运用夏普利值法算出相对合理的风险分担比例，为信用担保贷款体系建设提供理论和实践支持。

3. 多元风险共担的合作博弈

（1）合作博弈模型及夏普利值法。合作博弈是指参与者之间共同合作，以达成共同利益的博弈形式。其旨在通过协作、互相帮助和互惠互利的方式，实现各方的共同利益最大化，从而提高整体效益。合作博弈对于解决复杂问题和提高团队合作能力具有重要的作用。合作博弈包括传统合作博弈和非传统合作博弈。传统合作博弈是指参与者之间有固定的合作关系，如合作生产、合作销售等。非传统合作博弈则是指参与者之间没有固定的合作关系，而是在特定的场合下进行协作，如应对突发事件、解决紧急问题等。合作博弈的重要性在于它能够促进各方之间的互相了解和信任，提高团队的协作效率和创造力，同时也能够促进企业之间的合作和共同发展。合作博弈还能够促进资源的共享和优化利用，提高整体效益。在信用担保体系中，利益分配问题可以采用具有可转移效用的特征函数型博弈进行解决。这种博弈模型可以有效衡量每个参与者对于整个信用担保体系的贡献，从而实现合理的利益分配。

夏普利值法是一种常用的博弈分配方案，它可以用于解决具有合作性质的博弈中各方的利益分配问题。夏普利值法的作用是确定每个参与者对于整个博弈的贡献大小，从而实现公平的利益分配。具体实现方式是通过计算每个参与者在所有可能的参与组合下所产生的平均贡献值，从而得出每个参与者的夏普利值。这种方法不仅能够提高利益分配的公平性，还能够促进各方之间的信任和合作，从而提高整个博弈的效益。

假设存在集合 M, $M = \{1,2,3,\cdots,N\}$, N 个人组成的任一合作联盟形式均包含于 M, s 为其子集, $V(s)$ 为联盟 s 的特征函数, 表示在该联盟中成员通过协作可以获得最大收益, 该联盟的成员利益分配方案可以用 $\Phi(v)$ 表示, 其中, 局中人 i 在合作中获得的利益为 $\Phi_i(v)$, 利益分配方案见式(4.6)。其中, $w(|s|) = (N-|s|)!(|s|-1)!/N!$, s 联盟的成员个数为 $|s|$, 除 i 成员后联盟 s 可获得最大收益为 $V(\frac{s}{i})$。

$$\Phi_i(v) = \sum_{s=s_i} w(|s|)\left[V(s) - V\left(\frac{s}{i}\right)\right], i = 1,2,\cdots,N \quad (4.6)$$

通常情况下, N 人合作博弈有多种方案, 为了得到最合理的解决方案, 必须遵循以下条件: 所有参与者是平等的 (分配给参与者的利益与 i 无关); 参与者的利益总和等于合作的总利益 (利益完全分配给参与者), 如果有参与者没有作出贡献, 则分配的利益为零; 合作中存在任意特征函数 V 和 U, $\Phi(V+U) = \Phi(V) + \Phi(U)$, 也就是说, 如果 N 人同时参与两个合作, 分配给 N 人的利益就是两个合作的利益之和。在这种情况下, 可以得到夏普利值作为解决方案。

(2) 风险分担博弈模型。本部分参考众多学者构建的利益分配博弈模型, 分析包括小微企业、担保机构、金融机构 (银行) 和地方政府四方主体的风险分担相关问题 (王媛媛, 2012; 王淼, 2017)。

① 假设小微企业、金融机构、担保机构和地方政府为信贷市场中的主体, 且小微企业、金融机构和担保机构都是独立企业法人。用效用函数 U 来描述担保机构和金融机构的偏好, 则 $U'' = 0$, 即风险偏好均为风险中性, 且 $U(0) = -\infty$。

② 假设企业贷款是纯信用担保贷款, 金融机构 (银行) 发放的信用贷款金额为 D, 贷款利率为 d, 担保期限为一年。金融机构 (银行) 因贷款违约可能发生的损失代偿率为 q, 年度的固定成本为 F_B, 单位贷款额的变动成本为 C_B。

③ 担保机构的资本金为 X, 金融机构 (银行) 存款年利率为 c; 担保费率为 b, 担保代偿率为 p, 担保比例为 I, 年度的固定成本为 F_C, 单位贷款额的变动成本为 C_C; 政府提供信用担保补贴, 每笔额度为 D, 贷款补贴固定额 G。不考虑担保机构违约后的破产债务回收。在上述假设条件下,

经过一年时间的经营之后,担保机构的资产 W 变为

$$W = X + cX + bID - pID - F_C - c_C ID \tag{4.7}$$

当 $W \geqslant 0$ 时,表明经过一年经营后担保机构资产可以弥补代偿支出,此时担保机构不会发生违约行为。当金融机构(银行)贷款收益大于零,说明金融机构(银行)在合作中有利可图,金融机构(银行)有动力选择合作,此时信用担保机构与金融机构(银行)合作效果最好。

当 $W < 0$ 时,说明经过一年经营后担保机构的资产不足以弥补支出,此时担保机构可能存在违约动机。如果发生违约,担保机构不会获得政府补贴,其收益为 $W_0 = cX + bID - F_C - c_C ID$,金融机构(银行)收益为 $Z_0 = dD - pID - q(1-I)D - F_B - c_B(1-I)D$。如果未发生违约,政府承担代偿责任补贴 G,则担保机构收益为 $W_1 = cX + bID - F_C - c_C ID - pID + G$,金融机构(银行)为 $Z_1 = dD - q(1-I)D - F_B - c_B(1-I)D$。

可以得到结论:担保机构只有在履约收益大于等于违约收益($W_0 \geqslant W_1$)时,才会履行代偿责任,政府补贴需要满足 $G \geqslant pID$。在没有政府补贴的情况下,金融机构(银行)难以判断担保机构是否发生违约行为,从而很可能拒绝与担保机构合作。则政府从中可能获得诸如企业融资需求、扩大商业银行收益规模、增加就业岗位数量等福利收益,能够吸引更多的外部企业、更多人才加入本地区经济建设。

(三) 担保体系多元合作风险和收益的方案设计

担保保险是国内最普遍的再担保模式,它通过三方合作协议来制定风险分担比例。这种模式下,银行作为申请担保的一方,需要向担保机构支付一定的保证金,以便获得担保机构的担保。而担保机构作为提供担保的一方,则需要承担一定的风险,因为如果借款人无法按时还款,担保机构就需要承担相应的损失。而再担保机构则是承接担保机构风险的一方,它可以通过再担保来分散担保机构的风险。风险分担比例的制定是再担保合同中的重要内容,直接影响各方的风险和实际损益。因此,本章基于对再担保合约的研究,通过分析各合作方的风险和收益,得出最优风险分担比例,并分析再担保前后银行和担保机构的风险收益变化。在分析风险分担

比例时，需要考虑各方的风险和收益。银行的风险主要来自借款人违约，而收益则来自利息和担保费；担保机构的风险来自借款人违约和再担保机构无法履行担保责任，而收益则来自担保费和再担保费；再担保机构的风险来自担保机构无法履行担保责任，而收益则来自再担保费。通过对各方风险和收益的分析，可以得出最优风险分担比例。在最优风险分担比例下，各方的风险和收益达到最优平衡状态。这可以通过建立数学模型来实现。具体而言，可以采用博弈论模型来分析各方的收益和风险，以及最优分担比例。

在这个模型中，可以将商业银行、小微企业、融资担保机构和政府视为不同的博弈参与者，收益和风险可以通过博弈策略和博弈收益函数来表示。根据这些参数，可以通过博弈论的方法求解最优分担比例。进而得出对各方风险和收益的影响，从而更好地制定再担保合同。本章参考于孝建和徐维军（2013）构建的信用再担保的收益和风险模型分析基于商业银行、小微企业、融资担保机构和政府四方主体的风险与收益方案。

1. 分析假设

小微企业申请贷款时，抵押物的价值为 V，扣除变现成本后，抵押物变现率为 R_C；贷款放大系数为 R_{LP}；贷款担保费率 f_g 包括企业违约风险价格；再担保机构收取的费用占担保费的比例为 f_{rg}；商业银行、担保机构、政府的风险分担比例分别为 w_b、w_g、w_{rg}，且 $w_b + w_g + w_{rg} = 1$；公司的贷款和融资担保机构在一年后同时到期；无担保、有担保和有再担保的贷款年利率分别为 r_u、w_g 和 r_{rg}，贷款均在期初一次发放，金融机构（银行）发放贷款的年成本率为 r_s；保费在开始时收取，业务经营成本按贷款比例计提，分别为 C_g 和 C_{rg}；不考虑违约时贷款余额的回收。

2. 政策性融资担保体系各方风险和收益计算

假设小微企业抵押物价值为 V，贷款放大倍数是 R_{LP}，那么小微企业获得的贷款即为 VR_{LP}。出现违约时，抵押物的变现价值是 VR_C。即不考虑贷款和担保收益时，贷款的净损失 $E = VR_{LP} - VR_C$。另外抵押物变现价值大于贷款面值时，贷款风险完全被抵押资产覆盖，无须担保，此时贷款担保的必要条件是：$R_C \leq R_{LP}$。

(1) 各方风险计算。一般用最大风险敞口来衡量其最大可能的风险净损失,其中最大风险敞口为最大损失减去抵押物变现价值与收益的和。

根据假设,小微企业在贷款偿还没有开始就发生违约时遭受的损失是最大的。基于给定的风险分担比例,融资担保机构最大损失是 $w_g VR_{LP}$,商业银行最大损失是 $w_b VR_{LP}$,政府最大损失是 $w_{rg} VR_{LP}$。这里融资担保机构可通过变现抵押物并将抵押物变现价值 VR_C 基于风险分担比例与银行和再担保机构进行分配,进而减少各方损失。另外,基于担保费和利息费提前收取,因此也抵扣了部分损失。商业银行所获收入为贷款利息,减去商业银行相应的成本,商业银行获得的收益为 $VR_{LP}(r_{rg}-r_s)$。而担保机构的收入为担保费。在政策性融资担保体系中,融资担保机构需要和国家融资担保基金和省再担保机构这类再担保机构分摊保费,因此担保机构的保费收入只是总保费的一部分,在减去其业务成本后担保机构的收益为 $VR_{LP}f_g(1-f_{rg})(1-C_g)$,再担保机构的收益为 $VR_{LP}f_g f_{rg}(1-C_{rg})$。因此,基于上述分析,商业银行、融资担保机构和政府各方最大风险敞口分别为 E_B、E_G 和 E_{RG}。

$$E_B = w_b V(R_{LP}-R_c) - VR_{LP}(r_{rg}-r_s) \tag{4.8}$$

$$E_G = w_g V(R_{LP}-R_c) - VR_{LP}f_g(1-f_{rg})(1-C_g) \tag{4.9}$$

$$E_{RG} = w_{rg} V(R_{LP}-R_c) - VR_{LP}f_g f_{rg}(1-C_{rg}) \tag{4.10}$$

若 $E_B<0$ 则表示商业银行无风险。同理,$E_G<0$ 或 $E_{RG}<0$ 时,则表示融资担保机构或政府无风险。

(2) 各方风险收益。基于收益和最大风险的比值来计量各机构的风险和收益对等关系。其中,商业银行、融资担保机构和政府各方的单位风险收益分别为 I_B、I_G 和 I_{RG}。

$$I_B = VR_{LP}(r_{rg}-r_s)/E_B \tag{4.11}$$

$$I_G = VR_{LP}f_g(1-f_{rg})(1-C_g)/E_G \tag{4.12}$$

$$I_{RG} = VR_{LP}f_g(1-f_{rg})(1-C_g)/E_{RG} \tag{4.13}$$

3. 各方风险收益差异比较分析

首先比较对比商业银行与融资担保机构。用式 (4.11) 减去式 (4.12) 得

$$I_B - I_G = \frac{(1-R_C/R_{LP})[w_g(r_{rg}-r_s) - w_b f_g(1-f_{rg})(1-C_g)]}{E_B E_G/V^2} \tag{4.14}$$

当 $R_C < R_{LP}$,且各方均有风险时,$w_g(r_{rg}-r_s) > w_b f_g(1-f_{rg})(1-C_g)$ 是商业银行的单位风险收益大于融资担保机构的充分必要条件。这也表明,商业银行的风险收益比融资担保机构高。因此可以采取多种策略来优化这种关系,如通过提高担保费率增加其收入,降低再保费比例增强其风险承担能力,优化内部流程提高运营效率或者增加银行分担的风险比例来改善二者不对等的情况。

其次,比较融资担保机构和政府相关再担保机构。用式(4.13)减去式(4.20)得

$$I_G - I_{RG} = \frac{(1 - R_C/R_{LP})f_g[w_{rg}(1-f_{rg})(1-C_g) - w_g f_{rg}(1-C_{rg})]}{E_G E_{RG}/V^2}$$

(4.15)

当 $R_C < R_{LP}$,且各方均有风险时,$w_{rg}(1-f_{rg})(1-C_g) < w_g f_{rg}(1-C_{rg})$ 是融资担保机构单位风险收益大于再担保机构的充分必要条件。当担保机构和再担保机构的风险分担率相同时,它们的单位风险收益关系受再保费费率和业务成本率影响。如果担保机构的单位风险收益高于再担保机构,为了平衡风险收益,可以提高再保险费率和经营效率,降低业务成本,或者降低自身风险分担率。根据式(4.14)和式(4.15),当商业银行、融资担保机构和政府各方风险收益相等时,三方最优风险分担比例为

$$\begin{cases} w_b^* = W(r_{rg} - r_s) \\ w_g^* = W f_g(1-f_{rg})(1-C_g) \\ w_{rg}^* = W f_{rg}(1-C_{rg}) \end{cases}$$

(4.16)

其中,$W = [r_{rg} - r_s + f_g f_{rg}(1-C_{rg}) + f_g(1-f_{rg})(1-C_g)]^{-1}$。这意味着,最佳分担比例取决于个人收益占总收益的比例以及收益和风险的比例,而不是贷款金额或杠杆。尽管商业银行、融资担保机构和政府已经确定了风险分担比例,但可以通过调整担保费和再担保费的比例来进行调整。最优风险分担比例下,担保费和再保费比例为

$$\begin{cases} f_g = \dfrac{(r_{rg} - r_s)[w_{rg}^*(1-C_g) + w_g^*(1-C_{rg})]}{w_b^*(1-C_{rg})(1-C_g)} \\ f_{rg} = \dfrac{w_{rg}^*(1-C_g)}{w_{rg}^*(1-C_g) + w_g^*(1-C_{rg})} \end{cases}$$

(4.17)

三、政策性融资担保体系风险补偿机制设计

(一) 担保风险补偿机理的经济学分析

金融担保是一种特殊的信用产品，它既具有私人产品的特点，又有公共产品的特征。在市场经济中，金融担保的形式多种多样，主要包括保证担保、抵押担保、信用担保等。无论是哪种担保形式，都可以为融资方提供一定程度的信用支持，帮助其获得更多的融资机会。同时，金融担保也是一种混合产品，收益与风险不匹配，需要进行有效的风险控制和监管。私人产品是指由市场提供的产品，其特点是具有明确的产权和市场价格，不存在市场失灵现象。在金融担保中，私人产品主要指商业担保机构提供的担保服务。商业担保机构是一种以盈利为目的的企业，其主要业务是为客户提供担保服务，以获得一定的收益。商业担保机构的担保服务主要通过市场机制进行定价，不存在市场失灵的情况。公共产品是指由政府或公共机构提供的产品，其特点是具有公共性和非竞争性。在金融担保中，公共产品主要指政府提供的担保服务。政府提供担保服务的目的是促进经济发展和社会进步，具有公共性和非竞争性。然而，公共产品存在"搭便车"现象，即一些企业或个人会利用公共产品而不承担相应的费用，导致资源配置效率低下。为了改善资源配置效率，可以采用公共提供方式。公共提供方式是指政府或公共机构通过税收或其他方式向社会提供公共产品的方式。在金融担保中，公共提供方式可以采用政府担保基金、政府担保机构等方式，为企业和个人提供担保服务。政府担保基金是由政府设立的专项基金，用于为企业和个人提供担保服务。政府担保机构是由政府设立的专业担保机构，主要为小微企业提供担保服务。采用公共提供方式可以有效地提高资源配置效率，促进经济发展。

融资性担保机构必须按照市场化运作和企业化管理的原则来运作。如图4-4所示，市场供给曲线（SS）是融资性担保产品的边际成本曲线，市场需求曲线（DD）是融资性担保产品的边际收益曲线。融资担保的外

部效益导致曲线 TT 为融资担保产品的社会需求曲线。曲线 TT 和 DD 之间的高度差取决于融资性担保作为混合产品的外部收益的大小。在政府财政补偿之前，当均衡价格（A 点）时，相应的融资担保数量为 X（A 点担保数量）。最优的财政担保量应该是 Y（E 点对应的担保量），社会效益的损失程度是三角形 ABC 的面积。因此，对于融资性担保的混合产品来说，选择市场供给作为运作方式是不合适的。只有采取公共供给和市场供给相结合的方式（混合型），才能有效解决社会效益损失的问题。

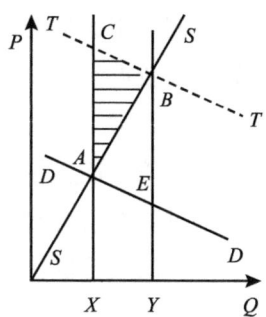 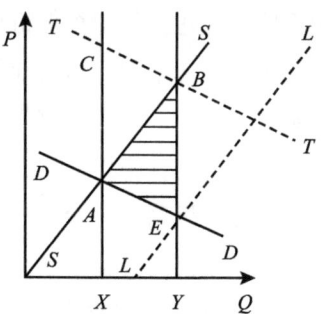

图 4-4　融资担保市场运作示意

融资性担保混合模式的优势在于，通过政府财政补偿，可以避免市场供给机制造成的社会效率损失，如图 4-4 所示。政府财政补偿可以降低融资担保产品的供给成本，使得融资担保产品的市场供给曲线下降到虚线 LL，与市场需求曲线 DD 相交的点 E 是社会最优状态。尽管融资性担保产品的市场供给曲线下降到虚线 LL 会导致融资性担保行业的效率损失，但政府财政补偿补偿了社会效率的损失。政府财政补偿应与图 4-4 中的 BE 部分相对应，BE 部分的大小由融资担保混合产品的外部效益决定。如果没有政府财政补偿，商业性或互助性融资担保机构按市场交易机制定价，而政府担保机构实际收取的担保费应等于担保的理论价格减去政府财政补偿。为了实现社会效率的最大化，政府支付担保行业的效率损失。

（二）以财政补贴为主的风险补偿机制

我国政府性担保机构是为了促进小微企业发展，提高其融资能力而设立的，资金来源主要有两种：一次性投资和财政预算安排。目前，我国政府性担保机构的投资主体以一次性投资为主，这是因为政府性担保机构缺乏后续贷款损失的风险补偿机制，导致投资者对其长期投资的信心不足。因此，政府应该建立后续贷款损失的风险补偿机制，吸引更多投资者加入。担保机构的资本实力是其融资能力的重要保障，只有资本实力雄厚，才能更好地为小微企业提供担保服务。因此，政府应该采取措施，增强担保机构的资本实力，如引入私人投资者、发行债券等。政府应该将担保基金纳入预算管理，建立信用担保机构的资金补偿机制。担保基金是政府性担保机构的重要资金来源，但目前担保基金的管理比较混乱，没有明确的预算管理制度。因此，政府应该将担保基金纳入预算管理，建立信用担保机构的资金补偿机制，为担保机构提供更好的资金保障。逐步建立和完善担保贷款风险补偿机制和风险分担机制。担保贷款风险补偿机制和风险分担机制是保障担保机构资金安全的重要措施，也是提高担保机构融资能力的关键。政府应该逐步建立和完善担保贷款风险补偿机制和风险分担机制，为担保机构提供更好的风险保障。风险补偿资金由各地财政负责，各地差异大。目前，我国政府性担保机构的风险补偿资金由各地财政负责，但各地的财政状况不同，导致风险补偿资金的差异较大。因此，政府应该加强对各地风险补偿资金的统筹管理，保障担保机构在全国范围内的融资能力。政府或财政预算安排是担保机构风险分担的主要来源。

（三）构建融资担保多元风险补偿机制

信用担保产品的提供可能会导致资源配置效率损失（顾海峰，2011），由于信用担保产品的特性，政府和市场的混合提供是必要的。在实践中，担保机构的风险补偿可以分为内部补偿和外部补偿两个方面。

注册资本是担保机构的第一道防线。这是因为担保机构的业务性质决定了其必须具备一定的资本实力，才能够承担风险并保证代偿能力。注册资本是担保机构的资本基础，它的高低直接影响着担保机构的信誉和声誉。因此，担保机构在创立之初，必须按照规定实缴货币资金 500 万元，以确保其能够稳健地运营。担保盈余是担保机构的第二道防线，只有持续盈余的担保机构才有可能弥补代偿损失。担保盈余是指担保机构在业务运营中所获得的净收入,它是担保机构的自有资本,也是其代偿能力的重要来源。担保盈余的高低直接决定了担保机构的代偿能力和稳健性。因此,担保机构在业务运营中,必须注重风险控制和盈利能力的提升,保持持续盈余。另外,担保机构有必要提取三项准备金:风险准备金、未到期责任准备金和保证金。风险准备金是担保机构为应对风险而提取的资金,主要用于弥补代偿损失。未到期责任准备金是指担保机构为应对未到期责任而提取的资金,主要用于弥补未来可能出现的代偿损失。保证金是指担保机构从借款人或担保人处收取的保证金,主要用于弥补代偿损失或者强制执行的费用。这三项准备金的提取,可以有效增强担保机构的代偿能力和风险控制能力。

2012年发布的《中小企业信用担保资金管理办法》规定,国家将通过担保业务补贴和担保费补贴来支持中小企业信用担保资金管理(见表4-1)。担保业务补贴的计算方式是以年日均担保责任余额为基础,提取一定百分比进行补贴。如果年日均担保责任余额为 X_1,单笔担保业务担保额为 X_2,那么担保业务补贴额为

$$\begin{cases} 0.2\% X_1, (X_2 > 1000) \\ 0.5\% X_1, (1000 \geq X_2 > 500) \\ 0.05\% X_1, (500 \geq X_2 > 200) \\ 1.5\% X_1, (200 \geq X_2) \end{cases} \quad (4.18)$$

表4-1 我国现行担保机构财政补贴、税费减免政策文件

颁布时间	文件名称	内容
2001年	财政部《中小企业融资担保机构风险管理暂行办法》	三项准备金
2009年	财政部、国家税务总局《关于中小企业信用担保机构有关准备金税前扣除问题的通知》	税减免
2010年	中国银监会等七部委《融资性担保公司管理暂行办法》	注册资本金
2012年	财政部、工业和信息化部联合修订的《中小企业信用担保资金管理办法》	担保补助
2015年	工业和信息化部、国家税务总局《关于中小企业信用担保机构免征营业税审批事项取消后有关问题的通知》	税减免

续表

颁布时间	文件名称	内容
2018年	财政部、工业和信息化部《关于对小微企业融资担保业务实施降费奖补政策的通知》	担保费奖补
2020年	财政部《关于充分发挥政府性融资担保作用 为小微企业和"三农"主体融资增信的通知》	担保费减免
2021年	财政部、工业和信息化部《关于继续实施小微企业融资担保业务降费奖补政策的通知》	担保费奖补

资料来源：根据相关政府部门网站和小微企业融资担保网站资料整理。

在担保风险补偿方式中，不同的匹配模式组合具有不同的效果，其中降低担保准备金和与银行或再担保机构分担一定比例的补偿风险的组合模式是最优方案，其次是降低担保企业准备金和降低税率的组合模式，降低税率和与银行或再担保机构分担一定比例的补偿风险的组合模式是第三种方案。

四、政策性融资担保体系运行监管体系构建

为应对小微企业与"三农"领域小微企业在融资过程中遭遇的困境，尤其是针对融资担保行业在支持新型基础设施建设及促进经济双循环方面的服务短板，国务院对融资担保行业的高标准、高质量发展提出了更为严格的指导方针。国家层面既着力推进政策性融资担保及其再担保体系的提速建设，又倡导商业性融资担保实体踊跃拓展市场活动，以期构建一个政策性与商业性融资担保并行不悖的双体系格局。这种双轨制的产业结构衍生出收益分配的两种模式，具体而言，政策导向的担保价格受官方调控，而市场驱动的担保则遵循市场自主定价机制。《国务院关于促进融资担保行业加快发展的意见》明确了具体要求，探讨了对政策性融资担保实施差异化监管的策略。政策性担保应该优先支持小微企业和"三农"，商业性担保则应该更加注重风险控制和收益分配。同时，要鼓励融资担保机构发挥专业优势，积极参与市场化债转股等业务，为实体经济提供更多的支持和帮助。

当前，我国融资担保领域的监管架构实质上采纳了一种"融合监管"模式，其具体运作方式是在融资担保行业协会的统筹指导下，推行一种"既分又合"的监管策略。所谓"分"，即依据行业特性、职责范围及运营模式等方面的不同，对两种担保类型进行辨别，并基于这些差异采取针对性的监管策略。所谓"合"，即依据中央政府制定的经济发展蓝图，在担保主体、担保事务等领域推行一致的监管方针。官方引领政策性融资担保体系，监管规范与政策需契合宏观经济框架，担保实体推行精细化管理与市场化运作；而商业性融资担保作为市场主力，依循市场法则行事，监管政策的构建须顺应市场逻辑。混合监管架构的孕育与演进根植于独特的历史背景，对经济领域也产生了积极影响，然而，该监管模式与双元化的产业布局及收益分配机制之间却隐含着深层次的冲突。

在国家层面的监管架构中，涵盖融资担保行业协会、国家金融监管总局及民政部等核心机构；而在地方层面，监管职责则由地方政府及其相应机构共同承担。多级、多维度的监管体系揭示了监管主体的不明确性。政策制定与实施过程中，相关主体呈现出多样化的特征，并涵盖多个层级。国家政策的制定者主要由中央政府及其下辖机构组成，涵盖国家发展改革委、财政部、国家金融监管总局等关键部门，而具体实施者则为各级别的行业协会。监管主体的多元性揭示了复合监管体系的独特风貌，亦是其外在显现，随之而来的困境在于监管主体的模糊不清，进而引发多头共管的局面。此外，审视国家部委颁布的政策文件不难发现，对于政策性融资担保与商业性融资担保的定义，以及二者在行业属性上的差异和职能分工上的不同，均缺乏清晰的界定。政策条文常常将两类担保混为一谈，然而部分条款实际上仅适用于政策性融资担保领域。此类现象也揭示了复合监管架构的特性，其衍生的困境在于，商业性融资担保尚存若干政策盲区。

（一）监管指标体系设计

根据前述提出国内融资担保机构监管评价体系存在的问题，梳理出影响融资担保机构监管评价的两个变量，分为外生变量和内生变量。其中，中央和地方两层监管主体不同导致的监管归口不统一的问题,以及仍未实现整体金融监管统一,从而导致透明度和效率过低的问题均属于模型构建的外部条件。另外,监管执行、资本实力、人力资源、担保能力、风控能力、内控情况、可持续发展能力、社会效益等为内生变量。为了解决政府性融资担保机构监管问题的评价指标体系不健全的问题,本章将从合规、资源、能力、效益四个维度建立评价指标体系。如图4-5所示。

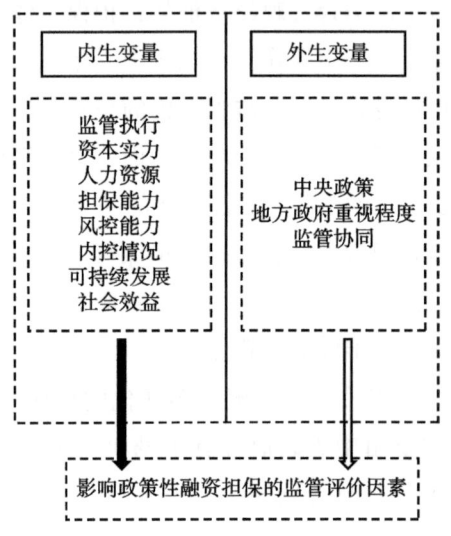

图4-5 融资担保机构监管评价模型

根据本章研究目标以及监管评价指标体系的一般构建原则,对融资担保机构监管评价指标进行选取。根据文献研究和调查访谈,对政府性融资担保机构选取合规维度、资源维度、能力维度、效益维度四个方面16个指标,并确定各个指标的评价要素,拟定融资担保机构的监管评价指标体系。

1. 合规维度

评价体系将合规性单独列为一个维度,充分体现管理部门对融资担保机构的监管要求中合规的重要性。根据监管部门对融资担保机构现场检查的结果,以及在日常监管中采集的信息,对融资担保机构进行合规经营评价,评价采取扣分制,具体评价内容包括监管基本要求、经营合规情况、信息报送情况三个方面。

（1）监管基本要求。《融资担保公司监督管理条例》（以下简称《条例》）《融资担保公司管理暂行办法》（以下简称《办法》）规定要求融资担保机构向监管部门申报变更事项，包括设立分支机构，管理客户保证金等。评价内容包括融资担保机构设立分支机构是否经过批准；融资担保机构变更名称、组织形式、公司住所、注册资本、公司章程、业务范围、董事、监事、高级管理人员和重要股东，以及分立或合并等事项，是否经过市金融局批准或备案；客户保证金是否专户管理等。

（2）经营合规情况。根据《办法》《条例》等相关规定的要求设计指标，包括但不限于担保责任余额比例、对外投资比例、未到期责任准备金提取比例和担保赔偿准备金比例。评价内容可以包括融资担保机构总担保责任余额、对单个客户提供的融资性担保责任余额，以及对单个客户债券发行提供的担保责任余额占净资产的比例是否超过相关规定；融资担保机构以自有资金进行固定收益类金融产品以外的其他投资是否高于其净资产20%；融资担保机构提取的未到期责任准备金和担保赔偿准备金是否分别超过当年担保费收入和当年年末担保责任余额的规定占比；融资担保机构资金去向是否合法以及是否为其母公司或子公司提供融资担保。其中，资金去向重点评价公司是否能够提供相关材料证明资金用途合规，公司是否存在将资金出借给公司股东、董事、监事、高级管理人员等关联方或其他单位或个人等违规使用资金的情况。

（3）信息报送情况。《办法》和《条例》相关规定要求融资担保机构定期如实向监管部门就经营情况进行信息报送，包括经营报告、财务会计报告等资料，在发生重大风险事项时，及时向监管部门报告情况。评价内容包括是否按规定向监管部门报告包括董事、监事、高级管理人员涉及严重违法、违规在内的重大风险事件；融资担保机构因担保代偿、担保诈骗或投资亏损等事件可能造成的损失金额对净资产带来重大影响时是否向监管部门报告。

2. 资源维度

融资担保是资金和人力密集型的行业，融资担保机构的资本状况和人力资源决定其发展水平，因此，从资本充实性和人力资源两个方面评价资源维度。

(1) 资本充实性。融资担保机构的资本状况决定了其担保能力，资本充实性是担保机构信用能力、担保业务能力、风险抵御能力的重要基础。资本充实性方面主要评价净资产规模和资本充足率。

首先，净资产规模。由于融资担保机构担保业务规模的拓展是以其净资产为基础的，其担保能力与公司的净资产规模呈线性关系，因此净资产对其最大在保责任余额有决定性影响，对在保责任余额的支撑作用是存在杠杆放大效应的。由此，净资产规模是体现融资担保机构规模最重要的指标，决定了融资担保机构的业务拓展空间，从而也在很大程度上决定了其担保能力。此外，净资产对融资担保机构的抗风险能力也有直接反映，净资产规模越大，其代偿能力越强。

其次，资本充足率。资本充足率是评价资本实力的核心内容。借鉴一般金融机构的资本充足率指标，再根据融资担保机构对计提准备金的特殊要求，对资本充足率做了以下修正：

$$资本充足率 = (账面净资产 + 担保赔偿准备金余额 + 未到期责任准备金余额 - 存出保证金 - 关联方占款 - 应收代偿款 - 长期股权投资)/账面净资产 \times 100\% \tag{4.19}$$

(2) 人力资源。融资担保是人力密集型的行业，融资担保机构的从业人员素质和能力决定了其风险管理水平和业务发展水平。因此，人力资源是评价融资担保机构的一个基本因素，人力资源指标主要评价核心经营层的素质、组织架构设置和人员构成及专业素养。

首先，核心经营层的从业经验及执行情况。主要从核心经营层（股东会、董事会聘任的董事长、总经理和高管团队）在金融、管理或担保行业的从业经验、从业时间及团队稳定性来判断。其次，组织架构及业务人员配备情况。组织架构主要评价是否建立职责明确、分工合理、高效运转的组织结构，以及对业务条线、风控条线清晰的风险责任认定、有效制衡的机构设置和人员安排。通过机构的部门架构、部门职责、岗位设置和岗位职责等设置，分析该机构在前、中、后台及不相容岗位设置上是否科学合理。业务人员配备情况重点评价业务人员从业经验、职业操守、专业技能及稳定性。

3. 能力维度

(1) 担保能力。担保能力来自自身信用的积累、治理结构、对风险的控制、激励约束机制、获客能力、客户黏性等因素，涵盖公司资信状况、公司治理、业务制度建设、承保能力和客户服务能力。

资信状况主要参考评级公司给出的信用等级和是否在银行、司法、税务、工商方面存在不良信用记录。公司治理参考《办法》，主要评价融资担保机构"三会一层"的构建情况及执行情况。构建情况的评价内容包括法人治理结构是否完善、"三会一层"权责划分是否明确，以及权责关系、相互制衡是否实现所有权、经营权、监督权"三权"分离，各项议事规则是否完备。执行情况的评价内容包括融资担保机构"三会一层"是否有明确的决策权限，并按照章程规定召开股东会、董事会、监事会；是否设立了项目评审委员会等决策机构和机制，公司经营的决策、执行及监督独立而且有效。

担保政策的评价内容包括融资担保机构是否对经营范围、服务对象、收费标准及服务条件等均制定了明确的制度，并以适当形式进行发布。业务操作规范建设情况反映了融资担保机构承接业务的规范性和成熟性。责任确认制度建设情况可以评价融资担保机构是否建立了涉及事前、事中、事后的各环节的责任确认及追究程序。激励与约束机制的制定与实施可以评价融资担保机构是否制定并审核内部绩效评价标准或考核办法。绩效考核办法具有全面性和可操作性，即考核办法中的指标要全面，且能够覆盖关键岗位及关键人员，评价程序清晰简明，能确保制度得到有效贯彻执行。评价时可以考虑：第一，是否建立了遵循行业运行规律的绩效考核机制，符合融资担保"高风险、低回报""经营信用、管理风险"的特性，不过分、过度追求短期利益或是盲目扩张；第二，激励约束机制既能促进业务发展又能控制风险，防止业务人员道德风险和寻租问题的发生。

融资担保行业具有高风险、低收益的特征，导致融资担保机构作为自主经营、自负盈亏的企业生存压力很大，因此融资担保机构必须具备持续经营的能力。承保能力即是重要的考量维度，评价指标为新增担保规模增长率、融资性担保放大倍数。

新增担保规模增长率＝本年度累计新增担保额/上年度累计新增担保额－1

$$(4.20)$$

融资性担保放大倍数＝期末融资性担保责任余额/期末净资产

$$(4.21)$$

融资性放大倍数是衡量融资担保业务资本运用效率和体现担保能力最为直接的指标。融资性担保放大倍数处在适当水平才是相对良好的状态。原因是过高的担保放大倍数说明其业务拓展将会受到净资产规模的限制，而使得其潜在担保业务拓展能力不足；但担保放大倍数过低则说明其获得的商业银行认可程度较低，拓展渠道和范围较为狭窄，即使有足额的资本金，其担保能力也存在约束。

客户服务能力主要评价融资担保机构合作银行的质量和数量。银行等金融机构仍是当前融资担保机构的主要合作对象，一般而言，资本实力强、风险管理水平高、历史信用记录良好的融资担保机构更容易获取商业银行的信任，与之合作的信贷管理水平和市场开拓能力较好的银行就会越多。

（2）风控能力。风控能力是融资担保机构的核心能力，主要反映在以下三个方面：第一，风控制度建设及执行情况；第二，在保业务组合风险状况；第三，担保代偿率、代偿回收率、流动性比率、拨备覆盖率等定量风险指标。

风险管理制度建设体现全面性、制衡性和适应性原则，明确业务、风控各岗位的风险管理职责，主要评价内容包括风险管理制度及配套管理制度建设和执行情况。包括评价公司风险管理机构设置是否合理；是否根据外部市场与行业环境的变化制定并完善一整套风险管理政策及确保风险管理政策得以开展落实的管理制度（包括行业与项目的准入、业务品种、单笔担保额度、业务人员项目管理跨度和放大规模上限要求等，担保评审制度、决策程序、保后管理、在保项目风险分类制度、事后追偿和处置制度、风险预警机制和突发事件应急机制）。内控制度及执行情况的评价内容主要是融资担保机构是否建立行之有效的内控制度，包括合同管理、财务管理、内部审计等内部管理制度。该指标主要评价融资担保机构是否建立清晰的内部控制目标和原则，并在各项规章制度中有清晰的体现。评价时，可查阅融资担保机构各项规章制度，并判断其中是否存在与内部控制目标和原则不符或背离的问题。

担保业务组合与担保机构资本金规模、承保能力和外部经济环境等因素相适应，建立适当的风险分散机制，控制可能出现的风险损失的概率和额度，评价内容包括担保客户集中度、客户行业分布、单户500万元（含）以下小微担保业务规模占比等。其中，单户500万元（含）以下小微担保业务规模占比衡量担保业务组合是否遵循"小额分散"的风险防范原则。

定量风险指标包括担保代偿率、代偿回收率、流动性比率、拨备覆盖率。一般情况下，融资担保机构的代偿率水平在成立之初维持在较低水平，但随着经营规模扩大和宏观经济的波动等内外部因素的变化，风险会逐步暴露，其代偿水平也会呈现波动。

代偿回收情况也是反映融资担保机构风险管理能力的重要方面，需要对融资担保机构所设置的反担保措施实际有效性、变现能力进行评价，一般可以通过担保代偿回收率和担保损失率两项指标进行分析。在实际操作中，对于担保损失的判断需有诉讼判决书或仲裁书以及强制执行证明等确凿证据以证明代偿款确实无法收回，融资担保机构可能会出现长期无法收回但也不具备确认损失的条件，因此，代偿回收率是评价体系中评价担保代偿处置状况的核心指标。

流动性指标是衡量融资担保机构所持有的流动性资产，对于代偿及经营开支等现金支出的充足程度，在代偿发生时能够及时足额向商业银行等债权人进行偿付的直接要素。

对风险准备金提取情况的评价主要是从担保准备金的拨备覆盖率角度切入。担保准备金为一般风险准备、担保赔偿准备金与未到期责任准备金等项的年末余额之和。由于担保业务准备金是融资担保机构进行代偿的首要资金来源，准备金计提的充足程度对其抵御代偿风险的能力具有重大意义。

4. 效益维度

效益维度主要评价社会效益与经济效益两个方面。

（1）社会效益。第一，小微企业和"三农"融资性担保在保户数，该指标指期末小微企业和"三农"融资性担保在保户数，用于评价政府性担保机构。"三农"融资性担保业务参照《中国人民银行中国银行业监督管理委员会关于建立〈涉农贷款专项统计制度〉的通知》口径统计的贷款业务，小微企业按照《关于印发中小企业划型标准规定的通知》界定。

第二，国家重点支持行业的客户在保规模。高科技、文创、现代服务、现代制造等行业，逐步退出《国家新增产业的禁止和限制目录》和《国家工业污染行业、生产工艺调整退出及设备淘汰目录》的禁止及限制性行业。

第三，小微企业和"三农"担保业务综合融资成本。该指标为政府性融资担保机构与小微企业和"三农"融资担保业务直接相关的综合融资成本，综合融资成本为机构收取企业的担保费、评审费等费用的加总。

(2) 经济效益。《办法》要求资金运营遵循安全性、盈利性、流动性原则。经济效益主要评价融资担保机构运用资金和人力，通过主营业务和资金运营实现收入和积累，并形成利润和现金流。经济效益是融资担保机构实现可持续发展的评价维度，指标分为净资产收益率和收入构成。

第一，净资产收益率，该指标评价融资担保机构盈利水平，衡量其自身造血和可持续发展能力。

第二，收入构成，该指标分析融资担保机构收入来源，即当年融资性担保业务收入的占比情况。政策鼓励融资担保机构发展本业，建立以收取担保业务报酬为主的盈利模式，因此收入构成中融资性担保业务收入越高，获得的评分越高。

(二) 监管评价指标模型构建

基于对融资担保机构监管评价指标体系的设计，通过层次分析法 (analytic hierarchy process, AHP) 得出评价指标的权重，从而构建监管评价模型。然后，进行阈值测定，将指标分为 0 分至 100 分的五个档次，并设定评价要素的得分规则。目前，广泛使用的建模方法有二元 logistic 回归模型、决策树模型、层次分析法等方法。其中，利用二元 logistic 回归模型需要足够违约案例数据，以此构建回归对象。但是由于担保机构违约样本过少，无法保证数据质量，因此不足以构建二元回归模型。决策树模型虽然能够识别数据中存在的相互影响，但是仍有两点不足：一是这种通过引入虚拟变量的参数方法只能建立有限的相互影响的模型；二是输出的结果类型不是连续的评分变量,因此不予考虑。

评价指标设定的理论中,运用最为广泛的是层次分析法,该方法是20世纪70年代初,美国运筹学家匹茨堡大学教授萨蒂提出的多准则决策方法。可有效决策一些较为复杂、较为模糊的问题,适用于不完全定量分析的评价体系。

层次分析法是将复杂的问题分解成若干层次的目标、准则、方案,在每一层次按照一定准则对该层元素进行逐对比较,并按标度定量化,形成判断矩阵。通过计算判断矩阵的最大特征值以及相对应的正交化特征向量,得出该元素对该评价体系的权重。在此基础上,可以计算出各层次元素对于该评价体系的比重。也就是说层次分析法是在比原问题简单得多的层次上进行分析、比较量化、单排序,然后再逐级综合,最后得到所需问题的解。担保机构的评价因素中含有大量非结构化指标,如人力资源、资信状况、公司治理等难以量化或简单的0-1判定,较为适合使用层次分析法进行设定。

因此,依据层次分析法的普遍适用性,本章采用层次分析法进行评价模型的权重设计。层次分析法一般采用九级标度,实际上,用9个等级区分主观判断往往比较困难,容易产生判断混乱。合理选择标度,计算出的权重才能较好地反映出人们对实际估计的结果,所计算的权重值才有较大的定量意义。本章拟采用1~5标度,以减少比较判断中的矛盾现象,提高判断矩阵的一致性。

根据国务院、七部委[①]和长三角以及珠三角几个重要城市群的融资担保监管政策内容梳理出对各个指标的五级关注程度,针对每个指标意见的集中度和离散度,计算指标变异系数以对指标进行筛选,并初步按照指标均值对指标的重要性进行排序。拟定指标体系中第二层次有 N 个指标,P 个关注程度打分表。其中,集中度定义为均值 $\hat{E}_i$:

$$\hat{E}_i = \frac{1}{p} \sum_{j=1}^{N} E_j n_{ij} (i = 1,2,3,\cdots,N) \tag{4.22}$$

---

① 包括国家发展改革委、财政部、商务部、自然资源部、海关总署、国家税务总局、生态环境部。

离散度定义为标准差 δ_i：

$$\delta_i = \sqrt{\frac{1}{p-1}\sum_{j=1}^{N}(E_j - \hat{E}_i)^2}\ (i = 1,2,3,\cdots,N) \quad (4.23)$$

指标协调程度定义为变异系数：$V_I = \dfrac{\delta_i}{\hat{E}_i}$。

结果如表 4-2 所示。

表 4-2　政策性融资担保机构监管评价指标体系筛选

上级目标层	评价指标	集中度	离散度	协调度	排序
合规维度	监管基本要求及信息报送情况	4.61	0.73	0.18	1
	制度建设及执行情况	4.12	0.55	0.12	3
	担保项目评审	3.93	0.56	0.24	4
	经营合规情况	4.45	0.77	0.13	2
资源维度	净资产规模	4.3	0.81	0.13	1
	资本充足率	4.27	0.73	0.17	2
	核心经营层从业经验及执行情况	3.88	0.73	0.19	3
	组织架构及业务人员情况	3.81	0.65	0.17	4
能力维度	资信状况	4.21	0.74	0.18	2
	公司治理	4.15	0.76	0.18	3
	客户服务能力	4.06	0.71	0.13	4
	承保能力	4.27	0.83	0.12	1
	风险指标	3.94	0.79	0.19	5
效益维度	收入构成	4.33	0.74	0.18	1
	其他业务收入	3.39	0.78	0.34	4
	社会效益指标	4.18	1.05	0.16	2
	业务组合	4.12	0.54	0.12	3

本章研究以变异系数作为评价指标的筛选标准。变异系数越小，说明该指标协调程度越高，即指标集中度越高；反之，则说明该指标协调程度不高。基于本章研究的探索性和限制性，将评估指标门槛设为变异系数 0.2，舍弃变异系数大于 0.2 的评价指标。最终舍弃担保项目评审和其他业务收入两个指标，确定政府性融资担保机构的监管评价指标体系，如表 4-3 所示。

表4-3 政策性融资担保机构监管评价指标

上级目标层	评价指标
U_1 合规维度	X_{11} 监管基本要求及信息报送情况
	X_{12} 制度建设及执行情况
	X_{13} 经营合规情况
U_2 资源维度	X_{21} 净资产规模
	X_{22} 资本充实率
	X_{23} 核心经营层从业经验及执行情况
	X_{24} 组织架构及业务人员情况
U_3 能力维度	X_{31} 资信状况
	X_{32} 公司治理
	X_{33} 客户服务能力
	X_{34} 承保能力
	X_{35} 风险指标
U_4 效益维度	X_{41} 收入构成
	X_{42} 社会效益指标
	X_{43} 业务组合

（三）监管评价指标体系权重分析

1. 层次分析法的基本模型

（1）方根法求解判断矩阵。计算判断矩阵每行元素的几何平均值：

$$\widetilde{\omega}_i = \sqrt[n]{\prod_{i=q}^{n} a_{ij}} \qquad (4.24)$$

将 $\widetilde{\omega}_i$ 归一化处理，可以得到权重：

$$\omega_i = \frac{\widetilde{\omega}_i}{\sum_{i=1}^{n} \widetilde{\omega}_i}$$

计算判断矩阵的最大特征值：

$$\lambda_{\max} = \sum_{i=1}^{n} \frac{(A\bar{\omega})_i}{n \widetilde{\omega}_i}$$

（2）协同性检验。协同性检验（association）用于检验本评价模型和外部评价结果的一致性。其计算公式是

$$\tau = 1 - 2 \cdot \frac{\sum_{i=1}^{N} \sum_{j=1}^{N} |x_{ij} - y_{ij}|}{N(N-1)} \qquad (4.25)$$

其中，x_{ij}、y_{ij}分别为本评价模型和外部评价的虚拟变量，若本评价模型对样本机构的评价结果优于该机构外部评价结果，则为1，反之为0，N为机构样本数。次序相关系数τ值越大，则表明评级结果越一致。

2. 监管指标评价体系权重分析结果

（1）上级目标层权重分析结果。根据模型测算结果，可得表4-4。

表4-4　政策性融资担保机构监管评价指标体系上级目标层权重及排序

上级目标层	权重	排序
U_1 合规维度	0.1125	4
U_2 资源维度	0.2131	3
U_3 能力维度	0.3813	1
U_4 效益维度	0.2931	2
合计	1.0000	

对表4-4结果的初步分析可得，四个维度中能力维度最高，为0.3813，其次是效益维度和资源维度，合规维度最后。可见融资担保机构更应重视其自身承保能力、风险防范能力等的建设。

（2）评价指标层权重分析结果。根据模型测算结果，可得表4-5。

表4-5　政策性融资担保机构监管评价指标体系评价指标层权重及排序

上级目标层	评价指标	相对权重	排序
U_1 合规维度	X_{11} 监管基本要求及信息报送情况	0.5821	1
	X_{12} 制度建设及执行情况	0.1017	3
	X_{13} 经营合规情况	0.3162	2
U_2 资源维度	X_{21} 净资产规模	0.4345	1
	X_{22} 资本充实率	0.3734	2
	X_{23} 核心经营层从业经验及执行情况	0.1893	3
	X_{24} 组织架构及业务人员情况	0.0028	4
U_3 能力维度	X_{31} 资信状况	0.2672	2
	X_{32} 公司治理	0.1632	3
	X_{33} 客户服务能力	0.1025	4
	X_{34} 承保能力	0.3921	1
	X_{35} 风险指标	0.075	5
U_4 效益维度	X_{41} 收入构成	0.4721	1
	X_{42} 社会效益指标	0.3752	2
	X_{43} 业务组合	0.1527	3

(四) 监管评价指标确定

1. 政策性融资担保机构监管指标评价体系

通过前述指标构成和含义的分析,在政府性融资担保机构监管评价指标体系权重结果之上加上对每个指标的分析要素,即可得到完整的可操作的评价指标体系表,为了兼顾模型测算结果和实际运用便捷性,本章将权重保留整数位,方便推广和使用。如表 4-6 所示。

表 4-6　政策性融资担保机构监管评价指标体系

上级目标层	权重	评价指标	权重（%）	评价要素
合规维度	10%	监管基本要求及信息报送情况	60	设立分支机构批准情况
				申报监管部门审核情况
				客户保证金管理情况
				经营信息和数据报送情况
				重大事件报告情况
		制度建设及执行情况	10	风险管理政策、风险预警制度、风险分级制度、保后管理制度、代偿追偿制度和突发应急制度建立及执行情况
				内部管理制度及执行情况:信息管理、合同管理、财务管理、内部审计、预留约束、责任追究制度建立及执行情况
		经营合规情况	30	对单个被担保人担保超限情况
				担保放大倍数超限情况
				自有资金投资情况
				准备金计提情况
				经营合规情况
				资金用途合规情况
				为其母公司或子公司提供融资性担保整改情况
				其他监管情况

续表

上级目标层	权重	评价指标	权重(%)	评价要素
资源维度	20%	净资产规模	40	
		资本充足率	39	
		核心经营层从业经验及执行情况	20	
		组织架构及业务人员情况	1	
能力维度	40%	资信状况	20	
		公司治理	15	
		客户服务能力	10	
		承保能力	40	新增担保规模增长率
				融资性担保放大倍数
		风险能力	15	担保代偿率
				代偿回收率
				流动性比率
				拨备覆盖率
效益维度	30%	收入构成	50	
		社会效益指标	35	小微企业和"三农"融资性担保在保户数
				重点支持行业的客户在保规模
		业务组合	15	担保客户集中度
				单户500万元以下(含)小微担保业务规模占比

2. 监管指标评价体系阈值及评分标准

根据样本中的定量指标,对其进行阈值测定。通过穿行测试,根据数据分布设定阈值,算出具体分值。评价要素的得分标准如表4-7所示。

表4-7 评价要素得分标准

评价要素	100分	80分	60分	30分	0分
净资产规模	8亿元以上	5亿~8亿元	3亿~5亿元	1亿~3亿元	1亿元以下
资本充足率	80%以上	50%~80%	20%~50%	10%~20%	1%~10%

续表

评价要素	100分	80分	60分	30分	0分
核心经营层从业经验及执行情况	核心经营层（股东会、董事会聘用的董事长、总经理和高管团队）有良好的职业素质，担保行业经验丰富，管理团队十分稳定，经营班子能够较好地完成各项任务目标，并实现政策效益和经济效益		核心经营层具有一定的行业背景和一定的管理能力，管理团队相对稳定，能够基本完成各项任务目标		核心经营层普遍缺乏行业背景或管理经验或能力，缺乏对融资担保行业运行规律和内外部环境的深刻认知，缺乏对公司整体经营发展战略目标正确方向的把握，缺乏有效的执行力和管理驾驭能力
组织架构及业务人员情况	现行组织架构及部门设置合理，运行情况良好，各部门发挥协同作用，兼顾了效率和风险控制；业务人员构成、学历及从业经验能够满足公司发展需要		具有基本的组织架构和部门设置，各部门能够维持公司基本运营，业务人员构成、学历和从业经验基本满足公司需要		现行组织架构及部门设置不合理，运行情况差；业务人员专业性差，无法满足公司基本业务需要
资信情况	资信及信用状况良好，获得多项荣誉称号及资质认定，且信用评级AA级（含）以上，并在银行、司法、税务、工商无不良记录		资信及信用状况一般，信用评级A级（含）以上，且在银行、司法、税务、工商无不良记录		资信及信用状况差，信用评级BBB级（含）以下或在银行、司法、税务、工商有不良记录
公司治理	根据《公司法》、公司章程的规定，建立了较为规范、有效的法人治理结构，实现所有权、经营权、监督权三权分离，股东、董事会、经营层三权之间责权关系清晰，相互制衡，并按照章程规定召开股东（大）会、董事会、监事会，公司经营的决策、执行及监督是否独立而且有效		根据《公司法》、公司章程的规定，设立股东（大）会、董事会、监事会，注册资本在1亿元（不含1亿元）以下的可以不设董事会和监事会，但须设执行董事和监事。确立董事会领导下的总经理负责制，重大事项经董事会研究决定		未根据《公司法》、公司章程设立股东（大）会、董事会、监事会，或虽已设立，但存在股东干预机构正常经营，或股东疏于管理导致被急功近利、追求短期行为的职业经理人"内部控制"等三权关系混乱的现象
客户服务能力	授信渠道比较通畅，中小项目与信贷管理水平和市场开拓能力较好的多家银行合作，有实质性业务的合作银行数量10家以上，授信额度20亿元（含）以上		授信渠道比较通畅，中小项目与信贷管理水平和市场开拓能力较好的银行合作，有实质性业务的合作银行数量2~4家（含），授信额度1亿~10亿元		授信渠道受限，合作银行数量1家（含）以下

续表

评价要素	100 分	80 分	60 分	30 分	0 分
新增担保规模增长率	连续三年增长且增长率10%以上	连续三年增长且增长率为5%~10%	连续三年增长	未能实现连续增长	新增担保业务几乎为零
融资性担保放大倍数	5~8 倍	3~5 倍	1~2 倍	0~1 倍；9~10 倍	10 倍以上
风险管理制度及执行情况：风险管理政策、代偿追偿制度、保后管理制度、风险分级制度、风险预警制度和突发应急制度建立及执行情况	根据外部市场与行业环境的变化，制订完善一整套风险管理政策要求及确保风险管理政策得以开展落实的管理制度（包括举报评审制度、决策程序、保后管理、在保项目风险分类制度、事后追偿和处置制度、风险预警机制和突发事件应急机制），并能有效执行以上制度，定期进行完善；具有合规且明确的项目评审标准和担保费收取标准；同时，风险管理制度、流程、体系与业务拓展部门职能分离、相互制衡		具有一定的客户准入要求和行业准入标准，对经营范围、服务对象、服务条件有粗略的定位；具有覆盖全部主要业务环节（包括举报评审制度、决策程序、事后追偿和处置制度、风险预警机制和突发事件应急机制）的规章制度和流程	无明确的客户准入门槛，客户定位随意性很大；对于主要业务环节（包括担保评审制度、决策程序、事后追偿和处置制度、风险预警机制和突发事件应急机制），缺少明确的规章制度或流程	
担保客户集中度	5% 以下	5%~10%	10%~20%	20%~30%	30% 以上
单户 500 万元(含)以下小微担保规模占比	50% 以上	30%~50%	10%~30%	5%~10%	5% 以下
担保代偿率	0.5% 以下	0.5%~1%	1%~2%	2%~4%	4% 以上
代偿回收率	30% 以上	20%~30%	10%~20%	5%~10%	5% 以下
流动性比率	1.5 倍以上	1~1.5 倍	0.5~1 倍	0.3~0.5 倍	0.3 倍以下
拨备覆盖率	400% 以上	200%~400%	100%~200%	80%~100%	80% 以下
净资产收益率	3% 以上	2%~3%	1%~2%	0.5%~1%	0.5% 以下

第五章 政策性融资担保体系"分级"与"分轨"运行协同治理

Chapter 5

在基于对我国长三角和珠三角重要省份的政策性融资担保体系中的政府层级协同的困境及成因作出分析后，本章将从克服委托代理关系偏差、缓解信息不对称和转变传统行政观念等角度，有针对性地提出政策性融资担保体系协同治理与应用的优化建议。

一、强化政策性融资担保体系运行协同目标

从协同环境的角度来看，协同问题的复杂性是决定其成败的关键因素，而这种复杂性往往源于企业内部委托代理关系的偏差。在政策性融资担保体系中，多层级的委托代理结构导致中央与地方、政府性与商业性担保机构之间的目标存在差异，进而影响协同效果。为了实现"分级"与"分轨"的协调一致，首要任务是妥善解决政府与地方政府之间的委托代理问题，确保双方在此问题上达成共识。在此过程中，妥善处理融资平台之间的利益冲突同样至关重要。政府性融资担保机构作为准公共产品，具有政策性和金融性双重属性，其目的是弥补市场缺陷，帮助小微企业获得贷款，促进实体经济发展。商业性担保机构的核心目标是盈利。只有通过合理的机制设计和政策引导，使两者在利益分配、风险分担等方面达成平衡，才能充分发挥各自的优势，形成协同效应，共同推动融资担保体系的高效运行。

（一）明确政府担保职能定位

在金融市场中，信息不对称是普遍存在的问题。担保机构的出现正是为了降低信息不对称，使得金融市场更加有效。在"银担"合作中，担保机构的主要功能是降低信息不对称和分散风险。通过对借款人进行评估，担保机构可以为银行提供更为准确的信用评估结果，降低银行贷款的风险。然而，担保机构与被担保人之间可能存在信息不对称，这也是担保机构在运作过程中面临的一个问题。被担保人可能会隐瞒自己的真实情况，从而导致担保机构对其信用评估的准确性下降。为了解决这个问题，担保机构需要采取一系列措施，如加大调查力度、提高信用评估技术水平等。另外，传统的"银担"合作模式效率低，无法解决信贷市场失灵问题。传统的"银担"合作模式是指银行与担保机构之间的合作，担保机构为银行提供信用评估和担保服务。然而，这种模式存在一些问题，如效率低下、信息不对称等。因此，需要通过创新模式，解决信贷市场失灵的问题。对于政府而言，其具有公共权力，可以利用权威性和强制力优势缓解信贷市场中的问题。因此，政府可以通过制定相关法律法规，规范金融市场的运作，保护消费者权益，降低金融市场的风险。政府还可以通过设立专门的金融机构，提供贷款担保服务，为金融市场注入新的活力。

1. 缓解信息不对称，弥补担保机构获取信息的不足

基层政府在缓解信息不对称问题上可以发挥重要作用。第一，基层政府具有地缘、人缘优势，可以获取准确的借款人信息，预防逆向选择问题。基层政府了解当地的社会和经济情况，可以更好地了解借款人的信用状况、还款能力和经营情况等。这些信息对于贷款机构来说非常重要，可以帮助他们作出更准确的贷款决策。第二，基层政府的推荐可以为借款人提供信用背书，增强借款人的信用度，从而向银行和担保机构传递积极的信号。这对于贷款机构来说也是一个重要的参考因素。第三，基层政府拥有补贴的发放权、项目申请的审核权等行政权力，借款人一旦违约，可能会受到基层政府的制裁。基层政府可以通过行政手段来监督借款人的履约情况，对

违约的借款人进行惩罚,从而减少贷款违约的风险。另外,基层政府可以通过邻里关系来监督借款人的行为,对违约的借款人进行社会制裁。

2. 政府介入流程,降低银行和担保机构的交易成本

交易成本是经济学中一个重要的概念,在金融领域,交易成本尤为重要,因为金融市场中的许多交易都涉及大量的信息获取、监督和追偿等问题。1975年,威廉姆森将搜寻成本、信息成本、监督成本和违约成本归为交易成本的主要组成部分。对于政府而言,其可以采取一些措施来降低金融机构和担保机构的交易成本,从而促进金融市场的发展和稳定。首先,政府可以帮助降低金融机构和担保机构对借款人相关信息搜集的难度,从而降低搜寻成本与信息成本。政府可以建立一个全国性的信用信息共享平台,将各种信用信息整合起来,使金融机构和担保机构能够更快速地获取借款人的信用信息,从而降低搜寻成本和信息成本。其次,政府可以利用来自社会关系的监督信息,低成本地约束借款人的投机行为,从而有效降低违约率。政府可以与社会组织合作,建立一个社会监督机制,通过社会关系网络来监督借款人的行为,防止其从事投机行为,从而降低违约率。最后,政府的协助可以提高追偿、处置反担保物等服务效率,从而降低担保机构的违约处理成本。政府可以建立一个追偿机构,专门负责追回借款人的欠款和处置反担保物,从而降低担保机构的违约处理成本。

3. 提供资金支持,维护担保机构可持续并降低成本

由于市场信息不对称、信用评级不准确等原因,信贷市场失灵的情况时有发生。为了解决这一问题,政府通过财政支出来提供担保,以此来维持担保机构的可持续性经营。具体来说,政府可以采取两种做法。一种是直接承担部分违约风险,即政府为担保机构提供一定的补偿,以弥补担保机构因借款人违约而遭受的损失。这种做法的好处是补偿金额可以预先计算,可以定期列支财政预算。另一种做法是以财政资金对借款人借款利息和担保费用进行补贴。这种做法的好处是可以直接减轻借款人的负担,从而促进市场需求。然而,这种做法难以事先预知,财政预算也难以估算。前者根据历史数据可预计出需要补偿的金额,然后定期通过财政预算列

支。后者则是直接作用于借款人的福利，但是难以事先预知，财政预算事先较难估算。

（二）健全融资担保法律制度

1. 完善融资担保配套制度

科学完善的担保制度是融资担保业发展的重要保障。例如，1953年日本颁布了《中小企业信用保证协会法》，明确信用保险公库和担保协会的性质、职能和作用，以及担保的规则。1958年又颁布了《中小企业信用保险公库法》，设立信用保险公库，以再保险方式进一步支持信用保证协会的担保业务，并将这一制度延续至2006年成立的日本政策金融公库，并在《株式会社日本政策金融公库法》中予以明确规定。从日本担保制度的完善进程可以看出，担保制度的保障作用不断加强。

借鉴国外成熟经验，政府部门要牵头建立适合我国融资担保业发展的法律制度体系，制定适合各地融资担保业的规范条例。基于担保机构发展面临的瓶颈，需要出台保障政策。一是持续执行担保机构税收优惠政策。《财政部 国家税务总局关于中小企业融资（信用）担保机构有关准备金企业所得税税前扣除政策的通知》规定：允许信用担保机构可以在所得税税前扣除其担保补偿准备金，该准备金是按照不超过年末担保责任余额的1%计算。同时，从上一年度计算的担保补偿准备金余额将转入当期收入。各机构也可以从其税前所得税中扣除其未到期的责任准备金，该准备金是根据不超过当年担保费收入的50%计算的。上年计算的未到期责任准备金的余额也将转入当期收入。如果信用担保机构发生符合政策规定的实际赔偿损失，应抵扣已从税前所得税中扣除的担保赔偿准备金。如果损失超过准备金，剩余部分可以从税前所得税中扣除。二是给予明确的法律地位。担保机构被列为非银行金融机构，不仅无法领取金融牌照，更无法享受金融机构在法律上的优惠待遇。建议国家对优质的担保机构发放金融牌照，增强担保机构自身的竞争力和抗风险能力。对担保机构的监管指标要区别于金融机构（银行）指标，动态调整细化监管政策。三是加强对再担保体系的配套支持。由于担保机构分散经营，申报数据的准确性、完整性欠缺,又以自报为基础,导致补贴资金对担保机构的引导和奖励作用大打折扣,甚至出现专吃补贴不做业务的担保机构。补贴的发放应以省级再担保机构对辖内担保机构的评价为重要依据,考核担保机构与再担保的合作绩效,实现各项补贴资金的合理分配和归口管理。建议参照国家融资性担保业务监管部际联席会议的做法,由各省(区、市)地方金融监督管理局(以下简称"金融局")、经济和信息化委员会牵头,利用各省(区、市)再担保机构和担保行业协会这两个平台,定期召开全省担保行业监管的联席会议,研究扶持担保业发展的政策措施,解决担保、再担保脱节的问题。我国应坚持政策扶持与市场主导相结合原则,既要发挥政府性融资担保机构的扶持功能,也要规范激励商业性融资担保机构的补充功能。政府性融资担保体系建设应以各地已有的再担保机构为主体,以控股、兼并、托管等方式整合地方各具特色的行业融资担保机构,形成广泛覆盖小微企业及"三农"等的政府性融资担保体系。

2. 强化担保监管与行业自律

(1)强化融资担保监管制度。首先,金融局可以发挥融资促进和监管功能,为融资担保市场提供有效的支持和规范。一方面,可以通过加强对融资担保机构的监管,推动其规范发展,提高其风险管理水平,保护投资者的合法权益;另一方面,还可以通过制定相关政策,鼓励融资担保机构积极参与市场竞争,提高市场的竞争力和效率。其次,中央层面的联席会议也应平衡各地对融资担保市场造成的损害。由于融资担保市场的发展程度不同,不同地区的监管政策和市场环境也存在差异。因此,中央层面的联席会议可以通过协调各地政策,平衡各地对融资担保市场的影响,促进融资担保市场的健康发展。最后,市场化监管工具可以权衡市场失灵和政府失灵之间的平衡。在融资担保市场中,由于信息不对称等原因,市场可能存在失灵的情况。为了解决这一问题,可以采用市场化监管工具,如信息披露、评级等,提高市场的透明度和有效性。同时,政府也可以在市场失灵时采取必要的干预措施,保护投资者的利益。

(2)发挥行业协会自律作用。行业协会在政府和融资担保机构之间起到桥梁作用,是融资性担保业发展中不可或缺的一环。协会自律监管需要成员之间平等合作,这是行业协会发挥作用的前提条件。首先,只有成员之间保持平等合作,才能确保协会自律监管的有效性和可靠性。政府的干预和控制会削弱协会的独立性和权威性,影响其在行业内的影响力和地位。因此,政府应该给予协会自治权,让其能够更好地发挥作用。其次,行业协会应该与政府紧密合作,协助政府制定和实施相关规章和政策,制定行业准则和操作标准,建立有效的行业平台(数据库),监督交易的公平性与信息披露质量等。这些举措可以有效规范行业发展,提高行业整体水平,保障行业健康发展。另外,行业协会应该加强与成员之间的联系和交流,促进资源信息共享,建立网上行业统一机制,以便更好地服务于行业成员和促进行业发展。这些举措可以提高行业成员之间的互动和合作,促进行业内的信息共享和资源整合。

(三) 加强企业信用体系建设

1. 政府主导社会征信服务体系

由于信息服务具有一定的外溢性,小微企业及"三农"的信息比较分散、价值密度较低,政府应主导以下工作:建章立制为信用数据的征集、开放和流通搭建制度平台,同时整合协调发改、财政、工商、税务、银行、海关、司法、保险、企业及有关中介机构等部门,建立统一集中的覆盖全国的企业评价和信息共享体系。按照"一个中心、多元参与"的协同治理原则,联通部门、地方、市场主体、社会组织等各治理主体信息系统,并出台政策予以规范和监管。借助互联网大数据技术完善小微及"三农"企业的征信系统,将"税融通"业务与政银担合作体系联通,以此来解决小微企业与"三农"贷款中的信息不对称和搜集信息成本高的问题。

2. 发展资信调查和信用评级

2005年12月日本实施了"SME评估制度",即对中小企业债务履行能力进行有偿评估,政府主导的这项制度提高了金融机构(银行)的业务审查效率,为担保的审查提供了可参照的依据。我国需要建立一整套符合国际惯例的、比较完善的、甄别企业信用类别的理论和方法,对现有民间资信调查和信用评级机构进行评估，使其取得合法的信用资历和信用证明。同时，应制定科学有效的企业信用评级制度，特别是要建立法人代表的信用等级评定，并通过评级及诚信记录公开，形成一定的约束机制。充分发挥大数据、区块链、云计算等信息技术，对信用信息进行广泛搜集、科学处理和深度加工，实施重点行业、重点领域及重点企业的精准监管和分类监管。

（四）提升担保体系运行协同

1. 国家融资担保体系基础带动

（1）做好担保体系全局规划。体系与非体系最大的差异在于整体规划性。国家融资担保基金、省级再担保机构要承担再担保责任，就需要对下辖机构的数量、业务规模制定年度或中长期规划。规划体现政策导向，而这一规划并不是单纯的业务发展指标，应是同时考虑发展和风险的平衡性指标，质优先于量，既利于管理，也利于资源集中。

（2）加强体系层级的紧密性。当前亟待建立相应的机制，提高体系层级的紧密性。例如，国担基金对省级担保机构有审计、考核、监督、评价等管理抓手；省级担保机构对辖内也有相应的管理抓手。单纯依靠商业合作，并不适用于政策化指导的体系。国担基金作为体系牵头人和最终风险承担者，应建立一整套机构准入、退出、动态调整、考核、惩罚的管理监督机制，并通过差异化授权进行精细化管理。

（3）建立合理的资本补充机制。资本金的补充金额由国家、省级政府和各市（县）政府根据各地政策性融资担保业务开展的需要，按年度协商确定。借鉴国际经验，引导市（县）、省（区、市）各级政府对政府性融资担保机构实施多层级持续增资计划，探索建立政府、企业、社会团体和个人出资入股与无偿捐资相结合的多元化资金补充机制，引导金融机构参与出资入股形成担保业务一体化的利益共同体。

（4）发挥基金投资的输血作用。探索基金股权投资方式，通过分红获取投资回报，多渠道增强融资担保行业资本金实力和抗风险能力。国家融资担保基金的主要业务是对省级再担保机构提供再担保和股权投资，省级再担保机构主要业务是对各市（县）担保机构提供再担保和股权投资，各市（县）设立担保机构可直接为小微企业和"三农"担保，实现市（县）担保机构一体化。省级政府引导市（县）、区政府或国有企业按约定比例向基金注资，专项支持地方融资担保机构的增资扩股，形成以基金带动的资金聚集。

（5）设立不同的专项担保基金。由于担保机构普遍规模偏小、地域分散，且各地发展不平衡，担保对象针对性不强，国家财政及各金融机构应捐资设立全国性的专项担保基金。例如，针对管理水平低、产品研发能力弱、劳动密集型、受季节性和自然灾害影响严重等特点设计相应的"农业企业担保基金"；针对管理制度缺乏、财务机构不健全、银行资信调查难、信用等级低等特点设计"私营及个体企业专项担保基金"；针对项目风险大、启动资金需求大、自身实力差、经营风险高等特点设计"高新技术企业专项担保基金"。专项基金由基金投资决策委员会管理，对基金运作模式、收益让渡、风险承担、基金退出等重大事项进行决策。

2. 省级再担保体系承上启下

省级再担保机构应在各市（县）设立担保机构，由省级财政按年度统一核定各市（县）担保机构的政策性融资担保业务规模，并根据各市（县）经济发展与小微企业与"三农"发展资金需求等情况不断调整政策性融资担保资源的配置。

（1）健全担保的监督管理制度。在我国政府性担保机构中，管理层多为政府调派。这种现象造成了政府与担保机构之间的深度融合，政府官员对担保机构的运营管理产生了过度干预，甚至按照政府意愿进行了一定程度的干预，这加大了担保风险。为了解决这个问题，各级政府及政府部门应调整自身定位，减少行政干预，实现以政府政策引导为主、政府监督为辅的运营模式。政府应该依据市场规律来制定担保政策，尊重市场主体的自主选择权，减少政策对市场的影响。政府部门应该加强对政府性担保机构的监督，确保其依法合规运营，防范风险，提高市场效率。此外，为了保证担保机构依法合规运营的独立性以实现其应有的市场效率，需要完善地方融资担保机构监督管理配套政策，建立管理机制。政府应该加强对担保机构的监管，建立有效的管理机制，加强对担保机构的风险评估和监测,及时发现和解决问题,保证担保机构的独立性和市场效率。

(2)完善担保风险的补偿机制。由省级政府组织各市(县)政府共同制定政府性融资担保机构的风险补偿长效机制,明确省级财政和各市(县)财政必须按照约定比例出资,定期对省级政府性融资担保机构进行注资,以其规模实力带动各市(县)担保机构扩大其资本金规模。以多渠道筹集资金形成的再担保基金有利于发挥利益相关方的共同作用,以最大效用减轻融资担保机构代偿风险压力。基金采用股权投资方式形成后,其净资产应按照融资担保机构评估入股,退出时应按照基金评估净资产进行退出。基金管理人应首先承担基金退出损失,剩余损失应由其他合伙人按照实际出资比例承担。

3. 地方融资担保体系业务拓展

各市(县)担保机构要及时识别、防范和控制风险,注重人才的选取和培养,要注重担保产品的开发和创新,整合各市(县)担保机构所属营业网点,实现市(县)担保机构一体化,以满足不同层次、不同种类的小微企业和"三农"的融资需求。

(1)优化融资担保业务流程。运用互联网、大数据、云计算、区块链等数字技术解决信息不对称问题,通过"线上+线下"担保模式实现降门槛、降成本、降风险的目标。线上业务是小微金融的重要突破口,优势在于信息相对对称、程序简便、放款及时,借助互联网、大数据和人工智能等手段,实现小微金融线上化、批量化是大势所趋。与此同时,线下优势在于贴身服务和综合服务能力,要继续充分发挥线下网点人员优势,巩固好线下阵地,用线下网点人员弥补线上营销和风控等方面的不足,实现线下向线上转化,线上靠线下提升,线上线下优势互补、相互融合,形成整体合力。政策性融资担保体系要协同推进线上线下两大平台建设,尽快形成线上线下相结合的竞争优势。

(2)培养担保行业的复合型人才。担保行业专门人才的匮乏已是普遍现象,应采取有效措施。首先,积极宣传和引导,吸引具备专业技能的人员从事融资担保业务,是行业发展的重要保障。为了吸引专业人才,可以通过组织行业论坛、研讨会等活动,推广融资担保业务的理念和价值,让更多的人了解这个行业，并且了解到这个行业的前景和发展。此外，还可以开展一些针对性的招聘活动，通过网络推广、校园招聘等方式，吸引更多的优秀人才加入这个行业。在人才招聘上，需要更加注重专业技能和实际经验，而非学历背景和职称等因素，以保证行业人才的质量和能力。其次，组建高水平的专家队伍提供咨询顾问服务，是行业发展的关键。在这个行业中，专家队伍的建设和发展，可以为企业提供更加专业的咨询和服务，同时也可以提升整个行业的专业水平和竞争力。为此，需要加强对专家队伍的培养和引导，通过组织专业技能培训、举办行业研讨会等方式，提高专家队伍的专业水平和业务能力。此外，还需要建立专家队伍的评价机制，通过专家评价、业绩考核等方式，评估专家队伍的业绩和质量，以保证专家队伍的稳定性和发展性。最后，内部需培养担保技术和风险判断能力的经营人员，建立育人、选人、用人机制，推行资格认证考试和定期培训，规范从业人员行为，减少或避免系统性风险和道德风险的发生，是行业发展的重要保障。在这个行业中，经营人员的素质和能力是保证业务质量和风险控制的关键。为此，需要加强对经营人员的培训和引导，通过组织担保技术和风险判断能力的培训、推行资格认证考试等方式，提高经营人员的专业素养和业务能力。此外，还需要建立完善的选人、用人机制，通过考核和评估的方式，选拔和使用优秀的经营人员，同时建立定期培训和规范从业人员行为的机制，减少或避免系统性风险和道德风险的发生。

4. 商业性融资担保机构补充共促

（1）在业务转型方面，商业性融资担保机构应以市场化原则为基础，实现从"对公担保"向"零售担保"的业务转型，以小微企业和"三农"客户为核心，推动"三农"业务的壮大发展，并与政策性金融担保公司共同构建"三农三小"的合作模式，共同拓展普惠金融领域。

（2）在能力建设方面，商业融资机构应针对不同类型的小微企业不同的金融特征及风险状况，提供具有差异化的信用担保服务。借助金融科技的辅助，通过规模化成本分摊、信息化风险识别、电子化替代人工操作以及专业化增值服务，提高风险管理的效率和成本效益。

（3）在合作方面，商业性融资担保机构应主动与银行等金融机构开展互补合作。基于自身优势，针对小微型企业的独特资产需求、风险承受偏好以及风险控制能力，实施相应的风险共担机制，并在客户获取、技术输出等领域提供一系列融资支持服务，以营造一个健康的竞争环境。

（4）在风险预防方面，金融担保机构应积极接受监督，坚持底线思维，强化风险控制，并在经营发展方面进行统筹考量，实施科学的预防措施。在此过程中，公司持续提升专业投资控制能力，从组织架构、制度建设及流程管理三个维度构建一套科学且有效的综合风险控制体系。同时，政策层面需加大对融资担保公司的资金扶持力度，推动其经营方式创新，并引导其与银行、证券公司、保险公司等其他金融机构合作，形成多元化的融资担保模式。利用科技手段对传统经营方式进行革新，以提升服务的精准度和效率。在国家金融保证基金的领导下，在政府性融资担保体系中，应与政府性融资担保机构建立互信、错位监督和熔断机制，实现银担风险共担，共同承担责任，从而促进政策性融资担保体系的高效运作，为实体经济提供更优质的服务。

二、平衡政策性融资担保体系多元主体利益

（一）加大金融机构参与政策扶持的力度

1. 增强普惠金融支持政策落实力度

普惠金融是指为广大人民群众提供便捷、实惠的金融服务，尤其是为小微企业和农村居民提供金融支持。增强普惠金融的基本手段是降低中小金融机构和农村金融机构自身的负债成本。政府可以采取多种方式，如定向降准、再贷款、再贴现、中期借贷便利等。这些措施可以降低金融机构的负债成本，从而减少其融资成本，为小微企业和农村居民提供更多的低息贷款。此外，政府还可以豁免竞标，给予中小银行和农村金融机构更低息的财政存款支持，以帮助他们降低负债成本。政府还可以降低中小金融机构在同业市场参与中的准入门槛，提供多元化的负债来源渠道，以增加他们的资金来源，降低融资成本。同时，政府还可以提供政策性融资担保

服务，加大小微企业和"三农"贷款风险损失补偿力度。这些措施可以降低金融机构的风险，提高他们的信用评级，从而降低他们的融资成本，为小微企业和农村居民提供更多的低息贷款。

2. 降低金融机构服务实体经济成本

随着社会经济的发展，小微企业和"三农"已经成为支撑国民经济的重要力量。但是，由于资信调查难，导致他们的发展受到很大限制。为了解决这个问题，政府购买第三方数据公司或中介机构的劳务，对小微企业和"三农"进行资信调查，并分类设计担保指标，通过大数据技术集成小微企业和"三农"多维立体数据库并进行风险画像、评级，提供给金融机构用于开发潜在客户，形成场景融资服务的新模式，降低金融机构提供服务的成本。这种新模式的实施，主要依赖于大数据技术的支撑。通过对小微企业和"三农"多维立体数据库的集成和分析，可以得到更准确的风险评级和画像结果，从而为金融机构提供更精准的客户信息。这样，金融机构就可以更好地了解客户的经营情况和信用状况，从而更加科学地进行贷款评估和风险控制。此外，政府购买第三方数据公司或中介机构的劳务，还可以对小微企业和"三农"分类设计担保指标，这样可以为金融机构提供更加具体和可靠的担保信息，降低了金融机构的风险损失，也有利于提高小微企业和"三农"的贷款获得率。在这种新模式下，金融机构可以更加便捷地开发潜在客户，提供更加全面和精准的融资服务。同时，由于政府购买第三方数据公司或中介机构的劳务，金融机构的服务成本也会得到有效的降低，这将有助于提高金融机构的市场竞争力和服务质量。

3. 强化对信贷投放和贷款成本监测

政策性融资担保承担风险损失补偿是指担保机构为银行提供担保服务时，承担一定比例的风险损失补偿。这样，银行就更加愿意放贷给小微企业和"三农"贷款户。同时，政府还会对银行的贷款利率进行财政贴息，以降低小微企业和"三农"贷款的成本。这样，小微企业和"三农"贷款户就可以得到更加优惠的贷款条件，促进了他们的发展。为了监测小微企业和"三农"贷款的情况，政府建立了监测系统。这个系统可以监测小微企业和"三农"贷款的户数、贷款余额和贷款成本等信息。如果发现贷款情况下降，担保机构要及时提醒银行，要求银行查明原因。这样可以及时发现问题并加以解决，保证小微企业和"三农"贷款的正常发展。另外，为了提高监测数据的准确性和可信度，政府制定了分类标准，统一了统计监测口径。这样，政府可以更加准确地了解小微企业和"三农"贷款的情况，为政府支持普惠金融发展提供更可靠的数据监控手段。同时，政府也可以根据监测数据，及时调整政策，更好地支持小微企业和"三农"贷款的发展。

4. 督促地方金融机构服务模式升级

首先，应该按照政银担合作约定，主管部门主动要求银行向分支机构下放授信权限，这意味着银行可以更灵活地为小微企业及"三农"提供贷款。这项措施将使银行更加了解客户需求，并能够更好地满足其贷款需求。此外，银行可以根据客户的需求和信用状况，调整利率和贷款期限，以便更好地服务客户。其次，建立基层客户经理在金融创新领域的尽职免责制度、绩效考核办法和业务损失补偿机制，这些制度将使银行更加谨慎地审批贷款，并为客户提供更好的服务。同时，银行也会更加注重业务风险的管理，以减少业务损失。这些制度将有助于促进银行与客户之间的信任关系。最后，提高小微企业及"三农"贷款不良容忍率，这意味着银行将更加关注客户的还款能力和贷款用途，以便更好地管理风险。同时，银行也会更加注重客户的信用状况，并根据客户的信用状况调整利率和贷款期限。另外，赋予基层客户经理服务小微企业及"三农"的自主权，这意味着客户经理将更加了解客户需求，并能够更好地为客户提供服务。客户经理将根据客户的需求和信用状况，调整贷款利率和期限，为客户提供更好的金融服务。

（二）政银担层级多元合作的功能协调

1. 政银担存在层级多元合作平衡机制

政府担保机构和银行体系的融合可以实现政银担合作体系的全面升

级，从点对点、自下而上的合作转变为系统对系统、自上而下的整体合作。这种整体增信可以增强政府担保机构和银行的议价能力，提高担保资源利用率，同时降低信息不对称所带来的风险。

良好的合作关系应从战略合作的角度寻找行政干预与商业合作的平衡点。一是由政府牵头，促成金融机构（银行）和专项基金的协作关系。利用金融机构（银行）网点众多、审贷人员专业、审查及后期监管有效等优势，促进银保双方资源共享、利益共享、风险共担。二是明确专项基金与银行贷款风险分担比例。约定市（县）担保机构、省再担保机构、国家融资担保基金、合作银行的承担份额。三是确定合理的放大倍数。利用专项基金撬动银行贷款额度，如果放大倍数过低则不能达到专项基金撬动的预期，如果放大倍数过高则可能导致信用风险，对此可参照银行同期呆坏账比率来确定合理的专项基金放大倍数。因此，建立自上而下的"总对总"（银行总行与担保机构）的银担合作，避免因金融机构（银行）分支机构缺乏总行授权而在业务规模、保证金收取、贷款利率、风险分担等方面标准不一，调动金融机构（银行）自愿承担贷款风险的积极性。

政策性融资担保行业在各地的发展存在严重的不平衡。银行总机构和国家担保机构进行总对总合作时，应根据不同地区进行额度分配。金融机构（银行）作为经营风险的专业机构，对贷款"三查"、授信方案选择、存续期管理等勤勉尽责，坚持以自有的风控体系来筛户、选户、评户，才能真正实现控制信用风险。

2. 政银担应配套考核及退出机制

政银担合作目标的实现依赖于政府、融资担保机构和金融机构（银行）的协同配合。一是对政府部门及其工作人员的考核，包括再担保机构及风险补偿基金是否建立，注资规模及持续注资机制和金融机构（银行）及融资担保机构合作模式是否形成，风险分担的项目是否符合普惠金融、宏观调控目标及风险底线等要求，内部管理及工作人员的担保行业是否规范等；二是对融资担保机构的考核，不论是专门经营政策性担保业务的政府性融资担保机构，还是兼营政策性担保业务的商业性融资担保机构，均应考核政府分担风险的项目是否属于担保政策倾向的融资范畴，风险准备金计提、担保放大倍数、担保费率是否合规，担保风险是否处于合理可控范围；三是对金融机构（银行）的考核，包括关注金融机构（银行）履行政策性贷款义务的程度，针对长期未开展或消极开展政策性融资担保贷款业务的金融机构（银行），应适时进行整改或清理出政银担合作体系。金融机构（银行）进入政银担体系的好处是可借助该合作机制为扩大信贷业务规模增信，坏处是必须配合政府及融资担保机构对符合政策性要求的项目发放贷款，承担一定的违约风险义务。

（三）担保体系多元合作风险分担协调

由于担保行业的高风险性，没有任何一家担保机构适合独自承担风险长期经营。如果担保机构完全承担贷款风险，银行将会把风险转嫁给担保机构，这将导致信贷市场上低质量的贷款取代高质量的贷款。过度的贷款风险转移会导致担保机构停止运营，也不利于银行的长期发展。

1. 探索适合各省（区、市）自身情况的业务分险共担机制

政府性融资担保机构应该结合市场环境，积极尝试新的风险分担机制，加大财政资金投入，构建政银担多方参与的风险分担共管机制，实现小微企业和"三农"融资担保业务风险多方合理分担。这样可以有效降低政府性融资担保机构和银行的风险负担，为小微企业提供更多融资机会。此外，省级再担保机构在政策性融资担保体系中发挥着核心作用。政府应该出资设立专项基金，用于支持省级再担保机构的运营和发展，以加强对小微企业的支持。同时，政府性融资担保机构还应该寻找适合本地区可持续发展的政银担分险模式机制，以提高小微企业的融资成功率。政府应该加大对小微企业的支持力度，为企业提供更多的融资机会，促进小微企业的发展。同时，政府性融资担保机构也应该不断完善自身机制，提高服务水平，为小微企业提供更加优质的服务。另外，加快数字化转型步伐，深化银担合作互信机制，借助金融科技手段提升银担合作效率。推动银行机构从完善内部制度、强化政策保障等方面促进风险分担机制在分支行层面得到有效落实。

2. 调整财税政策的协同支持方式

现有财政补贴政策存在的问题已经显而易见：门槛高、金额少、周期长、执行环节多、落地效果差。这些问题不仅给企业带来了很大的负担，也影响了政府的形象。因此，我们需要对这一政策进行改革和优化。首先，建议取消对商业性融资担保机构直接的资金支持政策，将财政资金集中用于政府性融资担保机构的风险补偿。商业性融资担保机构的门槛较高，对小微企业的帮助有限，而政府性融资担保机构在风险补偿方面具有更大的优势。因此，将财政资金用于政府性融资担保机构的风险补偿，可以更好地支持小微企业的发展。其次，建议给予商业性融资担保机构更大的浮动空间。商业性融资担保机构在担保业务中承担了更多的风险，因此应该给予更大的浮动空间，以便更好地支持小微企业的融资需求。再其次，建议出台风险补偿制度的指导意见。利用担保历史数据测算国家融资担保基金的代偿率和净损失率，推出收支缺口纳入年度财政预算，专项科目列支。这将有助于政府更好地掌握风险补偿的情况，提高对小微企业融资的支持力度。同时，省财政对省再担保机构的代偿补贴也可照此办理。最后，建议对代偿风险准备金给予税前扣除的政策支持，以加大对融资担保基金的协同扶持力度。代偿风险准备金是担保机构为了承担风险设立的，对于其扶持小微企业发展具有重要作用。因此，对代偿风险准备金给予税前扣除的政策支持可以更好地促进小微企业的发展。

三、创新政策性融资担保体系运行监管制度

（一）加快担保行业监管制度建设

1. 加强地方性法规制度建设

尽管近年来我国的金融保障法治建设已经取得了一定的进步，但监管力度的精准把控以及尽职免责等相关方面的法治完善度仍有待提升。从地方层面来看，必须加强对金融担保产业的监管力度。例如，长三角、珠三

角等关键区域可率先开展融资担保行业的地方性立法探索，或预先制定本省（区、市）的地方财政监管规定。同时，加速制定与各地实际情况相契合的政策，包括尽职免责指引、监管信用评级、风险防范以及保障担保利益等。进一步提升地方性法规体系的层次，增强监管的刚性约束力，确保融资担保行业持续健康发展。

2. 提请国家层面完善相关法规

随着融资担保行业的逐步发展，现有的法律法规已经无法满足其发展需要。因此，各省（区、市）可向国家金融监督管理总局提请加强相关法律法规的研究，包括《融资担保公司监督管理条例》和《融资担保公司监督管理条例》，并适时启动融资担保法的立法程序，以期尽快出台实施。同时，还需推动最高人民法院配套研究出台相关司法解释，为融资担保行业争取更有利的环境，填补监管工作的法律体系，确保行业监管处罚有法可依，更好地保护融资担保机构的健康发展。这些措施将为融资担保行业提供更好的制度保障，促进其可持续发展，为经济社会发展作出更大的贡献。

（二）细化各级监管部门职责

1. 厘清地方金融监管职责

加强融资担保监管，促进担保服务小微企业发展，是政府监管部门义不容辞的职责。在当前金融市场快速发展的背景下，融资担保行业的地位和作用越来越受到重视。为了更好地保障融资担保机构的健康发展，各个省（区、市）可以采取地方金融监管部门为主，实行省、市、县分级监管的方式。

在执行中央统一的监管制度前提下，各个省（区、市）要积极协调中央及省相关部门，指导市（县）地方金融监管部门，形成工作合力，共同做好监管工作。为促成地方金融监管"一盘棋"格局的形成，各省（区、市）应该制定相关政策和措施，明确地方金融监管部门的监管职责，明晰省、市、县三级监管职责范围，制定监管责权利清单，实现省级管中观，负责全省（区、市）的协调监管；市县两级抓落实，负责属地融资担保微观监管，推进地方金融审慎监管、严监管。

在适应"放管服"改革下的基层监管需要的同时，各省（区、市）还应该加强地方金融监管部门的日常监管职责，明确其落实监管职责的具体任务和要求。地方金融监管部门应该建立健全监管机制，加强对融资担保机构的风险评估和监测，掌握融资担保机构的实际情况，及时发现和解决存在的问题，确保融资担保机构的合规经营和风险可控。同时，地方金融监管部门还应该加强对融资担保机构的业务监管，规范其业务行为，促进其向小微企业提供更加优质的服务。

总之，加强融资担保监管，促进担保服务小微企业发展，是当前金融市场发展的重要任务。不同省（区、市）要在执行中央统一的监管制度前提下，采取地方金融监管部门为主，实行省、市、县分级协同监管的方式，加强地方金融监管部门的日常监管职责，形成工作合力，共同做好监管工作。这些措施将为融资担保行业提供更好的制度保障，促进其可持续发展，为经济社会发展做出更大的贡献。

2. 明确中央金融监管职责

针对地方金融监管力量不足的现状，各省（区、市）可以积极争取国家层面的支持，明确人民银行、国家金融监督管理总局驻各地分支机构职责，对地方金融监管给予力所能及的补台。这将有助于地方更好地落实属地责任，加强对融资担保机构的监管和风险防控。

为了实现这一目标，不同省（区、市）也要深入推进利用新型政银担合作机制，争取人民银行、国家金融监督管理总局驻各地分支机构对涉及政银担合作、小微企业不良资产处置、融资担保风险防控等方面给予合作便利，加强协同支持。具体来说，应该建立完善的信息共享机制，加强与人民银行、国家金融监督管理总局驻各地分支机构的沟通和协作，及时掌握融资担保机构的实际情况和风险状况，确保监管工作的精准和有效。此外，加强对融资担保机构的风险评估和监测，建立健全监管机制，规范融资担保机构的业务行为，也可以促进其向小微企业提供更加优质的服务。同时，还可以加强对融资担保机构的监管力度，加大对违规行为的处罚力度，保护融资担保机构的合规经营和风险可控。因此，加强地方金融监管力量，积极争取国家层面的支持，建立完善的信息共享机制，加强与人民银行、国家金融监督管理总局驻各地分支机构的沟通和协作，将有助于提升地方金融监管的能力和水平，促进融资担保行业的健康发展，为小微企业的发展提供更加优质的服务。

3. 强化多部门合作协同监管

加强多部门监管协作，形成监管合力，是保障融资担保行业健康发展和防范化解重大风险的重要举措。在实践中，如果地方化解能力不足，需要中央给予政策资金支持。同时，由于地方金融监管无相应的中央归口部门，需要驻各地分支机构发挥协调联系作用，以便提前做好应对措施预案，提高融资担保行业监管效能。

为了实现这一目标，各部门可以联合强化监督问责机制，实现防范化解重大风险制度常态化。在重大风险监测预警处置方面，各部门应该形成监管合力，加强协作，发挥各自的优势和作用，共同做好风险防范和处置工作。特别是要对政府性融资担保机构在重大风险应对处置方面的失职渎职行为，强化查处问责，及时有效管控，层层传导压力责任，确保各项任务落实到位。在实践中，各部门还可以建立起信息共享平台，加强对融资担保机构的风险评估和监测，及时发现和解决存在的问题，确保融资担保机构的合规经营和风险可控。同时，还应该加强对融资担保机构的业务监管，规范其业务行为，促进其向小微企业提供更加优质的服务。

（三）夯实融资担保监管基础

1. 强化监管机构力量

鉴于我国各省（区、市）融资担保业务的特殊性，监管工作应遵循中央关于加强职能与行为监督的进一步指导，必须将对融资担保机构的监管工作置于首位，积极促进对其业务活动的监管。具备条件的市（县）宜主动探索设立地方金融监督管理部门，并成立专门的融资担保监督部门（科室），扩充人员编制，并聘请金融监管领域的专家。确保有专门机构负责监管事务、有专业人员执行监管任务。此外，各省级融资担保监管机构需充分发挥行业协会的职能与作用，使其成为政府与企业之间沟通交流、信息传递与服务的桥梁和纽带。充分利用各省（区、市）现有的融资担保行业协会平台，组织并开展行业培训与指导活动，确保经验的总结与交流工作得以妥善进行。实现行业内资源的共享与整合，进而推动整个行业的自律发展，提升行业的整体规范性和竞争力。在融资担保监管中，各省（区、市）的融资担保监管应当注重以下几个方面：

（1）风险防控：加强对融资担保机构的风险管理，完善风险评估机制，建立风险预警机制，及时发现和解决风险问题；

（2）信息披露：强化融资担保机构信息披露制度，加强对融资担保机构的信息披露监管，保障投资者和借款人的知情权；

（3）业务规范：加强对融资担保机构业务规范的监管，规范融资担保机构的业务行为，保障投资者和借款人的合法权益；

（4）资本充足：加强对融资担保机构资本充足的监管，保证融资担保机构的健康发展；

（5）创新发展：鼓励融资担保机构创新业务，引导融资担保机构拓展多元化业务，推动融资担保行业的发展。

2. 落实监管员制度

借鉴税务专管员制度做法，各省级融资担保监管机构可在融资担保行业引进监管员制度，每个融资担保机构都要确定一名监管员，实行网格化管理，做深监管的"点"、做细监管的"线"、做精监管的"面"，将监管责任落实落到位。

监管员要具备一定的金融监管知识和技能，熟悉融资担保行业的特点和规律，能够有效识别和评估风险，及时发现和解决问题。监管员要与融资担保机构建立良好的沟通和合作关系，了解其业务情况和风险状况，指导和推动其规范经营，促进其健康发展。同时，各省级融资担保监管机构还应加强对监管员的再监管，定期检查考核，既要防止其力不从心或渎职导致的监管失误，又要防范其寻租行为增加金融风险发生概率，促使监管员认认真真履职履责。通过引进监管员制度，各省级融资担保监管机构可以更加精细化、专业化地开展监管工作，有效提高监管效能，促进融资担保行业的健康发展。

3. 丰富担保监管手段

借助网络、大数据、智能算法等前沿科技，各省级小微企业金融一体化服务平台及省级信用评估机构等载体，能够深度完善社会信用评价架构，促进融资担保实体信息公开透明，显著提升信息审核的效能，并在此基础上达成跨地域信息检索的便捷性。构建数字化平台，提升当代监管技术的应用，逐步推进对融资担保机构的深度监管，将全部融资担保活动纳入监管范畴，全方位实现机构与业务的同步监管，从源头上杜绝融资担保监管的缺失、越界和不足问题。

社会信用评级体系是融资担保监管中的重要工具。各省（区、市）应当建立社会信用评级体系，对融资担保机构进行评级，评估其信用风险。评级结果可以作为监管决策的参考，同时也可以作为融资担保机构的市场参考。信息化系统的建设是融资担保监管的重要手段。各省（区、市）应当加强信息化系统的建设，实现对融资担保机构的全面监管。信息化系统可以实现对融资担保机构的实时监测，及时发现和解决问题。同时，信息化系统也可以提高监管效率，减少监管成本，而穿透式监管可以有效发现和解决问题，促进融资担保行业的规范化，实现健康发展。

4. 健全激励约束机制

政策性融资担保的设立，其目的就是为小微企业服务。在推动普惠金融服务的过程中，政府性融资担保机构应当遵循低费率、广覆盖及保本微利的运营原则。为保障这一运营模式的持续性，必须配备相应的财政支持措施，如资本注入、建立风险补偿机制以及担保费用补贴等。这些支持措施对于政策性融资担保行业的稳健发展至关重要，也是其发挥准公共产品作用的关键所在。与此同时，应充分考量各地区的财政能力，在财政投入上加大力度，以改善监管机构的工作条件，补齐投资方面的不足，确保监管人员能够高效、充分地开展日常监管工作。此外，对于大多数政府融资担保机构而言，省级财政部门作为出资方，需承担起薪酬管理、工作待遇以及运营评估方面的责任。此举有助于进一步加强激励与约束机制，从而推动融资担保机构的高效运行和稳健发展。

四、动态完善政策性融资担保体系协同策略

政府性融资担保体系中的不同层级以及不同模式的融资担保机构之间，存在着协同与合作的必要性。一方面，政府性融资担保机构的"分层"协同，能够有效整合不同层级的资源，形成从国家融资担保基金到地方融资担保机构的完整体系，实现信息共享和资源的优化配置，以避免重复建设和资源浪费。同时，这种多层级协同还能促进各层级融资担保机构之间的互相学习与提高，提升整个政府性融资担保体系的水平与能力。另一方面，通过"分轨"合作模式，双方的优势得到最大化利用，实现互补增效。具备准公共性质、非营利性质的政府性融资担保机构，承担着将普惠金融政策落到实处的使命，能够更精准地针对小微企业的关键和薄弱环节提供服务。而商业性融资担保机构凭借其市场化运营模式，在风险评估和产品创新方面具有独特优势，可以提供相应差异化服务。通过"分级"与"分轨"的协同，两者可共同构建良性竞争的金融生态，拓展融资途径，降低融资成本，提升融资效率，更好地满足小微企业的融资需求。

（一）创新并完善政府性融资担保体系运行机制

1. 强化担保体系层级运行协同机制

在"三层级"担保体系中，单纯依靠商业合作，很难达到政策化指导的目的。本书提出如下建议。一是国担基金作为体系牵头人和最终风险承担者，应建立一整套机构准入、退出、动态调整、考核、惩罚的管理监督机制，并通过差异化授权进行精细化管理。二是为构建上下联动机制，省级融资再担保机构以股权投资为纽带、再担保为保障的方式，对市（县）融资担保机构分类分步进行股权投资、再担保业务覆盖，建立紧密型的再担保组织体系。省级再担保机构应加强对市（县）政府性融资担保机构的

业务培训和技术支持，推行统一的业务标准和管理规范，促进业务合作和资源共享。省级再担保机构对辖区内的机构应有相应的审计、考核、监督、评价等管理机制。三是市（县）融资担保机构明确直保定位，主动强化与国家融资担保基金和省级再担保机构的对接，提高担保业务承接效率。

目前，政府性融资担保机构的政策性业务有交叉，例如，省级再担保机构和省级农担公司都有为"三农"服务的业务且主管部门不同。因此，建议由省级政府对不同类型的担保机构承担的政策性业务有较为明确的界定，对现有散落于各地的政府性融资担保机构进行整合，对部分经营不善的商业性融资担保机构进行并购重组，根据具体业务的性质归入省级再担保机构（包括省级再担保机构和省级农担公司）。例如，形成双担保体系运行，主要为小微企业服务的应归入省再担保机构，而主要为"三农"提供服务的应归入省级农担公司。国家融资担保基金对省级再担保机构提供再担保和股权投资；省级再担保机构或省级农担公司应在各市（县）设立担保机构，对各市（县）担保机构提供再担保和股权投资；各市（县）在其辖区内设立营业网点（分支机构），实现市（县）担保机构一体化。

2. 构建资金补充多元运行协同机制

我国融资担保行业是支持小微企业获得融资的重要力量。然而，当前行业存在单体规模偏小、担保能力和抗风险能力弱等问题，针对此问题建议建立以各级政府和再担保机构注资为主、金融机构（银行）出资为辅、社会资本参股的长效机制，以提高融资担保行业的发展水平和服务能力。首先，我们可以通过整合部分省级融资担保机构、争取国家专项基金支持、地方政府资本金注入等方式，将省级担保集团打造成高级别增信平台。这样可以提高担保机构的规模和实力，增强其在市场中的竞争力。同时，还可以通过省级再担保机构和省级农担公司分别对接国家融资担保基金和农业信贷担保基金，争取中央财政支持，进一步提升担保机构的财务实力和风险管理能力。其次，我们可以通过担保集团对市（县）政府性融资担保机构注资，引导市（县）财政扶持辖内融资担保机构发展。这样可以促进地方担保机构的发展，提高其担保能力和服务水平，同时也可以促进地方经济的发展和小微企业的融资需求。最后，建议加强对融资担保行业的监管和规范，完善行业标准和制度，提高行业的透明度和公信力。此外，还可以加强与金融机构（银行）的合作，拓宽融资渠道，提高融资担保行业的市场化程度和商业化水平。

代偿补偿机制可以有效缓解融资担保机构的流动性风险。一是对国家融资担保基金开展的业务，可以参照国际通用做法，通过测算历史数据，算出国家融担基金的平均代偿率和净损失率，将收支缺口纳入年度财政预算，作为单独科目列支。二是对省级担保机构开展的业务，省级财政对再担保机构的代偿补贴也可参照国家融资担保基金代偿补偿方式办理。除此之外，省级财政还应建立风险分级补偿补助运作模式。例如，将代偿率分为四档：小于1%、1%~3%、3%~5%、5%~8%，分别按再担保代偿额的100%、80%、60%、50%进行补偿。三是对市（县）政府性融资担保机构开展的业务，可根据政府性融资担保机构业务规模、代偿情况，对支小支农担保业务占比、在保余额及户数增长率、代偿率等指标控制在合理区间，由本级财政给予补偿。各市（县）也可建立分级担保风险补偿机制，例如，代偿率在2%（含）以内的按代偿总额的15%予以补偿；代偿率在2%~5%（含）的按代偿总额的30%予以补偿；代偿率在5%（不含本数）以上的则不予补偿。

3. 优化政府性担保机构体系设置

近年来，政府性融资担保机构在促进小微企业发展和稳定经济增长方面发挥了重要作用。然而，由于一些机构存在注册资本不足、经营能力差、风险控制水平低等问题，导致政府性融资担保体系的发展受到了一定影响。因此，针对这些问题，建议政府对政府性融资担保机构进行重新布局、整合或出清，并出台相应扶持政策。首先，政府主管部门可考虑注资成立新的政府性担保融资机构，以满足小微企业融资需求。对于不符合开展政策性担保业务条件的担保机构，不予准入，以避免风险传导和资金浪费。其次，各省（区、市）政府以及省级政府性融资担保机构需要在担保体系中发挥中流砥柱的作用，研究国家融资担保基金的政策和产品，设计具有本地特色的担保产品。这不仅有利于满足小微企业不同需求的融资，也有利于政策性融资担保体系的发展和壮大。再其次，政府应引导省级担保机构对市（县）担保机构进行股权投资，加强对各直接融资担保机构的政策指导和业务合作，推动形成政府主导、风险共担、有序高效、上下合力的融资担保体系。这有利于促进政府性融资担保机构之间的合作，提升整个担保体系的风险控制和服务水平。最后，省级担保机构要发挥行业龙头作用，为更多市场主体提供贷款担保服务。政府应加大对政府性融资担保机构的扶持力度，提高政府性融资担保机构的服务质量和效率，有效支持小微企业的发展，推动经济的稳定增长。

4. 加大担保体系的持续保障机制

建立再担保为主的一体化服务体系。再担保机构虽然不直接参与具体担保业务，但可以了解体系内担保机构的运营情况和业务种类，可以收集、汇总到大量金融机构、担保机构实施的融资信贷业务数据，以及担保业务的风险现状，通过数据分析，对担保机构风险业务模式的改进提出建议，降低社会交易成本。担保、再担保行业的健康发展有赖于小微企业和"三农"社会化服务体系的建立和完善，再担保体系的功能和作用不仅要体现在对担保机构的业务扶持上，更应体现在与政府、金融机构（银行）共同推动的一体化服务上。例如，在法律服务方面，应有为企业提供法律、法规和服务导航为主的综合信息服务平台，建立完善政府、律所、小微企业和"三农"密切合作的良好机制；在金融服务方面，建立健全覆盖所有企业层次的、能够满足企业需求的金融服务体系，创造公正、公平、公开的金融服务环境；在信息服务方面，建立信息服务数据库，利用先进信息技术向社会逐步开放政策、技术、市场等信息服务体系，降低企业信息获取的社会交流成本。除此之外，信用再担保体系在运营过程中离不开中介机构的帮助与服务。各项法律文件需要律师事务所帮助完善，抵（质）押资产处置等也需要委托中介服务机构，企业信用信息也可以通过购买信用中介机构的征信报告予以解决。

5. 完善担保体系的合理运行机制

（1）加大对融资担保机构的支持力度。近年来，随着政策性融资担保的逐渐普及，融资担保行业已成为企业融资的主要渠道之一。然而，与此同时，融资担保行业也面临着盈利下降和风险上升的危机。政府性融资担保机构普遍处于保本微利的运行状态，可持续经营的压力不断增大。随着市场竞争的加剧，融资担保机构的盈利能力逐渐下降，许多机构不得不采取降低费率等手段来吸引客户，从而导致收入减少。同时，融资担保机构的成本也在不断上升，如人力成本、风险管理成本等，这些成本的增加也加剧了机构的经营压力。被担保企业违约风险不断攀升，风险溢价上升制约了信贷投放规模，担保机构的资本实力和风控水平经受巨大挑战。在当前经济下行的背景下，企业面临的经营困难和资金压力不断加大，这也使得企业违约风险不断攀升。为了规避风险，融资担保机构不得不加大风险溢价，这也制约了信贷投放规模。同时，担保机构的资本实力和风控水平也面临着巨大挑战，需要加强风险管理和资本管理。融资担保机构面临较低的资产收益率和较高的账面风险，制约着资本的使用效率。融资担保机构的主要收益是担保费用和利息收入，但随着市场竞争的加剧，担保费用逐渐下降，利息收入也受到了压制。同时，融资担保机构的账面风险也较高，如被担保企业的违约风险等，这也制约了资本的使用效率。国家担保基金合作业务代偿率较低，距离10倍放大倍数还有很大差距。国家担保基金作为融资担保机构的重要支持力量，其代偿能力是评估其支持能力的重要指标。然而，当前国家担保基金合作业务代偿率较低，距离10倍放大倍数还有很大差距，这也制约了其支持能力。在经济下行期，建议加大对融资担保机构的支持力度，地方政府应将资金补充与GDP挂钩，以业务奖补和风险补偿的方式助力融资担保机构对信贷的支持，以确保资金的合理使用。同时，可以采取业务奖补和风险补偿的方式，鼓励融资担保机构扩大信贷投放规模，促进经济发展。

（2）推动知识产权资产证券化。在当今经济发展的背景下，知识产权和金融的密切结合对于创新发展将起到更加重要的作用。知识产权质押融资是指将企业拥有的知识产权作为质押物获得贷款的一种方式。而资产证券化则是指将资产转化为证券，以获得更多的资金。尽管知识产权质押融资工作已经取得了长足发展，但仍然存在发展不平衡和不充分的问题。其中，最大的问题是供需不平衡。在当前的金融市场中，由于风险控制的原因，许多银行不愿意贷款给科技型企业，而科技型企业也难以找到足够的质押物来满足银行的要求。此外，知识产权资产评估方法不够先进合理，也是制约知识产权质押融资发展的重要因素。此外，交易市场不成熟也是制约知识产权质押融资发展的重要因素。为了解决这些问题，应该由国家知识产权局牵头给予专项支持。首先，在业务拓展早期给予专项成本补贴，降低科创企业质押融资成本，推动金融资源向战略性新兴产业流动。其次，在逐步规范交易市场与知识产权质押业务后，再逐步取消专项补贴。这样一来，不仅可以促进科技型企业的发展，还可以促进金融市场的健康发展。此外，还应该加强知识产权保护工作，提高知识产权的价值和市场认可度。这样一来，科技型企业的知识产权就能够更好地作为质押物来获得贷款，从而促进企业的发展。同时，还应该加强知识产权的培训和宣传工作，让更多的企业了解知识产权质押融资和资产证券化的相关知识，从而更好地利用这些工具来促进企业的发展。

（3）降低综合融资担保成本。首先，差别费率是指根据单户担保金额不同，制定相应的再担保业务收费标准。这样可以避免因担保金额不同而导致的收费不公问题。同时，也可以鼓励银行和再担保机构加强风险评估，提高贷款审批的精准度和风险控制水平。其次，降费让利是指逐步将平均担保费率降至1%以下，并对小微企业和"三农"收取的担保费率作出具体规定。这样可以减轻小微企业和"三农"融资的负担，提高他们获得贷款的机会。同时，也可以促进再担保机构的竞争，提高服务质量和效率。再其次，简化担保手续是指完善信用评价和风险防控体系，减少反担保要求，简化审核手续，提供续保便利，降低融资门槛。这样可以提高小微企业和"三农"融资的便利性和效率，促进其获得贷款的机会。同时也可以减少再担保机构的成本和工作量，提高服务质量和效率。最后，营造发展环境是指规范收费行为，严厉打击逃废债行为，完善风险预警和应急处置机制，为小微企业和"三农"融资营造良好信用环境。这样可以促进再担保机构的健康发展，提高服务质量和效率。同时，也可以增强小微企业和"三农"的信用意识，提高其自我保护能力。

（4）聚焦政策性融资担保业务。首先，政府性融资担保、再担保机构应该重点支持小微企业、个体工商户、农户、新型农业经营主体等主体，以及符合条件的战略性新兴产业。这些主体是当前融资难、融资贵的重点对象。政府性融资担保、再担保机构应该将资源和精力集中于这些主体，更好地支持他们的发展。其次，政府性融资担保、再担保机构应该回归支小支农融资担保主业，剥离政府债券发行和政府融资担保业务等非主业。这些非主业业务虽然也是重要的业务，但是过于分散机构的资源和精力，影响了支小支农业务的发展。因此，政府性融资担保、再担保机构应该将非主业业务剥离，专注于支小支农业务的发展。再其次，政府性融资担保、再担保机构应该重点支持单户担保金额500万元及以下的小微企业和"三农"主体。这些对象的融资需求较小，但是对于他们来说，这些资金是非常重要的。政府性融资担保、再担保机构应该将资源和精力集中在这些对象上，更好地支持他们的发展。最后，政府性融资担保、再担保机构应该发挥再担保功能，确保支小支农担保业务占比达到80%以上，充分发挥增信分险作用。再担保是政府性融资担保、再担保机构的重要功能之一，通过再担保，可以将风险分散到不同的机构和项目上，降低整体风险。

（5）强化财税政策正向激励作用。根据《金融企业呆账核销管理办法》，融资担保机构的代偿损失核销需符合以下条件：首先，核销的代偿损失必须是真实的，确实存在的；其次，核销必须严格按照财务会计准则来进行，不得随意变更核销计提的金额和时间；最后，核销后应及时向相关部门报告，接受监督和审计。除了代偿损失核销，融资担保机构还需要按照担保机构准备金企业所得税税前扣除政策执行。这意味着，符合条件的融资担保、再担保机构的担保赔偿准备金和未到期责任准备金可以在计算企业所得税时予以扣除，降低企业负担，提高其经营效益。为了进一步促进融资担保机构的发展，建议创新资金补充机制。这种机制可以包括政府、金融机构、企业、社会团体和个人出资入股与无偿捐资相结合的多元化资金补充机制。这种机制可以为融资担保机构提供更多的资金来源，增强其资本实力，进而提高其业务水平和服务质量。此外，探索风险补偿机制，对支小支农担保业务占比较高的融资担保、再担保机构给予一定比例的代偿补偿，并对融资担保业务规模增长快、融资担保费率降低明显的地区予以奖补激励。这种机制可以鼓励融资担保机构积极承担支小支农担保业务，提高其社会责任感和风险意识。建议实施差异化监管措施，对贷款利率和担保费率保持较低水平或降幅较大的机构给予奖励。这种措施可以鼓励融资担保机构提高服务质量和效率,同时也可以促进市场竞争,推动融资担保行业的健康发展。

(6)创新政银担合作机制。在金融行业中,协同配合是非常重要的一环。为了更好地推行协同配合,我们需要加强统一业务标准化和管理工作。这样,不仅能够提高工作效率,还能够提高服务质量,使得客户更满意。国家融资担保基金和省级再担保基金要加强对市(县)融资担保机构的业务培训和技术支持,推行统一的业务标准和管理要求。市(县)融资担保机构要主动与国家融资担保基金和省级再担保基金的对接,做实资本、做强机构、做精业务,同时,强化"总对总"合作,提供更多优惠。这样,可以促进各金融机构之间的合作,提高彼此之间的信任度和协作效率。国家级融资担保基金构建了与全国性金融机构的"总对总"协作模式,拓宽了分支机构的审批自主权,并在授信限额、担保倍率、利率设定、续贷要求等层面给予更多优惠政策。区域级再担保平台需积极促进辖区内融资担保企业与金融单位(尤其是银行)开展"总对总"的战略协作,清晰界定银担协同的优惠措施,此外,确立风险分担的具体比例同样至关重要。在基本规定中,国家级融资保障资金与金融实体(如银行)各自所分担的风险责任份额均不得少于20%,而省级再担保资金所承担的风险责任份额则须不低于国家级融资保障资金所分担的相应比例。为了进一步落实银担责任,还需要细化业务准入和担保代偿条件,这样,可以更好地规范金融机构的行为,避免出现不良资产和风险,保护客户的利益。除此之外,还需要实施跟踪评估,各级政府性融资担保机构要对合作金融机构(银行)进行定期评估,重点关注其推荐担保业务的数量和规模、担保对象存活率、代偿率及贷款风险管理等情况,以此作为继续合作的依据。

6. 构建统一的数字化管理机制

"加快数字化发展,建设数字中国"战略是"十四五"规划中的一个重要内容。数字经济已经成为国家发展战略的重要组成部分,应用到各行各业。在这个数字化转型的时代,担保体系也应当紧跟数字化转型趋势,实现数字化转型,打造新时代担保服务。传统担保服务模式已经难以满足人们的需求,需要利用数字化技术打破传统模式下的客户规模天花板。政府和担保机构需要加强数字化建设，将线下担保服务转变为线上线下一体化综合服务，提高服务效率，降低运营成本，提升客户满意度。在数字化转型方面，数据化、线上化、智能化是关键。数据化是指将担保服务中的各种数据进行数字化处理，实现数据的高效利用和共享；线上化是指将担保服务的各个环节进行在线化处理，实现线上线下一体化服务；智能化则是指利用人工智能等技术，提高服务效率和质量，实现个性化服务。

数字金融是金融与科技在新时代融合的产物，利用数字化技术是政府治理现代化的要求。数字金融是未来担保行业的发展方向，需要加强数字化建设，实现担保服务的智能化和个性化，提高服务质量和效率，满足客户需求，推动担保行业的发展。数字化技术是以大量数据为依托实现场景应用，政策性融资担保体系想要转型升级，首先需要找到自己的数据优势。建议政府和担保机构实现数据共通，建立信息共享机制，省级担保集团应该牵头开发建设全省（区、市）担保机构一体化业务管理系统，与人民银行征信系统、省级企业信用信息服务平台、省级融资担保行业监管信息系统等互联共享；基于省级金融综合服务平台，进一步开发担保功能模块，实现担保机构的数据归集共享，支撑省、市、县三级担保机构和用户服务，打造集担保业务管理、政策信息传导、担保产品发布、征信信息查询、智能风险管控应用等服务于一体的省级政府性融资担保综合信息管理平台。

（二）强化担保体系运行协同管理措施

1. 国担基金业务的持续拓展

国家融资担保基金作为党中央、国务院为破解小微企业和"三农"融资难、融资贵问题，支持实体经济发展作出的重大决策和战略部署，应该积极引领全国政策性融资担保体系持续加大对小微企业和"三农"等普惠领域的融资担保支持力度，持续深化银担合作，业务规模实现快速增长，进一步降低合作业务综合融资成本。从国家层面设立国担体系的初衷和设计来看，直接目的是通过银行与体系内规范的担保机构合作推动普惠金融发展，扩大金融服务覆盖面，提高审贷通过率；间接目的是培养银行对普惠客户的风险识别和风险管控能力,从而帮助银行建立"敢贷、愿贷、能贷"的机制,提高银行普惠金融发展能力。双方的目标是一致的,都是为了更好、更快、更精准地服务于更多小微、"三农"客户。业务选得好,双方获益;业务选得差,双方都要承担损失。国担体系自身要风险前瞻,强身健体,规范守信。与银行的合作中不要过度使用行政干预,应该从战略合作的角度寻找到行政干预与商业合作的平衡点;银行要摆正位置,不过分依赖担保机构,充分发挥自己风险控制的核心作用,把好选户、筛户关。双方取长补短,最终实现互利共赢。

(1) 引领体系协同发展。国担体系要建设成一个可信、可靠、可持续的体系。实现这一目标,并不能仅靠中央、地方财政光环,还需要在自身的体制、机制上下功夫。第一,做好全局规划。2015年以前发生的行业兑付危机源于各家担保机构野蛮发展,超出自身兑付能力,进而形成集群性风险。建立了国担体系后,国家担保基金、省级再担机构要承担再担保责任,就需要对下辖机构的数量、业务规模每年作规划。而这一规划并不是单纯的业务发展指标,应是同时考虑发展和风险的平衡性指标,质优先于量,既利于管理,也利于资源集中。

第二,做好信用管理。严格履行代偿责任,不以各种理由拖欠拖延代偿。兑付危机中担保机构丧失代偿能力是主要原因,但部分国有背景担保机构拖延代偿带来了信用危机。在新一轮体系中,国家融资担保基金应以身作则,确保承担的40%及时足额到位;对下级具体承保的原担保机构建立有效的后监督、后惩罚机制,特别是失信担保机构,不能简单地剔出体系处理,应以失信被执行的严厉程度来管理,运用失信黑名单工具。这些机构未完成代偿的存量业务,也应有妥善的解决方式。如此方能维护整个体系的信誉,树立公信力。

第三,加强体系紧密性。国担体系三层级之间依靠再担保连接,带有商业合作性质。因此,这样的三层级关系是一种相对松散的行业自律的协会型管理架构。与银行总行对分支行管理不同,缺乏行政管理权力,缺少强制力。这就导致高层的政令在向下传导的过程中容易出现执行不一致甚至偏差的情况。国家融资担保基金推行总对总对接,代表国担体系与银行总行签署合作协议并下发合作文件,同时向银行、担保机构给出指导性的政策管理要求,但各个省份落地差异很大,如分担比例不一致、担保范围不统一、代偿宽限期不相同等。由于当前国担体系相对松散,缺乏行政强制力,各省份机动空间大,政策执行落地效果各异,各省份再担体系质量各异。这样将不利于长远的体系化管理,质量差的区域有可能拖累整个体系。因此,亟待建立相应的机制,提高体系紧密性,如国家融资担保基金对省级担保机构有审计、考核、监督、评价等管理抓手。单纯依靠商业合作,并不适用于政策化指导的体系。国家融资担保基金作为体系牵头人和最终风险承担者,应建立一整套机构准入、退出、动态调整、考核、惩罚的管理监督机制,并通过差异化授权进行精细化管理。

(2)推动银担深化合作。银担双方的关系是合作伙伴,互利互惠。行业运行初期,普遍认为银行较为强势,将全部的责任都"推卸"给担保机构,银担合作条件对担保机构不利;但从实际运行结果来看,许多担保机构的兑付落空,留下大量的坏账,银行自行消化(大量核销),并没有从银担合作中得到预期的收益。这主要是运行机制和责任异位带来的问题。国担体系成立之初提出"政策性导向、市场化运作"的运行模式,但落地运行时,许多地方出现较为严重的行政干预。担保机构代表当地政府,掌握财政资源(担保机构资本金或当地财政存款),在当地具相对垄断地位,因此银担合作条件也不断向担保机构倾斜,不断提高银行分担比例、限定条件担保代偿、设置代偿上限等,实际上银行已处于弱势地位,银担合作又出现新的失衡。这与地方行政干预加强不无关系,一些做法或已偏离国担体系初衷。无论何种失衡,都将带来负面影响。过度挤压银行获得风险缓释的空间,干扰银行的风控体系,有可能打击银担合作的积极性,尤其是担保机构替代物充足的区域,更严重的亦有可能出现挤出效应。因此,为了构建良性的合作关系,应该尊重商业可持续原则,多听取市场的声音,从战略合作的角度寻找到行政干预与商业合作的平衡点。

小微、"三农"业务往往伴随着高风险的特点,因此无论是什么体系、什么资质的担保机构,还是其他抵押、保证方式,都不可能完全消除业务风险,过度依赖担保机构最终损害的是自己。银行作为经营风险的专业机构,对贷款"三查"、授信方案选择、存续期管理等责无旁贷,只有坚持以自有的风控体系来筛户、选户、评户,做自己主动想做的,将担保机构作为一种辅助和锦上添花的风险缓释措施,才能让银担业务持续健康发展。

2. 省级担保机构协同管理

(1) 强化与国家融资担保基金的协同。首先,要充分发挥省级信用再担保集团的桥梁和纽带作用,深度对接国家融资担保基金,扩大国家融资担保基金对省(区、市)的授信规模、再担保业务合作规模,并争取国家融资担保基金对省级担保集团的股权投资。其次,要通过持续深化国家融资担保基金推动的银担"总对总"批量担保等业务,简化担保流程、提高担保效率,使资本实力较弱、专业人才少、风控能力弱的基层政府性融资担保机构更好地为小微企业、"三农"等实体经济做好融资服务。最后,贯彻执行国家融资担保基金有关风险防控工作的指导意见、业务流程管理指引、审计操作规范、内部控制体系建设经验等政策要求,引领全省(区、市)担保体系成员更好发挥政府性担保作用。

(2) 强化与设区市政府协同。首先,协助体系成员积极与当地政府沟通,统筹业务结构和当地产业,一方面要积极为当地优势和特色产业主体提供融资担保服务,并突出支小支农导向;另一方面要避免单一机构、单一行业、单一融资渠道、单一类别客户或单一客户等过于集中的风险。其次,协助体系成员积极争取地方政策支持,一方面,积极推动当地政府完善资本金补充、保费补贴、代偿风险补偿等支持政策,保证中央加大对小微企业融资支持、推动金融让利实体经济有关决策部署的落实,推动行业可持续发展;另一方面,积极推动当地政府落细落实政府性融资担保机构绩效评价体系,切实取消或降低保值增值要求,完善尽职免责机制,提升体系成员和从业人员"敢担"的积极性。

另外,各省级担保集团应该切实发挥龙头作用,参照国家融资担保基金股权投资做法,根据需要会同相关设区市政府加快推进对市级担保机构的股权投资,构建以股权为纽带的紧密型省市担保机构体系,争取实现省级担保集团对相关市级担保机构股权投资全覆盖。在"三农"方面,各省级担保集团应积极发挥在政策性农业融资担保领域的引领带动作用,深化与各地涉农融资担保机构的业务协同。

(3) 强化与金融机构的协同。在国家融资担保基金推出的银担"总对总"批量担保业务基础上,省级担保集团应充分发挥省级政府性融资担保龙头引领作用,强化与银行业金融机构的协同。具体措施如下:一是优化银担分险比例,引导银担合作各方在充分沟通的基础上,探索设定风险可分担、商业可持续的银担风险分担比例和合作机制,适当整合各级普惠金融产品;二是调整银担合作准入条件,降低注册资本、经营年限、担保放大倍数等准入门槛,在授信额度、利率水平、续贷条件等方面提供更多优惠,在有效获客、尽职调查、业务办理、贷后管理、代偿手续等方面实现信息共享;三是针对我国小微企业外源性融资主要依靠银行贷款的现状,积极主动对接银行产品和风控机制,通过数字化改造优化业务流程,融入银行业务场景,丰富银担"总对总"批量担保业务,创新批量合作产品,提升服务质量,建立贷款全流程限时制度;四是探索政府性融资担保机构与银行开展并行审批,开展"见贷即保、见保即贷"的银担联动,有效提高担保、增信效率。

3. 辖区内担保机构协同管理

(1) 省级层面,统筹治理体系。省级担保集团作为政府性融资担保体系的引领者,其职责在于统筹治理体系,履行沟通、研发、示范和培训等职能。一是要以再担保的增信、分险、规范与引领功能为基础,充分发挥再担保整合资源的平台和政策导向作用,综合研判市场主体资金需求,积极对接产业主管部门提供金融支持,在小微、"三农"、科创等重点领域形成政策合力,优化融资担保行业业务结构。二是着力构建全省(区、市)统一的"一网一库三大应用体系"数字化架构,打造集多元化服务于一体的省级政府性融资担保综合信息管理平台,推进全省(区、市)政府性融资担保机构数字化转型、制度重塑、规则优化、服务迭代升级,全面提升服务小微企业、"三农"能力。三是要促进辖内政府性担保机构建立完善公司治理结构,加强内部控制体系建设,并根据具体业务类别或业务品种,出台业务操作规范和风险防控指引,不断规范辖内政府性担保机构业务操作。同时,要通过线上线下相结合的方式开展风险防控培训,搭建辖内政府性担保机构交流平台,分享行业风险防控经验,选取典型风险案例剖析代偿风险发生原因,为体系成员答疑解惑,解决问题。四是对系统性风险、行业风险、市场风险进行监控，从客户行业、银行渠道、机构地区等不同维度展开分析，识别业务代偿风险分布情况，剖析业务风险成因和风险特征，及时提示、引导、跟踪辖内政府性担保机构的风险控制和化解。

（2）市级层面，整合担保资源。市（县）政府性担保机构一体化运营改革是破解融资担保行业"小散弱"、作用发挥不明显等问题的一项制度性安排。市（县）政府性担保机构一体化运营改革，一是有利于辖区内政府性融资担保机构资本的扩大，强化与银行议价的能力；二是有利于组建专业经营管理团队，形成制度体系化、队伍专业化、流程标准化、管理信息化的统一高效管理模式；三是按照市场化原则开展业务，减少行政干预，确保管理独立、业务独立、考核独立。

地市级政府性担保机构作为市、县一体化运营改革的主体，其职责在于加强市、县级担保业务资源整合，优化供给，全方位提升融资担保能力。首先，做大做强做优地市级担保机构，通过国家融资担保基金和省级担保机构向下参股、县级担保机构向上参股，以及增资、合并等方式，增强地市级担保机构资本实力、资源统筹能力和人才吸引力。其次，针对县（市）级担保机构"小散弱"的状况，要在综合考虑各县（市）市场融资需求和机构综合实力的基础上，持续推进市、县级担保机构一体化运营改革，完善公司治理结构，打造稳定专业的人才队伍，实现县域融资担保业务全覆盖，提高担保机构整体实力和传导效率。再其次，通过业务指引、操作规范，实现专业化、精细化管理，完善小微企业和"三农"担保绩效考核、薪酬激励、尽职免责机制，以提升财政资金使用效率和机构担保能力，建立"愿担""敢担"的长效机制。最后，深化与当地市政府的合作，逐步整合归并其他各类担保性质专项资金，统一归口由担保机构提供担保服务，增强担保、增信整体效能。

（3）县级层面，建设业务体系。县级政府性担保机构一体化运营改革，随着吸收合并、减量提质等措施的进行，县级政府性融资担保机构的服务半径大大扩张，如果不能采取有效措施，建立放弃覆盖全县域的担保业务服务体系，那么县级政府性担保机构面临的信用信息不对称问题会更为突出。因此，县级层面职责在于加强业务体系建设，推动普惠金融业务发展。

首先，要提升基层担保队伍素质，引进懂信贷、爱"三农"、有经验的专业人才，并加强业务培训，建立起一支规模适当、业务专精的专业担保队伍，提供更优质高效的服务。其次，要促进县级办事机构与当地政府、银行间保持联系，相互推荐符合条件的小微企业、"三农"企业开展担保业务。最后，要通过数字化技术赋能政策性担保，借助政务、商业等外部数据破解小微企业和"三农"信息碎片化等问题，借助统一的业务系统推进政府性融资担保体系业务标准化和规范化建设，借助信息共享、系统对接提高银行审批流程的效率，降低审批流程的风险。

主要参考文献

[1] 鲍洪安. 区域性中小企业融资担保体系研究 [D]. 天津：天津大学，2009.

[2] 财政部财政科学研究所课题组. 财政支持中小企业信用担保政策研究 [J]. 经济研究参考，2010 (31)：2-34.

[3] 蔡文宇，陈玉菁. 我国中小企业信用担保引入政府补贴的可行性探讨：基于博弈论的视角 [J]. 上海金融，2009 (12)：25-28.

[4] 蔡吟茜. 政策性担保融资的实践效应及优化路径——以温州为例 [J]. 中国经贸导刊，2020 (6)：67-69.

[5] 曹永辉，卢星颖. 政府性融资担保机构的政策性支持 [J]. 中国金融，2020 (10)：91-92.

[6] 车安华，马小林. 基于征信与担保视角破解小微企业融资难 [J]. 征信，2018，36 (8)：35-38.

[7] 陈晨. 担保机构内部控制研究——以××担保机构为例 [D]. 镇江：江苏大学，2016.

[8] 陈菲琼，殷志军，王寅. 影响信用担保机构运行效率的风险因素评估——以浙江省为例 [J]. 财贸经济，2010 (12)：36-42.

[9] 陈晓华. 山西省融资担保体系建设研究 [D]. 太原：太原理工大学，2021.

[10] 程啸. 混合共同担保中担保人的追偿权与代位权——对《物权法》第176条的理解 [J]. 政治与法律，2014 (6)：87-97.

[11] 崔晓玲. 我国信用担保运行机制及其效率评价研究 [D]. 沈阳：东北大学，2013.

[12] 崔晓玲，钟田丽. 基于DEA的信用担保运行效率求解方法 [J]. 运筹与管理，2010，19 (6)：117-122.

[13] 崔晓玲,钟田丽,秦捷.中小企业信用担保运行效率评价[J].东北大学学报(自然科学版),2010,31(1):149-152.

[14] 崔晓玲,钟田丽.信用担保运行机制效率指标体系构建[J].财会通讯,2012(22):16-18.

[15] 崔晓玲,钟田丽,于连国.基于DEA粒子群优化算法的政策性信用担保运行效率分析——来自东北某省的数据[J].财会通讯,2011(24):115-118.

[16] 邓丽娜,王凤飞.后金融危机时代中小企业融资难题的破解——河北省中小企业信用再担保体系构建的基本方案设计[J].经济与管理,2012(1):64-67.

[17] 邓霆.设立小微企业政策性银行的建议[J].中国国情国力,2020(8):43-46.

[18] 丁波.我国精准脱贫评估流程的解构与重构——基于委托代理理论视角[J].甘肃社会科学,2020(2):136-142.

[19] 丁晓丽,江苏小微企业融资担保有效性影响因素研究[D].镇江:江苏大学,2019.

[20] 樊纲等.公有制宏观经济理论大纲[M].上海:上海人民出版社,1995.

[21] 范文静."政银担"农业信用担保贷款创新模式研究——以山东和安徽为例[D].南京:南京农业大学,2018.

[22] 封北麟.精准施策缓解企业融资难融资贵问题研究——基于山西、广东、贵州金融机构的调研[J].经济纵横,2020(4):110-120.

[23] 冯克珠.解决小微企业融资难问题研究——基于担保市场结构视角[D].镇江:江苏大学,2013.

[24] 高少娜.中意小微企业融资担保机制比较研究[D].北京:首都经济贸易大学,2019.

[25] 高正平,王淼.我国优质实体经济项目源培育的政府作用机制[J].财经论丛,2011(1):26-32.

[26] 耿建芳,杨宜.中小企业融资担保业监管有效性分析[J].经济研究参考,2013(49):47-52.

[27] 顾海峰. 基于银保协作路径的商业银行信用风险预警机制研究[J]. 财经理论与实践, 2012, 33 (4): 2-6.

[28] 顾海峰. 我国中小企业融资担保风险运营的财政支持与内部补偿[J]. 地方财政研究, 2009 (7): 9-13.

[29] 顾海峰. 银保协作、担保投资与银行信用风险分散——基于银保信贷系统的视角[J]. 金当代经济科学, 2017, 39 (4): 41-50.

[30] 顾海峰. 银保协作、政府助保贷款与银行信用风险分散——基于信息甄别与信用增进的双重视角[J]. 金融论坛, 2018, 23 (8): 14-27.

[31] 顾海峰. 制度性金融创新与我国中小企业融资担保体系发展研究[J]. 南方金融, 2012 (3): 18-22.

[32] 顾海峰. 制度性金融创新与我国中小企业信用担保体系发展研究[C]. 中国经济规律研究会第十八届年会论文集, 2008-11-01: 619-628.

[33] 顾海峰. 中小企业金融担保风险补偿机制的系统性构建研究[J]. 新金融, 2011 (5): 32-36.

[34] 顾海峰. 中小企业金融担保风险分散机制的系统性建构研究[J]. 金融理论与实践, 2011 (5): 13-17.

[35] 顾海峰. 中小企业金融发展的创新路径研究——信贷配给视角下银保风险协作机制的建构[J]. 山西财经大学学报, 2010 (1): 36-42.

[36] 顾海峰. 中小企业融资担保风险管理机制的重塑研究[J]. 南方金融, 2011 (4): 8-12.

[37] 顾海峰, 中小企业信用担保风险定价与控制研究[D]. 长沙: 中南大学, 2006.

[38] 郭紫文. 再担保体系经济主体的收益与风险分担研究[D]. 北京: 北京交通大学, 2012.

[39] 国务院办公厅, 关于有效发挥政府性融资担保基金作用切实支持小微企业和"三农"发展的指导意见[J]. 当代农村财经, 2019 (3): 41-44.

[40] 郝颖. 中小企业信用担保研究——构建并完善西部中小企业信用担保体系[D]. 成都: 西南财经大学, 2003.

[41] 何翠萍. 融资性担保机构监管法律制度研究[D]. 绵阳: 西南

科技大学，2016.

[42] 何九盈，王宁，董琨. 辞源（第三版）[M]. 北京：商务印书馆，2017.

[43] 何利辉，钟玮. 支持中小企业融资的财政政策研究 [J]. 经济研究参考，2016（47）：38-43.

[44] 贺帅. CB 融资担保机构业务结构优化研究 [D]. 西安：西北大学，2020.

[45] 洪昀至. 安徽省政府性融资担保体系建设研究 [J]. 中国市场，2022（32）：22-24.

[46] 胡海波. 我国中小企业信用担保制度问题研究 [D]. 长沙：湖南大学，2007.

[47] 胡雪娇. 中小企业政策性融资担保的实践效应研究 [D]. 天津：河北工业大学，2015.

[48] 黄惠春，范文静. 政府功能视角下"政银担"贷款模式的运行机制——以山东和安徽为例 [J]. 南京农业大学学报（社会科学版），2019（2）：131-141+160.

[49] 黄琦. 小微企业融资的银担合作困局——河南省融资担保行业发展研究 [J]. 金融理论与实践，2019（1）：47-54.

[50] 贾超. 中小企业信用管理对融资决策影响研究 [D]. 武汉：中南民族大学，2013.

[51] 贾康. 乡村振兴和县镇金融发展中的政策性融资 [J]. 华中师范大学学报（人文社会科学版），2018，57（6）：5-9.

[52] 姜长云，刘明轩. 中小企业融资担保及其信用等级改善 [J]. 改革，2009（10）：123-130.

[53] 姜洪涛，徐攀. 中外融资担保体系：运作模式、治理机制及政策启示 [J]. 商业会计，2021（18）：15-18，40.

[54] 姜华东，易赞，刘宝军. 推进政府性融资担保工作的政策建议 [J]. 中国财政，2020（15）：55-57.

[55] 蒋平. 试论我国融资担保监管体系的构建：基于博弈论的视角 [J]. 南方金融，2011（3）：35-39.

[56] 蒋平. 中国中小企业融资担保制度问题研究 [D]. 成都: 西南财经大学, 2011.

[57] 金增都. 基于 DEA—Tobit 模型的政策性融资担保机构运行效率研究——以浙江省为例 [D]. 杭州: 浙江大学, 2018.

[58] 孔丽娜, 汪三琴. 小微企业政策性融资担保体系建设的国际比较与经验借鉴 [J]. 海南金融, 2020 (3): 33 – 37.

[59] 李怀阳. 我国中小企业信用担保体系的缺陷及对策研究 [D]. 济南: 山东大学, 2006.

[60] 李江源, 马松, 李佳驹等. 加快政策性担保和再担保机构建设破解中小微企业融资难融资贵难题——基于四川的思考 [J]. 现代管理科学, 2017 (7): 100 – 102.

[61] 李磊. S 省政策性再担保: 问题、成因及对策分析 [D]. 成都: 西南财经大学, 2019.

[62] 李明艳. 信用担保参与主体利益协调研究 [D]. 北京: 北京交通大学, 2015.

[63] 李明玉, 徐瑞范. 我国小微企业的弱质性分析 [J]. 现代商业, 2012 (18): 167 – 168.

[64] 李飘. 融资性担保机构风险控制法律问题研究 [D]. 长沙: 湖南大学, 2017.

[65] 李铁宁, 罗建华, 扶缚龙. 多目标政府补偿的担保优化模型及模式研究 [J]. 金融理论与实践, 2016 (12): 43 – 47.

[66] 李铁宁, 罗建华, 胡建国. 分类分级的政策性融资担保业务费率体系构建 [J]. 金融发展研究, 2016 (10): 20 – 25.

[67] 李文文, 中小企业融资担保问题研究 [D]. 淄博: 山东理工大学, 2015.

[68] 李晓杰. 山西省国有再担保机构发展问题研究 [D]. 太原: 山西财经大学, 2015.

[69] 李新瑾. 中小企业信用担保体系研究 [D]. 青岛: 中国海洋大学, 2006.

[70] 李雅宁, 杨宜, 刘婧. 我国融资担保机构运行绩效的实证研究——

以北京市融资担保机构为例[J]. 商业经济研究, 2017 (6): 187-190.

[71] 李正图. 新制度经济学委托代理理论视野的拓展[J]. 经济理论与经济管理, 2020 (6): 21-38.

[72] 李子玉. A投资担保机构内部控制案例研究[D]. 北京: 北京交通大学, 2015.

[73] 梁军峰, 赵亮. 我国中小企业信用担保体系的发展现状及国外经验借鉴[J]. 改革与战略, 2017, 33 (5): 164-167.

[74] 刘菡. 河南省融资担保行业风险控制问题研究[D]. 郑州: 郑州大学, 2018.

[75] 刘媚. 中小企业信用担保中银保利益关系研究[D]. 湘潭: 湘潭大学, 2017.

[76] 刘晓虎. 基于HY县担保机构的风险补偿政策问题研究[D]. 蚌埠: 安徽财经大学, 2017.

[77] 刘兴亚. 融资担保模式探索——以安徽为例[J]. 中国金融, 2015 (20): 91-93.

[78] 刘中杰. 论我国农村融资担保法律制度的改革与创新[J]. 农业经济问题, 2013, 34 (1): 27-33+110.

[79] 陆宇锋, 张智勤. 强化中小企业政策性融资担保机制研究——基于新常态下的福建银行业监管视角[J]. 金融监管研究, 2015 (12): 89-104.

[80] 吕劲松. 关于中小企业融资难、融资贵问题的思考[J]. 金融研究, 2015 (11): 115-123.

[81] 罗志华, 黄亚光. 西方中小企业融资担保体系运行机制研究: 一个文献综述[J]. 经济体制改革, 2017 (2): 163-170.

[82] 罗志华, 蒋霞. 我国中小企业融资担保体系选择研究——基于四川省融资担保业的调查分析[J]. 西南金融, 2017 (1): 50-57.

[83] 罗志华, 宋锦阳. 我国融资担保业流动性及风险分担机制研究——基于四川省融资担保业的调查[J]. 西南金融, 2015 (12): 38-42.

[84] 马国建, 蔡静. 中小企业信用再担保风险评价研究[J]. 科技管理研究, 2013, 33 (2): 208-212.

[85] 马国建, 韦俊杰. 多主体收益视角下的融资担保体系建设研究 [J]. 金融理论与实践, 2020 (7): 16-25.

[86] 马松, 潘珊, 姚长辉. 担保机构、信贷市场结构与中小企业融资——基于信息不对称框架的理论分析 [J]. 经济科学, 2014 (5): 62-78.

[87] 马通之. 加快推进省级融资担保基金设立运作 [J]. 中国财政, 2018 (15): 60.

[88] 梅金品. 杭州市中小企业信用担保体系建设中的政府行为研究 [D]. 杭州: 浙江大学, 2011.

[89] 梅强, 许红珍. 再担保体系内银保风险共担研究——基于系统动力学 [J]. 技术经济与管理研究, 2014 (2): 78-82.

[90] 潘楚楚. 北京市高科技中小企业信用担保模式研究 [D]. 北京: 北京化工大学, 2008.

[91] 潘楚楚, 杨宜. 高科技中小企业信用担保运作模式的选择 [D]. 镇江: 江苏大学, 2012.

[92] 潘楚楚, 杨宜. 高科技中小企业信用担保运作模式的选择 [J]. 北京工业大学学报 (社会科学版), 2007, 7 (5): 31-34.

[93] 潘有典, 田昆, 王顺. 完善我国中小企业融资担保体系的政策建议 [J]. 商业经济与管理, 2002 (1): 53-57.

[94] 齐辉. 我国中小企业信贷风险管理的研究 [D]. 北京: 中国科学院研究生院, 2009.

[95] 齐金钊. 推进政策性融资担保体系建设 [N]. 中国证券报, 2020-05-28 (A05 版).

[96] 乔桂明, 段康伟. 乡镇企业融资担保问题研究——以江苏省为例 [J]. 农业经济问题, 2009 (1): 57-60.

[97] 人民银行党校2020年秋季班课题研究小组. 地方财政配合"金融保市场主体"的实践分析 [N]. 金融时报; 2021-01-11 (版次: 10 版).

[98] 沈坤荣, 赵亮. 中国民营企业融资困境及其应对 [J]. 江海学刊, 2019 (1): 92-98+254.

[99] 施翼, 郑斌斌. 风险共担普惠共享 [N]. 浙江日报, 2017-07-14.

[100] 宋慧中, 梁洪泉. 融资担保研究文献综述 [J]. 征信, 2022,

40 (5): 80-85+92.

[101] 宋允智. 以政策性担保体系建设助力区域经济健康发展 [J]. 唯实, 2020 (10): 64-67.

[102] 苏旺胜, 施祖麟. 信用担保制度提高信贷市场绩效的理论与方案 [J]. 清华大学学报（哲学社会科学版), 2003 (S1): 90-99.

[103] 孙昌兴, 张春梅. 中国中小企业信用再担保制度的构建 [J]. 河海大学学报（哲学社会科学版), 2011 (1): 62-66+91-92.

[104] 孙康. 中小企业政策性融资担保运行效率提升研究 [D]. 天津: 河北工业大学, 2016.

[105] 孙艳红. 借鉴国外经验发展我国融资担保业的思考 [J]. 南方金融, 2013 (5): 89-91+75.

[106] 谈雪蛟. 微型企业融资担保法律制度研究 [D]. 兰州: 西北师范大学, 2021.

[107] 谭冰梅. 深圳将试水"小额贷款保证险" [N]. 南方日报, 2018-09-26 (版次: SC01版).

[108] 汤钟尧, 沈彦菁. 基于博弈分析的银担风险分担机制研究 [J]. 上海金融, 2017, 10: 88-90.

[109] 唐惠钦. 我国融资担保行业发展思考 [J]. 合作经济与科技, 2020 (3): 66-68.

[110] 唐敬春. 合同能源管理投融资研究 [D]. 北京: 中国人民大学, 2009.

[111] 田建东. 安徽省"4321"政银担融资担保模式研究 [D]. 西宁: 青海大学, 2020.

[112] 田娟娟, 梁峰. 我国战略性新兴产业的政策性融资效应分析 [J]. 农村金融研究, 2016 (4): 31-36.

[113] 汪彬雯. 我国信用担保机构与商业银行合作关系研究 [D]. 桂林: 桂林电子科技大学, 2012.

[114] 汪辉, 邓晓梅, 杨伟华等. 中小企业信用再担保体系演化稳定条件分析 [J]. 中国管理科学, 2016 (7): 1-10.

[115] 王斌. 中小企业融资困境解析及其信用担保机制研究 [D]. 南

京：东南大学，2006.

[116] 王丽珠. 我国中小企业信用担保体系的国际借鉴——以日本为例 [J]. 国际金融研究，2009（7）：87-96.

[117] 王淼. 中小微企业信用担保贷款风险比例分担研究——提供政府补贴的两方合作博弈模型 [J]. 商业经济与管理，2017（3）：62-68.

[118] 王宁. 金融扶贫机理与实践创新研究 [D]. 保定：河北农业大学，2016.

[119] 王胜. 商业性融资担保机构风险管理案例研究——以JF公司为例 [D]. 赣州：江西理工大学，2020.

[120] 王亭亭. "双循环"新发展格局下河北省面临的经济形势、挑战及其应对措施 [J]. 经济论坛，2021（7）：5-11.

[121] 王伟. 政策性融资范畴界定与研究展望 [J]. 地方财政研究，2019（5）：83-87.

[122] 王雯倩. 中小企业融资担保博弈分析及创新模式研究 [D]. 安徽：合肥工业大学，2016.

[123] 王翊亮，郭文波. 协同治理模式下推进信用体系建设的思考 [J]. 宏观经济管理，2018（10）：52-57.

[124] 王永聪. 寻求融资性担保行业的机制改善路径——基于四川省融资担保业发展现状的分析 [J]. 金融经济（市场版），2020（6）：56-62.

[125] 王玉芬. 小微企业信用制度建设与完善——以内蒙古地区为例 [J]. 人民论坛，2015（8）：232-234.

[126] 王媛媛. 基于合作博弈下的银行保险利益分配机制研究 [J]. 保险市场，2012，431，67-70.

[127] 威志行. 中小企业融资政策性担保研究——以上海市长宁区为例 [D]. 上海：上海交通大学，2015.

[128] 韦俊杰. 小微企业融资再担保业务风险防范机制研究 [D]. 镇江：江苏大学，2021.

[129] 魏少贤. 甘肃省再担保体系建设及运行机制设计 [J]. 2019（3）：60-64.

[130] 魏巍，彭纪生，华斌. 政府创新支持与企业创新：制度理论和

委托代理理论的整合[J]. 重庆大学学报(社会科学版), 2021: 1-13.

[131] 温信祥. 日本中小企业信用担保体系及其启示[J]. 武汉金融, 2013 (1): 40-43.

[132] 文学舟, 丁晓丽, 袁仕陈. 环境规制下绿色融资担保风险防控的演化博弈分析[J]. 金融理论与实践, 2019 (2): 17-24.

[133] 文学舟, 丁晓丽, 张静. 中国小微企业融资担保有效性影响因素研究——基于江苏省担保机构的实证分析[J]. 统计与信息论坛, 2019, 34 (1): 49-57.

[134] 文学舟, 蒋海芸, 张海燕. 多方博弈视角下违约小微企业融资担保圈各主体间信任修复策略研究[J]. 预测, 2020 (2): 76-83.

[135] 文学舟, 梅强. 日美意三种模式信用担保机构的国际比较与借鉴[J]. 经济问题探索, 2011 (7): 173-179.

[136] 文学舟, 梅强. 我国不同模式担保机构的市场定位及协同发展研究——基于江苏担保机构的实证分析[J]. 预测, 2012, 31 (6): 28-34.

[137] 文学舟, 张海燕, 蒋海芸. 小微企业融资中银企信任机制的形成及演化研究——基于信用担保介入的视角[J]. 经济体制改革, 2019 (3): 143-150.

[138] 文学舟, 张金文. 我国融资性担保机构绩效评价实证研究——以江苏省为例[J]. 征信, 2014, 32 (10): 20-24.

[139] 吴俊丽. 中小企业信用担保体系的发展方向与政府角色[J]. 贵州财经大学学报, 2012, 3: 58-63.

[140] 吴晓冀. 融资性担保机构的经营问题及可持续发展研究[J]. 新金融, 2014 (9): 40-43.

[141] 吴晓冀. 融资性担保机构经营中存在的问题及可持续经营研究[D]. 上海: 上海交通大学, 2014.

[142] 吴晓冀. 银行对融资担保机构的合作选择——由融资担保行业调整和转型引发的思考[J]. 新金融, 2016, 2: 43-46.

[143] 吴志宇. 住房置业担保法律制度研究[D]. 重庆: 西南政法大学, 2009.

[144] 相颖. 山东省政府性融资担保体系中的政府作用研究[D]. 济

南：山东大学，2021.

[145] 谢巨波. 基于准公共产品界定下的中小企业信用担保效率研究[D]. 广州：暨南大学，2005.

[146] 谢科. 广西融资再担保体系构建研究[D]. 西宁：广西大学，2016.

[147] 谢日华. 广东省中小微企业政策性融资担保体系构建问题研究[D]. 南昌：江西财经大学，2017.

[148] "4321"新型政银担 破解小微贷款难[N]. 湖北日报，2018-12-04（版次：8版）.

[149] 徐攀，李玉双. 政策性融资担保机构运行效率的测算及其影响因素——基于浙江省微观调研数据的分析[J]. 财经论丛（浙江财经学院学报），2022（5）：56-65.

[150] 徐攀. 农业经营主体融资担保协同机制与效应——浙江省农担体系建设的探索与实践[J]. 农业经济问题，2021（10）：113-126.

[151] 许高铭. 民营中小企业融资担保效率评价及影响因素研究[D]. 镇江：江苏大学，2021.

[152] 许光建，卢倩倩，许坤. 破解政策执行困境：基于多任务委托代理模型[J]. 行政管理改革，2020（9）：48-59.

[153] 薛菁，侯敬雯. 中小企业融资信用担保体系参与主体利益冲突与均衡分析[J]. 商业研究，2012（6）：123-128.

[154] 严晓路. 安徽省中小企业融资担保体系问题研究[D]. 合肥：安徽大学，2009.

[155] 颜佳华，吕炜. 协商治理、协作治理、协同治理与合作治理概念及其关系辨析[J]. 湘潭大学学报（哲学社会科学版），2015，39（2）：14-18.

[156] 杨松，张建. 我国"政银担合作"模式的逻辑基础及制度完善[J]. 辽宁大学学报（哲学社会科学版），2018，46（5）：95-106.

[157] 叶斌杰，我省加快建设政策性融资担保体系[N]. 浙江日报，2017-04-02（版次：00002版）.

[158] 叶蕾. YNDB担保机构风险内部管控体系完善与风险分散策略

研究 [D]. 昆明：云南大学，2011.

[159] 殷志军. 中小企业信用担保机构运行机制和效率研究——以浙江省为例 [D]. 杭州：浙江大学，2011.

[160] 营改增税收指引（三）[N]. 新文化报，2016-04-07（版次：A02 版）.

[161] 于孝建，徐建军. 中小企业信用再担保各合作方的风险和收益分析 [J]. 系统工程，2013（5）：33-39.

[162] 于中琴. 信贷配给下的中小企业融资担保模式：国际比较及中国的选择 [J]. 贵州财经学院学报，2012（6）：71-76.

[163] 余多. A 市中小企业政策性融资担保研究 [D]. 武汉：华中师范大学，2018.

[164] 余文建，邓蒂妮. 辅助睢生金融机构发展与中小企业融资改善：台湾地区的经验与借鉴 [J]. 上海金融，2008（8）：81-84.

[165] 曾科. 我国信用担保行业存在的问题研究 [D]. 重庆：西南政法大学，2011.

[166] 张承慧. 优化融资担保商业模式提升融担体系服务效率 [J]. 金融论坛，2019，24（7）：3-8+39.

[167] 张弘，黄张凯，钟笑寒. 地方监管体制对担保行业发展的影响——来自中国的证据 [J]. 投资研究，2019，38（12）：36-51.

[168] 张菊生. 我国融资担保行业的发展存在的问题及解决途径 [J]. 商情，2018（19）：98-992.

[169] 张明娟. 青海融资性担保行业发展问题及对策研究 [D]. 西宁：青海民族大学，2017.

[170] 张明哲，宋丹丹. 规范政府性融资担保基金推进银担合作回归本源 [J]. 中国农村金融，2019（6）：44-46.

[171] 张婷. 我国中小企业融资担保体系问题研究 [J]. 求实，2012（S2）：128-130.

[172] 张阳春. "4321" 新型政银担亟待加速发力 [N]. 湖北日报，2019-08-13（版次：08 版）.

[173] 张一章，秦红霞. 以政策性融资担保助推普惠金融 [N]. 安徽

日报，2020-04-07（版次：06版）.

[174] 张卓琳. 中小企业信用担保机构有效运行模式研究 [D]. 长沙：中南大学，2005.

[175] 章云君，潘煜双，李玉双，徐耀中等. "三农" 数字化赋能融资担保模式研究——以浙江嘉兴为例 [J]. 商业会计，2022（6）：32-35.

[176] 赵全厚，黄蓉. 中小企业政策性融资担保国际经验借鉴 [J]. 地方财政研究，2019（6）：106-112.

[177] 赵睿. 完善政策性融资担保体系助解小微企业融资难题——基于北京市政策性融资担保体系的思考 [J]. 银行家，2021（11）：97-98.

[178] 赵旭梅. 日本政策性金融体系改革的制度设计及启示 [J]. 日本学刊，2012（4）：19-33+157.

[179] 郑斌斌，施翼. 铭记使命初心 扎根小微"三农" [N]. 浙江日报，2017-12-07（00014版）.

[180] 郑昱坤，刘俊阳，李思远. 区域信用担保机制演变及研究——基于怀来县信用担保方式演变的分析研究 [J]. 河北金融，2010（11）：3-5，8.

[181] 植凤寅. 担保业转型与破局 [J]. 中国金融，2015（10）：96-99.

[182] 中国财政科学研究院. "降成本" 融资成本调研组，降低实体企业融资成本调研报告 [R]. 财政科学，2019-12-30.

[183] 中国农网. 财政部：为小微企业和 "三农" 主体融资增信 [J]. 四川农业科技，2020（4）：33.

[184] 仲伟周，王新红等. 担保机构与银行合作的最优担保规模 [J]. 西安交通大学学报（社会科学版），2010，6：25-29.

[185] 重启小微 "复苏器" 破解政府性融资担保功能 "失灵" [N]. 中国经营报；2020-06-01（版次：40版）.

[186] 周洁. 政策性融资担保机构现状分析及经营建议 [J]. 特区经济，2022（4）：82-85.

[187] 周雪光. 中国国家治理的制度逻辑：一个组织学研究 [M]. 上海：上海三联书店，2017：128.

[188] Akerlof G A. The Market for 'Lemons': Quality Uncertainty and the Market Mechanism [J]. The Quarterly Journal of Economics, 1970, 84

(3): 488-500.

[189] Allan L. Riding. George Haines Jr. Loan Guarantees: Costs of Default and Benefits to Small Firms [J]. Jouranl of Business. 2014 (6): 201-210.

[190] Andini M, Boldrini M, Ciani E, et al. Machine learning in the service of policy targeting: The case of public credit guarantees [J]. Journal of Economic Behavior & Organization, 2022, 198: 434-475.

[191] Armstrong C, Craig B, William E. Jackson Ⅲ, James B. Thomson. The Moderating Influence of Financial Market Development on the Relationship between Loan Guarantees for SMEs and Local Market Employment Rates. [J]. Journal of Small Business Management, 2014, 51 (1): 126-140.

[192] Bachas N, Kim O S, Yannelis C. Loan guarantees and credit supply [J]. Journal of Financial Economics, 2021, 139 (3): 872-894.

[193] Beck T, Klapper L F, Mendoza J C. The typology of partial credit guarantee funds around the world [J]. Journal of Financial Stability, 2010, 6 (1): 10-25.

[194] Berger, UdeLL, Tisha Rushafa Tasnim, Islam Md. Ashikul. Does financing behavior of SME entrepreneurs of Bangladesh follow capital structure theory? An investigation into Pecking Order Theory [J]. International Journal of Financial Engineering, 2021, 08 (01).

[195] Bernard H, Bisignano J. Information, liquidity and risk in the international interbank market: implicit guarantees and private credit market failure [J]. 2000.

[196] Bertoni F, Colombo M G, Quas A. The long-term effects of loan guarantees on SME performance [J]. Journal of Corporate Finance, 2023, 80: 102408.

[197] Bertoni F, Marti J, Reverte C. The impact of government-supported participative loans on the growth of entrepreneurial ventures [J]. Research Policy, 2019, 48 (1): 371-384.

[198] Briozzo A, Cardone-Riportella C. Spanish SMEs' Subsidized and Guaranteed Credit during Economic Crisis: A Regional Perspective [J]. Re-

gional Studies, 2016, 50 (3): 496-512.

[199] Brown J D, Earle J S. Finance and Growth at the Firm Level: Evidence from SBA Loans [J]. The Journal of Finance, 2017, 72 (3): 1039-1080.

[200] Brown J R, Martinsson G, Thomann C. Government lending in a crisis [J]. Journal of Corporate Finance, 2021, 71: 102116.

[201] Caselli S, Corbetta G, Cucinelli D, et al. A survival analysis of public guaranteed loans: Does financial intermediary matter? [J]. Journal of Financial Stability, 2021, 54: 100880.

[202] Caselli S, Corbetta G, Rossolini M., Vecchi V. Public Credit Guarantee Schemes and SMEs' Profitability: Evidence from Italy [J]. Journal of Small Business Mamagement, 2019, 57: 555-578.

[203] Chan Y S, Kanatas G. Asymmetric Valuations and the Role of Collateral in Loan Agreements [J]. Journal of Money, Credit and Banking, 1985, 17 (1): 84-95.

[204] Chan Yuk-Shee, Thakor A V. Collateral and Competitive Equilibria with Moral Hazard and Private Information. The Jouranl of Finance. 2014. 21 (3): 345-363.

[205] Cowan K, Drexler A, Álvaro Yañez. The effect of credit guarantees on credit availability and delinquency rates [J]. Journal of Banking & Finance, 2015, 59: 98-110.

[206] Cowling M, Siepel J. Public intervention in UK small firm credit markets: Value-for-money or waste of scarce resources? [J]. Technovation, 2013, 33 (8): 265-275.

[207] Cowling M. The role of loan guarantee schemes in alleviating credit rationing in the UK [J]. Journal of Financial Stability, 2010, 6 (1): 36-44.

[208] de Blasio G, De Mitri S, D'Ignazio A, et al. Public guarantees to SME borrowing. A RDD evaluation [J]. Journal of Banking & Finance, 2018, 96: 73-86.

[209] D'Ignazio A, Menon C. Causal Effect of Credit Guarantees for Small- and Medium-Sized Enterprises: Evidence from Italy [J]. The Scandinavian Jour-

nal of Economics, 2020, 122 (1): 191 –218.

[210] Duchin R, Martin X, Michaely R, et al. Concierge treatment from banks: Evidence from the paycheck protection program [J]. Journal of Corporate Finance, 2022, 72: 102124.

[211] G. A. , Akerl. The Market for "lemons": Quality Uncertainty and the Market Mechanism [J]. Quarterly Journal of Economics, 2015, 18 (2): 488 –500.

[212] Gropp R, Gruendl C, Guettler A. The Impact of Public Guarantees on Bank Risk-Taking: Evidence from a Natural Experiment [J]. Review of Finance, 2014, 18 (2): 457 –488.

[213] Haag A, Henschel T. SME lending relationships: A learning perspective [J]. International Journal of Entrepreneur and Innovation, 2016, 17 (3): 184 –193.

[214] Haken Hermann. Synergetics—An Introduction [M]. Berlin: Springer – Verlag, 1977.

[215] Hennecke P, Neuberger D, Ulbricht D. The economic and fiscal benefits of guarantee banks in Germany [J]. Small Business Economics, 2019, 53 (3): 771 –794.

[216] Honohan P. Partial credit guarantees: Principles and practice [J]. Journal of Financial Stability, 2010, 6 (1): 1 –9.

[217] Iichiro Uesugi, Koji Sakai, Guy M. Yamashiro. The Effectiveness of Public Credit Guarantees in the Japanese Loan Market [J]. Journal of the Japanese and International Economies, 2010, 24 (4): 457 –480.

[218] Kang J W, Heshmati A. Effect of credit guarantee policy on survival and performance of SMEs in Republic of Korea [J]. Small Business Economics, 2008, 31 (4): 445 –462.

[219] Karel J. Inefficient Credit Rationing and Public Support of Commercial Credit Provision [J]. Journal of Institutional and theoretical economics, 2011, 167 (2): 371 –391.

[220] Kim H, Yasuda Y. Accounting information quality and guaranteed

loans: evidence from Japanese SMEs [J]. Small Business Economics, 2019, 53 (4): 1033-1050.

[221] Kuo Chau-Jung, Chen Chin-Ming, Sung Chao-Hsien. Evaluating guarantee fees for loans to small and medium-sized enterprises [J]. Small Business Economics, 2011, 37 (2): 205-218.

[222] Lagazio C, Persico L, Querci F. Public guarantees to SME lending: Do broader eligibility criteria pay off? [J]. Journal of Banking & Finance, 2021, 133: 106287.

[223] Lee Y S. Government guaranteed small business loans and regional growth [J]. Journal of Business Venturing, 2018, 33 (1): 70-83.

[224] Levitsky J. Credit guarantee schemes for SMEs-an international review [J]. Small Enterprise Development, 1997, 8 (2): 4-17.

[225] Liang Lien-Wen, Huang Bor-Yi, Liao Chih-Feng, et al. The impact of SMEs' lending and credit guarantee on bank efficiency in South Korea [J]. Review of Development Finance, 2017, 7 (2): 134-141.

[226] Merton. On the Pricing of Corporate Debt the Risk Structure of Interest Rates [J]. The Journal of Finance, 2014, 29: 449.

[227] Mody A, Parro D. Valuing and Accounting for Loan Guarantees [J]. World Bank Research Observer. 1996 (11): 42-119.

[228] Naoyuki Yoshino, Farhad Taghizadeh-Hesary. Optimal credit guarantee ratio for small and medium-sized enterprises'financing: Evidence from Asia [J]. Economic Analysis and Policy, 2019, 62: 342-256.

[229] Oh I, Lee J D, Heshmati A, et al. Evaluation of credit guarantee policy using propensity scorematching [J]. Small Business Economics, 2009, 33 (3): 335-351.

[230] Robert. J. Barro. The LoanMarket, Collateral, and Rates of Interest [J]. Journal of Money, Credit and Banking, 1976 (4).

[231] Saito Kuniyoshi, Tsuruta Daisuke. Information asymmetry in small and medium enterprise credit guarantee schemes: evidence from Japan [J]. Applied Economics, 2018, 50 (22): 2469-2485.

[232] Stiglitz J E, Weisss A. Credit Rationing in Markets with Imperfect Information [J]. American Economic Review, 2016. 19 (2): 393 – 410.

[233] Taghizadeh-Hesar F, Naoyuki Yoshino, Fukuda L, et al. A model for calculating optimal credit guarantee fee for small and medium-sized enterprises [J]. Economic Modelling, In press, corrected proof, Available online 14 March 2020.

[234] Tone Kaoru. A slacks-based measure of efficiency in data envelopment analysis [J]. European Journal of Operational Research, 2001, 130, 498 – 509.

[235] Uesugi I. Efficiency of Credit Allocation and Effectiveness of Government Credit Guarantees: Evidence from Japanese Small Businesses [R]. Bank of Japan, 2008.

[236] Vittas D, Yoon J C. Credit Policies Lessons form East Asia [J]. Word Bank Policy Research Working Paper, 2015 (2): 1 – 36.

[237] Vogel R C, Adams D W. Costs and Benefits of Loan Guarantee Programs [J]. The Financier, 1997, 4 (1&2): 22 – 29.

[238] Wilcox J A, Yasuda Y. Do government loan guarantees lower, or raise, banks' non-guaranteed lending? Evidence from Japanese banks [C] // World Bank Workshop Partial Credit Guarantees March, 2008: 13 – 14.

[239] Wilcox J A, Yasuda Y. Government guarantees of loans to small businesses: Effects on banks' risk-taking and non-guaranteed lending [J]. Journal of Financial Intermediation, 2019, 37: 45 – 57.

[240] Yong Suk Lee. Government guaranteed small business loans and regional growth [J]. 2018, 33 (1): 70 – 83.

[241] Zecchini S, Ventura M. Public credit guarantees and SME finance [J]. 2006.

[242] Zecchini S, Ventura M. The impact of public guarantees on credit to SMEs [J]. Small Business Economics, 2009, 32 (2): 191 – 206.

图书在版编目（CIP）数据

我国政策性融资担保体系"分级"与"分轨"运行协同机制及政策创新研究／徐攀，钱冰雪著． -- 北京：经济科学出版社，2024.12（2025.4重印）． -- ISBN 978-7-5218-6196-9

Ⅰ．F832.21

中国国家版本馆CIP数据核字第2024QL0493号

责任编辑：赵　蕾　王珞琪
责任校对：王苗苗
责任印制：范　艳

我国政策性融资担保体系"分级"与"分轨"
运行协同机制及政策创新研究

WOGUO ZHENGCEXING RONGZI DANBAO TIXI "FENJI" YU "FENGUI"
YUNXING XIETONG JIZHI JI ZHENGCE CHUANGXIN YANJIU

徐　攀　钱冰雪　著

经济科学出版社出版、发行　新华书店经销
社址：北京市海淀区阜成路甲28号　邮编：100142
总编部电话：010-88191217　发行部电话：010-88191522
网址：www.esp.com.cn
电子邮箱：esp@esp.com.cn
天猫网店：经济科学出版社旗舰店
网址：http://jjkxcbs.tmall.com
北京联兴盛业印刷股份有限公司印装
710×1000　16开　18.75印张　280000字
2024年12月第1版　2025年4月第2次印刷
ISBN 978-7-5218-6196-9　定价：82.00元
(图书出现印装问题，本社负责调换。电话：010-88191545)
(版权所有　侵权必究　打击盗版　举报热线：010-88191661
QQ：2242791300　营销中心电话：010-88191537
电子邮箱：dbts@esp.com.cn)